山东大学亚太研究所“一带一路”国际会议论文专辑

亚太发展研究

第7卷

杨鲁慧　牛林杰　李道军　主编

山东大学出版社

图书在版编目(CIP)数据

亚太发展研究．第7卷/杨鲁慧，牛林杰，李道军主编．—济南：山东大学出版社，2016.8

ISBN 978-7-5607-5600-4

Ⅰ.①亚… Ⅱ.①杨… ②牛… ③李… Ⅲ.①亚太地区—文集 Ⅳ.①D730.0-53

中国版本图书馆CIP数据核字(2016)第212583号

责任策划 赵 岩

责任编辑 秦大忠 赵 岩 王 潇

封面设计 牛 钧

出版发行 山东大学出版社

社 址 山东省济南市山大南路20号

邮 编 250100

电 话 市场部(0531)88364466

经 销 山东省新华书店

印 刷 济南新科印务有限公司

规 格 880毫米×1230毫米 1/32

9.125印张 237千字

版 次 2016年8月第1版

印 次 2016年8月第1次印刷

定 价 25.00元

地缘政治与合作发展:“一带一路”开放新格局

——山东大学亚太所举办国际学术研讨会

(代序)

杨鲁慧

2015 年 10 月 17 日由山东大学亚太研究所等单位联合主办的“地缘政治与合作发展:‘一带一路’开放新格局”国际学术研讨会在山东大学中心校区举行。中共中央对外联络部当代世界研究中心副主任孙永权出席了开幕式并讲话。政治学与公共管理学院党委书记高山、法学院副院长李忠夏、山东大学文科报主编魏建及韩国国立昌原大学社科院院长安星洙分别作了开幕致辞。山东大学终身教授、亚太研究所名誉所长赵明义出席研讨会。山东大学亚太研究所所长杨鲁慧教授主持开幕式。

山东大学韩国学院院长牛林杰教授主持主旨报告会。中国社会科学院学部委员、国际研究部主任、山东大学人文社科一级教授张蕴岭,复旦大学中国与周边国家关系研究中心主任石源华教授,韩国昌原大学社科研究所所长李周炯教授,新加坡南洋理工大学拉惹勒南国际研究院李明江教授分别作了题为:《“一带一路”的创新意义》《“一带一路”vs 美国“亚太再平衡”》《中国的欧亚战略与“一带一路”建设》《东南亚与中国的海上丝绸之路》的主旨演讲报告。专家们认为“一带一路”是中国的战略性倡议。它不同于传统的大国扩张战略,而是与当事国共谋、共商、共建和共享利益的一种发展模式。“一带一路”是中国对外开放的重点方向，其创新意义在于立足于新大国观、新发展观、新合作观。即：中国承诺不走传统大国崛起之路，坚持走和平发展道路；将改善发展环境与开放市场并重，以推动发展合作为核心；倡导海上航行自由、安全与合作，推动海洋新秩序建设；践行承诺新的发展道路和发展模式，共建合作、和平、和睦的地区新秩序。

大会主旨报告会后分设两个分会场。在会议的学术研讨中，专家学者以文会友，切思励学。与会专家从不同的学科领域，不同的专业背景，不同的知识体系聚焦“地缘政治与‘一带一路’”这一深具时代特点的主题并展开了热烈讨论。重点从“一带一路”和命运共同体的角度，探讨如何推动更深层次的区域间的开放合作、共同打造政治互信、经济融合、文化包容的利益共同体、责任共同体、命运共同体。各位评议人就主题发言人的学术观点进行了富有针对性的剖析和评论，使研讨会成为思想交锋的前沿、观点碰撞的场所、学术交流的平台。专家们认为，“一带一路”是旨在促进亚欧非大陆国家之间的流动性以及互利合作的平台，并提供一种便利的区域性合作方式。在某种意义上说，这就打破了传统意义上狭义上的地缘政治概念，倡导了全球化时代一个新型的广义上的地缘政治理念。作为崛起的大国，其强大程度主要看其自信程度，而自信程度则是看这个国家的对外开放程度。目前中国崛起所处的国际环境和面临的挑战困境，要求我们比以往任何时候都更要在开放相助中寻求合作，在互利共赢中共创繁荣，在文化交流中延续文明。“一带一路”所承载的互联互通互融将为打造中国和沿线国家命运、责任、利益共同体奠定坚实基础。中国的“一带一路”倡议带来的影响已超出了经济、金融范畴，并日趋渗透到亚太地区的政治安全领域、人文观念及社会发展等领域，由此产生了许多值得关注的重要前沿性课题。这就为政治学、法学、经济学和文化各学科的专家学者们提供了值得探讨研究的新命题。因此，本次亚太国际会议的宗旨是，为社会科学不同领域的学者们提供交流和对话的机会，以学术研讨、观点交流、共识寻求等为共同打造一个和平、繁荣、共赢的区域合作开放新格局提供理论和学术支持。

本次会议由中国教育部批准、作为中国“一带一路”智库联盟的重要活动，由智库合作联盟理事单位山东大学亚太研究所主办，山东大学政治学与公共管理学院、法学院、韩国学院、当代社会主义研究所、山东大学学报(哲学社会科学版)编辑部共同承办。来自中共中央对外联络部、中国外交部、中国社科院、北京大学、清华大学、复旦大学、上海交通大学、上海美国问题研究所、北京外交学院、中国国际问题研究院、山东大学以及韩国、日本、泰国、新加坡、台湾地区的60多名专家学者出席了研讨会。会议收到论文近40篇，本卷选录了20多篇结集成册，内容涵盖东亚政治、法学、经济、文化及社会研究等广泛领域。本次会议也是山东大学亚太研究所举办的第十五届国际学术研讨会。二十多年来亚太所开展国际学术交流活动日趋广泛深入，学术影响力日趋增强，会议性质由双边走向多边、会议规模不断扩大，学术交流模式日趋成熟，成为东亚国家政治、法学、经济、社会文化等专家学者展示成果、交流思想、凝聚智慧、探讨未来的重要学术研究平台。

（作者：山东大学亚太研究所所长、教授）

目　录

“一带一路”：多视角的理解

张蕴岭*

这次会议的主题是一带一路：地缘政治与合作发展。这里重点探讨的是地缘政治因素，但合作既包括政治，也包括经济。无疑，“一带一路”有着重要的地缘经济和政治或者政治和经济的意义。

中国为什么要提出“一带一路”？在我看来，首先是基于中国本身的发展。我们看中国的地图：东边是太平洋，西边连接欧亚大陆、中亚、西亚，然后到欧洲，从海上连接非洲、欧洲。中国实施改革开放，首先利用的是海洋优势，在沿海地区建立开放经济区，实行引进—加工—出口的政策，以沿海带动其他地区的发展。经过三十多年的努力，我国的沿海发展了，但内地（包括内陆沿边地区）没有得到很好的发展。另一方面，我们的国家发展了，但是与外部的连接没有得到很好的发展，许多周边国家也没有得到很好的发展。

中国在地缘上有许多周边邻国，陆海相接。但是，我国与外部连接的基础设施状况很不好，走哪个地方都走不太通顺，道路很少。比如，通往俄罗斯的只有一条旧的铁路，往中亚也只是新建了一条公路，一条铁路；往西南，到现在也没有一条像样的路，现在正在推动孟中印缅经济走廊；往南，往东南亚，只有一条昆曼公路，往越南就是那

* 张蕴岭，中国社会科学院学部委员、国际研究学部主任，山东大学特聘一级教授，中国亚太学会会长，教授、博士生导师。

条老铁路。显然，改善对外联络，发展基础设施是中国发展之后必然要做的一件大事，就是要和我们的相邻国家构建交通网络，通过合作的方式推动共同发展。

西方崛起主要靠的是海洋，搞海洋霸权。我们改革开放以后主要靠的是海洋通道。中国是一个陆海国家，以陆地为基。如果陆上不通，周邻国家发展不起来，会影响中国本身的发展。21 世纪通过现代技术的发展，特别是高速公路、高铁的发展，可以让陆地优势回归，这样，中国就有了两个优势：海洋和陆地。有人计算，现在通过海路从上海到阿姆斯特丹大概要走一个月的时间，这已经很方便了，但如果修通了高铁，大概只要两天的时间。新技术为陆地交通提供了新的机遇。目前，我们这个地缘优势是很大的。所以这个东西必须发展起来，这是中国发展到一定阶段的必然反应，应打通道路，共同发展。

中国政府发布的愿景与行动文件里提出，一边是增长的东亚，一边是发达的欧洲，"一带一路"把亚欧大陆连接起来。欧洲人说，你是从中国的角度，我欧洲人得到什么好处？千百年来，欧洲的梦想就是占领欧亚经济带，"一带一路"让中欧在欧亚经济带汇合，取得了共同的利益，这也许是英、法、德积极参加亚投行的一个重要原因，他们找到了欧洲和东亚合作的一个新的合作平台。美国为什么不积极？因为它感觉不到这样一个好处。

从中国本身发展的角度，那么再深一步说，改革开放以后中国很好地利用了海上优势来开发沿海地区。地缘、资源都向东转移，我们沿海经济带成了中国经济的重心。大量的劳动力、资源配置都往东部流动。我们通过沿海向外出口，成为世界第一大出口国。但这样一发展，不免就向东部倾斜，中国这艘大船就失衡了，所以中国必须取得东西均衡才能够使国家长治久安。1984 年中国设立了 14 个沿海城市之后，又开放了 14 个沿边口岸。但受到地缘的限制，开放的边境口岸没有沿海的开发区发展得好。为什么？因为往外的道路不通。那么通过"一带一路"的建设，打通了，情况就不一样了。

中国政府曾制定了西部大开发战略，想动员东部的资源向西部流动，但这有瓶颈限制，就是外部连接差，西部生产的东西只能在国内徘徊，转一圈还得再回到沿海。从经济上来说这样就没有比较优势。那怎么办？就要对外打通，东部的资源转到中西部，然后进一步再往外走，打通了，那个比较优势就出来了，西部就由边缘变成了中心。比如广西，不和东盟开放，它就是中国的边缘，有了中国—东盟之间的关系，它就变成了中心。广西的南宁借势中国东盟自贸区建设很快就火起来了。所以，从中国的发展平衡角度，“一带一路”为中国的东西均衡、西部的发展带来这样一个新的机遇和环境条件，才真正能够吸引东部的资源向中西部转移，进一步往西进发。

中国经济发展到今天，需要走出去，要建立地区和世界生产链、生产网络，“一带一路”就有助于企业构建这样的平台。“一带一路”将推动基础设施的发展，改善当地的发展条件。在基础设施建设上，如修路、发展电力、通信等等，中国有经验，有优势，可以说，世界上没有一个国家在建桥、建路、建电站、建通信设施网络方面积累了像中国这么丰富的经验，有这么多的工程师，同时，还可以提供资金支持。

企业走出去，产业链扩展到国外，不是把落后的、污染的生产转出去，我提了一个概念，那就是“创造性的转移”，把好的东西扩大，形成并扩大产业链条，这需要帮助当地发展起来。帮助当地发展，养鸡下蛋，改善当地发展的条件，建基础设施网，建产业园，这样，企业走出去就有新的平台，能够获得拓展的机会和竞争的优势。政府公布的愿景和行动文件里说“通过‘一带一路’深化中国对外开放”，很多人可能不太理解，什么叫“深化”？这就是和当地的发展对接，成为当地经济的一部分。过去，中国只是通过对外贸易从外部参与，通过出口进入了国外的市场，而对其真正的内部市场，即生产过程并没有参与进去。

“一带一路”是中国的倡议，对中国来说是一个发展的大战略，是一个远景设计，但对大家来说是中国的一个倡议。中国倡导大家合作，大家一起来商量。所以，是共商、共建、共享，一起来做，一起发展。“一带一路”不同于传统大国的扩张战略，传统大国的扩张战略是殖民、霸占，而“一带一路”则是要推动合作。

“一带一路”规划的线路是重点努力方向，包括两部分内容：第一个部分就是支持和参与相关国家的规划，比如雅加达到万隆的高铁，就是这个方向上的当地发展项目，中国企业参与投标。所以说，“一带一路”的项目不是由中国规划的，而是东道国规划的，大家积极参与竞争，竞争是开放的，日本企业可以参与竞争，韩国企业、东盟企业、美国企业也可以竞争。第二个就是规划与建设跨国的路网建设。这个需要合作规划，一个国家做不了。比如从上海到阿姆斯特丹的高铁，它需要跨很多国家，需要统一的标准，需要统一的管理等，中国自己做不成，几个国家也做不成。像这样的超大项目，需要多种形式的融资，中国一家做不了。需要创造新的国际合作机制，比如亚投行、金砖国家新开发银行，还有中国自己建的丝路基金。今后，可能会有更多新的合作机制建起来。

经常有人问我，中国提出“一带一路”究竟为什么？有什么大的意图？有什么深刻的含义？我大体归纳为以下几个方面，简单地说就是四个“观”：

第一个是“新大国观”。中国已经崛起为大国，并正在向强国迈进。大家都很关心：中国成为大国、强国，干什么？中国已经说得明明白白：走和平发展道路，不走传统大国崛起的道路。但很多人不信，原因也很简单，哪有大国会和平崛起，肯定要扩张嘛！“一带一路”就是一个很好的践行承诺与宣誓的平台。“一带一路”的宗旨就是推动开放、合作、发展与和平，不是搞传统的扩张、争霸或者殖民。这不就是新大国观吗？过去哪有一个崛起的大国这样做？没有！

第二个是“新发展观”。全球化的基本特征就是市场开放，推动市场开放的主要机制一是多边机制（世贸组织），二是企业的跨国经营，三是各国的开放政策（包括自贸区）。二战以后，越来越多的国家实施开放发展战略，企业实行跨国经营战略，出现了一批成功的发展中国家。但是，我们看到，开放是好的，但仅仅开放并不能解决发展中的所有问题，必须改善综合发展环境。一般地说发展中国家有三个瓶颈：一个是资金，一个是技术，再一个是人才。实际上，还有一个瓶颈，就是基础设施落后。建设基础设施，需要发展合作，建起多重合作机制才行。实际上"发展合作"的概念提得并不晚，有"南南合作"、"南北合作"等，但是结果都不理想。为什么？南南合作是"穷哥们"一起，缺乏资金，南北合作是发达国家不愿意投入。那怎么办？中国提出了基于"一带一路"的新发展合作，实际上是"东西南北"一起参与，大家一起干，不限于"南南"，也不限于"南北"。"一带一路"的核心是推动新型的发展合作。WTO 的多哈回合为什么失败，就在于它的名字——"发展回合"。"发展回合"的含义是考虑发展中国家的发展利益，发达国家更愿意推动深度市场开放，所以美国就另起炉灶，拉着一帮人去搞"诸边协定"谈判（服务贸易），拉着一帮国家搞 TPP。作为最发达的国家，美国推动市场深度开放可以理解，但并不符合大多数发展中国家的诉求。中国作为一个发展中大国肯定是不一样的，推动发展合作是担负国际责任，从这个意义上说，"一带一路"是创新之举。在这个开放大平台上，参与各方共谋发展、共同建设、共享红利。亚投行为什么建立？就是适应基础设施建设的要求。有人说，已经有世界银行、亚洲开发银行、非洲开发银行等等，为何还要搞亚投行？因为这些传统的金融机构用在基础设施上的钱太少，不适应需求。亚投行的定位很明确，就是通过多种融资方式，专注于基础设施发展。

今天我们看到，发展中国家已经占到世界经济总量的一半以上，应该说它们的发展是今后世界经济发展的主要推动力。但是如果没有一个合作的机制，那么就会受到很多的限制。所以，仅仅亚投行、新发展银行还不够，还应该有更多的新机构发展起来，这样才可以适应新的发展需要。

第三个是"新秩序观"。这个大家讨论得比较少，实际上中国的"21 世纪海上丝绸之路"主要是针对海洋新秩序建设的。海洋是公共的财富，西方起来之后提出了"海权论"，也就是国家要想成为世界大国，必须称霸海洋，马汉的《海权论》成为支撑大国崛起的一个基本理论。大家也担心中国现在要建大舰队、强海军，肯定也谋求海洋霸权。中国宣示不走传统大国崛起之路，就是不搞海洋霸权。“21世纪海上丝绸之路”就不同于20世纪的海上秩序，新海上丝绸之路倡导的核心就是海上航行自由、海上航行合作安全与海上合作发展，它是有别于谋求海洋霸权的大国战略，实际上是推动新的海洋秩序的建设。我认为在这个方面还需要更多的研究，习近平主席在访问澳大利亚的讲话中就提到建设新海洋秩序的问题。

第四个是“新合作观”。发展合作的理念被普遍接受，但是实施起来比较困难，难在要求发达国家承担义务。过去有援助，后来发达国家的援助越来越少，不愿意拿钱了，援助资金占它们GDP的比例越来越低。“一带一路”实施共商、共建、共享，以改善发展环境为出发点，推动基础设施的建设，推动电力、通信产业发展，建立产业园建设，推动合作融资等等，不同于发展援助，是新的发展合作，其核心就是开放、共商、共建、共享。“一带一路”有多大，有人说涵盖60多个国家，但就发展合作来说，它是面向世界的。虽然地缘上有努力的重点方向，但是在参与上是世界的开放平台，不限于这些国家，从来没有人说非“一带一路”的国家不能参加。日本的企业家问我，日本没参加亚投行，不是“一带一路”标图上的国家，日本企业能不能参与“一带一路”的项目？我的回答是，当然可以参加！为什么？因为任何项目将来都是公开招标、竞标。那你如果有优势，也可以合作参与，也可以单独参与。当然，国家参与合作机制，企业可以获得参与优势，比如说创始成员国，会给它们很多融资等各方面的考虑，但是从原则上它不是封闭的。

“一带一路”是长期工程，我说过是个百年大计、百年工程，原因是发展这样大的地区，使其进入发达行列，特别是用高技术连接基础设施网，需要很长的时间。推动“一带一路”建设要有紧迫感，但建设要有长远打算。“一带一路”建设没有时间表，需要务实地推进，多做工作，积少成多，要摒弃政绩观，防止“热一阵子”。

“一带一路”建设需要创新、创造，就是给大家一个平台让你去创造。谁也没说怎么干，谁也没说必须哪些要干哪些不能干。我们看到创造已经开始了，“一带一路”提出来之后，开了“一带一路”的旅游部长会议、电信部长会议、交通部长会议等等，还开了“一带一路”的政党会议，把政治家请来了。我在云南的时候，看到云南省就召开了“10＋1”供销合作社在“一带一路”下的合作会议，还办了培训班。可见，“一带一路”给了大家一个平台，你去创造，有这个框架，政府支持，那我们就想各种办法，以开放、合作、共商、共建、共享的精神去设计，所以，它是一个巨大的空间，你可以去做，做的任何事情在这个方向上都属于“一带一路”。前不久，山东诸城市委请我去了，他说我们怎么办，也不沿海。我说很简单，你挂上青岛，青岛是大港，是海上丝绸之路建设的重要节点，可以借船出海；再就是跳出诸城，跳出山东，跳出中国，跑到外边去寻找，寻找机会，寻找合作伙伴，自己注意研究，看哪有项目招标，去投标。我说：诸城你这有冷藏技术在世界居于前列，那你就开“一带一路”的冷藏会议，把你的冷藏技术推到世界，建立冷藏物流网不就行了吗？

“一带一路”是在创建新发展合作的规则。前不久在北京开会，美国国务院的一位顾问说，中国的做法美国是没法接受的，一夜之间把我们辛辛苦苦几十年来建立的规则全给改了。他指的是亚投行会放松贷款规则，另搞一套。亚投行已经明确表示，将会制定严格的贷款规则，不过，由于性质不同，会有不同的规则。我回答说，美国担心破坏规则，最好加入进来。事实上，中国邀请了美国、日本来一起制定规则，但他们不加入，又在外边担心，那就只好如此了。亚投行自己也在创新，适应新的发展合作需要。比如，亚投行不设否决权，中国占最大的股份也不谋求否决权。其实，没有不变的规则。中国参与现行体制，遵守现行规则，但还是要推动改革，让老的机制适应新的变化。世界发展到今天，二战以后建的那些东西肯定不够用了，世界需要建很多新的东西，要制定出许多新的规则，来推动世界新的发展。

“一带一路”给了大家一个放手干事的开放空间，也提供了一个研究空间和创造空间。从研究的角度来说，一是要立足中国本身，二是要着眼于世界的发展。一个国家提出任何事情首先是考虑国家本身的利益，这个没有错，也不必回避，但也不能光强调自己，光为自己，那样的话人家也不与你合作。“一带一路”是大合唱，不是独奏曲。

研究“一带一路”，不要光说好话，也要说“不中听”的话，对于风险要说透，对于困难要考虑，这样做不是为了让它干不成，而是让它干得更好。大家可能担心：这一代领导人不执政了，“一带一路”会不会就不存在了？我的看法是，也可能会有不同的提法，但是，要做的事情，要实现的目标是相通的，实现中国与亚欧陆海地缘的现代化连接，通过推动新型发展合作为世界的发展做出贡献，这是中国所必须要坚持做下去的。

（注：本文为作者在山东大学 2015 年 10 月 17 日举办的“地缘政治与合作发展：‘一带一路’开放新格局”会议上的发言，赵一衡整理。）

"一带一路"vs 美国"亚太再平衡"

——中美正负能量对冲及中国的应对方略

The "Belt and Road Initiative" vs Asia-Pacific Rebalancing Strategy: The Clash between Sino-US powers and the Respose Strategy of China

石源华*

[**Abstract**] The "Belt and Road Initiative" is a national grand strategy that comes up with the rapid rise of China to adapt itself and respond to the United States' Asia-Pacific Rebalancing Strategy. For the strategic position of the "Belt and Road Initiative", scholars were reading and interpretating from different angles, such as the national grand strategy designed to achieve "China Dream", China's peaceful development, China's reform and opening upgrading, China's new geopolitical strategy, China reshaping the world economic map, dual development of China's land rights and sea power, Chinese territorial maritime rights, China's peripheral diplomacy strategy. This paper focuses on the response from the United States, cracks its Asia-Pacific Rebalancing Strategy. discusses the strategic positioning of the "Belt and Road Initiative", and probes the diplomatic relationship with neighboring countries.

[**Key words**] the "Road and Belt Initiative"; Asia Pacific Rebalancing; diplomatic relations

---

* 石源华,复旦大学中国与周边国家关系研究中心主任、教授、博士生导师。

一、中美两强的结构性矛盾

随着中国的迅速崛起，成为世界第二大经济体，新兴大国中国与守成霸权大国美国的结构性矛盾难以避免。中美关系呈现竞争、摩擦、冲突加协调、磋商、合作的复合态势。

美国仍然是世界上最强大的国家，美强中弱是目前的基本态势，也是中国决策的出发点。对中国来说，美国与中国经济已经建立了至关重要的紧密联系，中美贸易在双方对外贸易中占有举足轻重的地位，中国的外汇储备绝大部分购买了美国国债，中美之间已经形成了你中有我、我中有你的紧密关系。中国不是美国的盟国，但美国也不能不视中国为其重要的合作对象国家。

从长远角度观察，中美关系又呈现中国趋强、美国趋弱的发展趋势。美国的力量优势在下降，中美综合实力间的差距趋向缩小；美国对国际事务的主导能力在下降，中国的作用则不断有所提升；美国处理外部事务的资源在缩水，中国为亚洲和全球提供公共产品的能力却在提升；美国的软实力亦在下降，中国发展模式的影响力却不断提升。随着中国综合国力的不断发展，中国对于国际事务的行事方式和能力，逐步发生变化，引起美国的警惕和不满。以中国主导的“亚投行”为例，尽管美国反对中国的提议，并阻挠其他西方国家和美国的盟国加入，然而，经过中国的努力，有 57 个意向创始成员国加入“亚投行”，其中包括美国的传统盟友“七国集团”中的 4 个，美国的重要盟友韩国、澳大利亚，也不顾美国的反对和施压，最终加入“亚投行”。今后中美之间类似的治世方案争执会逐步增多。不管美国愿意不愿意，国际社会已经从倾听“中国声音”发展到接受“中国方案”，预示着一个历史性的大转变已经开始。

二、中国应对美国的道路选择

为了应对中国的崛起，尽量拉大美国与中国距离，阻挠中国赶上或超越美国的老大地位，美国推行“亚太再平衡”战略，综合运用同盟体系、军事霸权、经济遏制以及价值观围攻等各种手段，汹涌而来，全方位堵遏中国，如何应对？摆在中国面前的有很多条道路。

历史上传统的做法是新兴大国与守成大国通过战争和竞争决定胜负，如第一次世界大战的英、德，第二次世界大战的英、德，美、德，美、日，大战的结果是德、日新兴国家败亡，英、美保持了守成大国的战略地位。中国不会采取这个方式，中国坚持和平发展的道路，摒弃冷战思维和战争手段，承认美国的世界领导国家地位，不从根本上颠覆和取代美国主导的国际体系、金融秩序和美元地位，中国将通过和平发展，倡导“合作共赢”的国际关系新原则，逐步推进更加合理的国际政治、经济、安全新秩序。提议建设“亚投行”是中国对现行世界金融体系进行补充性变革的一次成功尝试。中国对于“亚投行”的战略定位是对既有美国主导的世界金融体系的补充和完善，并非取而代之。中国提倡建立“人类命运共同体”，倡导与美国建立新型大国关系，实现和平共处，兼容并存，合作共赢，尽可能争取延长中国的战略机遇期。

冷战时期美苏争霸，是通过冷战方式、代理人战争等形式决定胜负的又一种两强相处模式。前苏联在应对美国霸权和全面遏制时，采取的是正面对抗、全方位与美国竞争的战略。美苏争霸在很大程度上是军备竞争，前苏联的综合国力远逊于美国，然而却倾其全国之力，与美国争锋，前苏联的军备甚至一度在数量上和质量上超过美国，占据上风，盛极一时，但最终美国却正是用这个办法将苏联拖垮了。前苏联针锋相对与美国实行军备竞争，是苏联瓦解的重要原因，也是美国战胜苏联的“绝招”。中国改革开放之前，面对美、苏双重压迫，立足于准备战争的战略考虑，其发展道路基本上也是采用前苏联的发展思路，那就是不惜牺牲经济发展利益和人民生活改善，以发展重工业为重点，超速发展核武器及尖端武器等，加快军备发展，增强抵御侵略战争的能力。这样做尽管有积极作用，解决了中国的国家安全问题，但显然已经不能适用于新形势的要求。早在中国改革开放前期，邓小平已经确定了不与美国竞争军备的方针，主张埋头苦干，全力发展中国的综合国力。因此，中国将努力避免当年苏联与美国争霸最后却为美国拖垮的历史悲剧重演，不正面应对美国的“亚太再平衡”，更不在军事装备上与美国一争高低，进行战略竞争，而是根据中国的国力和防备的实际需要逐步发展壮大中国的国防力量，成功闯出中国独特的建设发展道路。

“一带一路”是中国对外战略的一出高招。习总书记总结和发扬了毛泽东军事战略思想的精髓。毛泽东的《中国革命战争的战略问题》精辟总结了中国革命战争的经验教训。毛泽东在中国革命长期敌强我弱的大背景下，总结出了“打得赢就打，打不赢就走”的积极防御战术，实际上是在正确分析对手情势的基础上，实施“你打你的，我打我的”的战略原则，取得了“以少胜多”的效果。毛泽东作为伟大的军事战略家，领导中国人民解放军从小到大，从弱到强，取得了历次革命战争和抗日战争的胜利，建立了新中国。毛泽东的军事战略思想对于今天分析国际形势，破解世界超级大国对于中国崛起而实施的“亚太再平衡”战略，仍具有积极的借鉴和指导意义。

三、“一带一路”vs 美国“亚太再平衡”战略

习近平提出“一带一路”战略，“谋大事，讲战略，重运筹”，不正面对抗美国“亚太再平衡”战略对中国的遏制行动，不重犯前苏联与美国正面争霸招致失败的错误，积极倡导建立中美新型大国关系。中国对美国的步步进逼，采取克制的态度和积极防御的应对战略，开展有理、有利、有节的斗争。淡定处置美国策动，鼓噪甚至操纵日、越、菲等国在东海、南海争端问题上对中国挑衅，不与美国做太多纠缠，

尽力调整与美国以及与亚洲争议国的关系。

对于美国的“亚太再平衡”战略，中国的方针是你做你的“霸权稳定”“日美联盟”“颜色革命”“TPP”，我做我的“一带一路”“合作共赢”“命运共同体”“亚投行”等。

你在中国近海频频搅局，我则冲破第一岛链，巡航南太平洋，进入印度洋，甚而与俄罗斯联合在西太平洋和北约门户、美国后院的地中海进行军演，展示中国的存在和海军的进步。

你在中国东部海上挑起各种事端，制造紧张气氛，围堵压迫中国，我另辟新路径，向西部积极发展，在广袤的、长期不稳定的欧亚大陆，倡议建设“丝绸之路经济带”，实现互联互通，合作共赢，开辟新的战略方向，进而着意在中国周边实现全方位合作和互利共赢。

2014 年，中国外交实现了 30 年来一直以对美外交为“重中之重”转变为以周边外交为“重中之重”的历史性重要变化。2015 年将是中国周边外交跃居中国外交总布局首位的开局之年。尽管美国的“亚太再平衡”战略冲着中国而来，但中国巧妙地打起了“太极拳”，避开美国的进攻锋芒，使其打击目标落空而不知所措。

中国通过倡议“一带一路”，彻底摒弃冷战思维，将周边外交提升至对美外交之上，另辟广阔的新径，积极推行“相互尊重，协商一致，照顾各方舒适度”的亚洲方式，拓展与深化与各国的共同利益，推动“没有霸权的国际合作”，吸引了周边和全球的眼光，将中国周边外交重中之重的地位落到了实处，开创了全新的局面。

四、“一带一路”与中国周边合作大布局

中国实现全方位周边合作的宏大工程与化解美国“亚太再平衡”战略是相辅相成的两个方面。习近平总书记提出的“一带一路”战略，既是应对美国“亚太再平衡”战略意图的妙策，更是中国发展与周边国家关系、实现国际合作的大政。

中国在周边提出了一系列建设“路、带、廊、桥”的倡议，逐步构建

了中国周边合作的战略大布局。中国的目标是使“一带一路”成为沿线各个国家的共同愿景和共同行动，是各方共同参与的“交响乐”而不是中国一家的“独奏曲”，是周边各国合作共赢的“团体操”而不是“赢者通吃”的独角戏。中国的所有举措力图化解的是美国“亚太再平衡”对中国的围堵和遏制，但并非与之对抗，中国欢迎包括美国在内的所有国家尤其是周边所有国家参与“一带一路”建设。

中国周边合作圈的基本态势是：北方，以中俄全面战略合作关系为核心和重点，以“上海合作组织”和“中俄蒙经济走廊”为两翼，奠定北方阵线的稳定大局；西方，建设“中巴经济走廊”，作为推行“一带一路”建设的典范和样板；西南方，倡议建设“孟中印缅经济走廊”，推动“一带一路”往印度洋方向发展；东南方，以中国与东盟“10＋1”升级版为核心，开展各种形式的区域合作，构筑通往南太平洋的海上网络。

2015 年 5 月 27 日，张高丽副总理在重庆亚欧互联互通产业国际论坛上对 36 个国家的客人表示：中国正与“一带一路”沿线国家一道，积极规划中蒙俄、新亚欧大陆桥、中国—中亚—西亚、中国—中南半岛、中巴、孟中印缅经济六大经济走廊建设。这六大经济走廊将成为推动“一带一路”建设的战略布点和主要骨架，对于应对美国的“亚太再平衡”和实施与周边国家的全方位合作具有重要战略意义和经济意义。

略论泰国在"一带一路"倡议中的地位

On the Status of Thailand in the "Belt and Road Initiative"

杨保筠*

[**Abstract**] The People's Repubilc of China and Thailand are amicable neighboring countries, sharing geographical proximity, cultural similarities and kindred tie. 2015 not only marks the 40th anniversary of Sino-Thai diplomatic ties, but also the comprehensive start of China's "Belt and Road Initiative". Actually, Sino-Thai friendly exchanges are rooted in history. Since the establishment of formal diplomatic relations in 1975, China and Thailand have followed the principles of friendship, equality and mutual benefit, which maintains the bilateral relations in a sound momentum of development. Specifically, the two counties adhere to the mutual trust and harmonious coexistence in the political field, mutual benefit and common development in the economic field, mutual learning and conscious assimilation in the cultural field, which all brought tangible benefits to the Chinese and Thai people. Because of the superior geographical advantages of Thailand and friendly Sino-Thai relations, Thailand could be a fulcrum state for implementation of the Belt and Road Initiative, and the grand blueprint of the initiative is bound to bring new opportunities for the future development of Sino-Thai relations.

[**Key words**] Thailand, Sino-Thai relations, the "Belt and Road Initiative"

* 杨保筠，北京大学国际关系学院、泰国法政大学比里帕侬荣国际学院教授。

“丝绸之路经济带”和“21 世纪海上丝绸之路”(“一带一路”)是中国提出的国际合作发展的理念和倡议，旨在依靠中国与有关国家和地区既有的双多边机制，借助既有的、行之有效的区域合作平台，大力发展与沿线国家和地区的经济合作伙伴关系，共同打造政治互信、经济融合、文化包容的利益共同体、命运共同体和责任共同体。据中国外长王毅介绍，“一带一路”倡议提出以来，已经取得了显著进展，目前已经有 70 多个国家和国际组织表达了合作的意愿，30 多个国家同中国签署了共建“一带一路”合作协议。在金融支撑方面，中方发起的亚投行已经开业运营，丝路基金首批投资项目已经正式启动。在基础设施、金融、人文等领域已经取得了一批重要早期收获，互联互通网络逐渐成形。在产能合作方面，中国已经同近 20 个国家开展了机制化产能合作，一大批重点项目已在各国落地生根。[①]

“一带一路”倡议是在古代“丝绸之路”的历史基础上提出的。自古以来，海上丝绸之路就是一条联系中国与外部世界，特别是东南亚地区国家的重要通道。中国与东南亚国家的往来和交流主要就是通过海上丝路进行的。海上丝路不仅促进了中国与沿路国家间的贸易，推动了双方之间的物质产品的互通；同时也给双方之间的精神文化交流带来了极为丰富的成果。东南亚理所当然地成为“一带一路”建设的重点和优先地区。中国在积极倡导打造和共建“21 世纪海上丝绸之路”时，大力推动与东南亚地区各国以及该地区成功的区域合作组织——东南亚国家联盟(东盟)之间的政策沟通、设施联通、贸易畅通、资金流通、民心相通，并得到该地区绝大多数国家的赞同与支持。中国政府提出的构建“一带一路”的倡议，特别是建设“21 世纪海上丝绸之路”与“升级版中国—东盟自贸区”的宏伟规划，业已成为中国与东盟合作的新亮点。

与此同时，中国在倡导“一带一路”建设规划时，做好通盘的战略

---

① 新华网:《王毅:“一带一路”倡议提出以来已经取得显著进展》,http://news.xinhuanet.com/politics/2016lh/2016-03/08/c_128782830.htm.

谋划，选择好能够长期支撑这一庞大规划的支点国家，也显得尤为重要。在“一带一路”沿线国家中，泰国具备支点国家的条件，应当引起我们的足够重视和重点经营。本文拟就泰国在“一带一路”倡议中的地位及相关问题进行一些探讨。

一、泰国具备成为落实“一带一路”倡议支点国家的条件

首先，泰国拥有支点国家所应具备的地缘条件。泰国位于中南半岛中南部，与缅甸、老挝、柬埔寨和马来西亚接壤，东南经泰国湾出太平洋，西南临安达曼海入印度洋；向北则可达中国西南地区及缅甸北部。从东南亚历史来看，早在两千年前，今属泰国的马来半岛地区就是东西方贸易的要道，因此才有克拉地峡运河规划之说。随着东南亚以及中国—东盟区域合作、互联互通规划的提出和逐步落实，泰国的地缘优势更显突出。泰国北接中国西南腹地，可以连通丝绸之路经济带；南通入海，与21世纪海上丝绸之路相衔接；西达“中印孟缅”经济走廊；向东则可与规划中的“两廊一圈”经济区相通。可以说，泰国处在东盟的中心地区，

从地缘经济的角度来看，泰国的自然地理和气候条件优越，各类民生所需的资源十分丰富，而人口密度相对较低，具有较大的发展空间。泰国实行市场经济，对外开放，比较依赖海外市场，注重对外贸易，经济发展比较平稳，公路、铁路、航空、港口、通信、电力等基础设施较为完善，目前已经属于一个中等偏上收入的发展中国家，因而在推动“一带一路”建设方面具有较大潜力。此外，泰国在东南亚地区也极具地缘政治优势。泰国是东盟主要成员国，东盟建立和发展过程中所有关键节点的重大事件几乎都发生在泰国。在东盟十国中，泰国是推动东盟一体化进程最积极的国家之一。泰国和周边国家的政治关系基本平和，在半岛地区具有一定的影响力。

由此可见，无论是东西向、南北向，泰国在“一带一路”规划中都

具有其特殊地位，而尤以其优越的海洋地理位置，成为“21 世纪海上丝绸之路”沿线的重要支点国家。

其次，从中泰两国的双边政治关系来看，也确定了泰国在实施“一带一路”倡议中的优势地位。中泰之间没有边界或海域纠纷，不存在重大的历史遗留问题。尽管在冷战时期，由于当时的特殊国际和地区环境导致双边关系发展受阻，但两国自建交以来，双边关系基本上处于不断增强的态势。两国之间始终保持着高层之间的密切交往。中国历届国家主席、副主席、政府总理、人大常委会委员长、政协主席等领导人大都访问过泰国。泰国王室的主要成员，如诗丽吉王后曾代表普密蓬国王对中国进行正式访问；王室的主要成员，如哇集拉隆功王储、诗琳通公主、朱拉蓬公主等也都曾多次访华。此外，泰国的历任总理、国会主席和军队领导人也大都访问过中国。两国的高层领导的频繁往来为维系和推进双边关系发挥了极其重要的作用。因两国领导人大力推动双边关系的发展是以改善人民的福祉为基本目标的，因此也对两国之间基于互利的经贸关系发挥了极大的促进作用。

应予强调的是，冷战结束以后，随着国际和地区环境的缓和，中国与泰国关系进一步得到加强。中国改革开放政策的拓展与深化以及泰国发展经济的需求，使两国间的政治互信达到新高度。1999 年 2 月，中泰两国签署了《关于 21 世纪合作计划的联合声明》，从而为双方在新世纪“进一步拓展双方睦邻互信的全方位合作关系”制订了框架和方针。泰国总理他信·西那瓦于 2001 年执政后，以积极进取的态度推行对华友好合作政策，并表现出进行战略性合作的意愿。当年 8 月他信访华期间，中泰双方共同发表《联合公报》，双方领导人“同意巩固中泰之间业已存在的传统友谊，并推进双方战略性合作”[①]，为两国间关系的稳定发展和双方之间在各个领域中的长期战

① 新华网：《中国与泰国联合公报》(2001 年 8 月)，http://news.xinhuanet.com/ziliao/2002-08/28/content_541441.htm.

略合作指明了方向；2007 年 5 月，泰国总理素拉育·朱拉暖访华期间，中泰双方共同签署了《中泰战略性合作共同行动计划》，从而为未来的双边合作确定了具体目标。2012 年 4 月，两国确立“全面战略合作伙伴关系”，将两国关系上升到一个新的高度，2013 年 10 月，李克强总理访问泰国，两国政府发表《中泰关系发展远景规划》，确定了双边关系在新形势下发展的具体规划和目标。访泰期间，李克强总理还在泰国国会发表演讲指出：“在东盟国家中，泰国第一个同中国签署关于 21 世纪合作计划的联合声明，第一个同中国推进战略性合作，第一个同中国实现蔬菜、水果零关税安排，第一个建成中国文化中心，第一个同中国建立防务安全磋商机制并进行两年联演联训。泰国即将成为在中国开设领事馆最多的国家。这么多‘第一’，在国与国交往中是少有的，充分说明中泰关系是不同社会制度国家之间友好合作的典范。”[①]李克强总理的这篇演讲，既是对中泰现有战略友好关系的生动描述和全面总结，也为此后两国关系的进一步发展规划了蓝图。

在增强政治互信的过程中，泰中两国都坚持以和平共处五项原则与万隆精神为双边关系的基本准则和基础，而互不干涉内政也正是这些原则和准则的核心。正是基于此，无论对方国家的国内政治发生什么变化，双方都能够坚持维持两国关系正常发展的大方向。2006 年 9 月，军人集团发动政变，推翻了他信总理。对此，中国坚持不干涉别国内政的基本原则，表现出客观中立的态度，尊重泰国国内政治的独立自主。中国发表声明指出，“泰国国内局势发生的变化是泰国内部事务，中国政府一贯奉行不干涉别国内政原则”，并真诚地表示“祝愿泰国和谐繁荣，国泰民安，中泰友好关系不断发展”[②]。

---

① 人民网：《让中泰友好之花结出新硕果——在泰国国会的演讲》，http://politics.people.com.cn/n/2013/1012/c1024-23171024.html.

② 外交部网站：《外交部发言人秦刚就当前泰国局势发表谈话》，http://www.fmprc.gov.cn/mfa_chn/fyrbt_602243/t272780.shtml.

2014 年 5 月，泰国再度发生军事政变，政变领导人巴育经国王普密蓬·阿杜德任命，于当年 8 月出任泰国政府总理。对此，中国政府继续秉承不干涉他国内政的原则，与泰国新政府保持正常关系。巴育总理于 2014 年年底正式访华，中国国家主席习近平在会见巴育总理时强调，中方将继续尊重和支持泰国为实现政治稳定、经济发展、民生改善所作努力。①

第三，中泰两国间的经贸关系的快速、稳定发展，给双方开展全方位合作奠定了牢固的基础，也为泰国成为“一带一路”支点国家创造了有利的条件。

中泰双方贸易的互补性较强，促使双边贸易迅速发展。例如，1975 年，即中泰建交的当年，两国之间的贸易额就达到 2462 万美元，比 1974 年的 339 万美元增长了 626.3%。② 1976 年双边贸易额更是猛增到 1.0563 亿美元，为 1974 年的 30 倍。③ 在随后的数年中，双方的贸易额几乎呈直线上升状态，到 1986 年，中国就已经成为泰国十大贸易伙伴之一。随着两国关系的发展和中国改革开放的步伐加快所带来的经济需求，1990 年双方贸易额突破了 10 亿美元大关，并在其后保持着连年增长的势头。进入 21 世纪以后，中泰的经贸合作越来越频繁，双边贸易额和进出口比重均有所提高。根据中国海关统计，2003 年，双边贸易达到 126 亿美元，而 2013 年就猛增至 712 亿美元，10 年间增长了 5.6 倍。中国成为泰国最大的出口市场和第二大进口来源地。④ 虽然后来泰国国内局势发生重大变化，但 2014 年中泰双边贸易额仍然达到 726.7 亿美元，同比增长 2%。1999 年，

① 新华网：《习近平会见泰国总理巴育》，http://news.xinhuanet.com/world/2014-12/23/c_1113751588.htm.

② 人民网：《稳定健康、可持续发展的中泰经贸关系》，http://world.people.com.cn/n/2014/1104/c1002-25973891.html.

③ 梁源灵：《中泰经贸关系的回顾与展望》，载《东南亚纵横》2000 年第 2 期。

④ 人民网：《稳定健康、可持续发展的中泰经贸关系》，http://world.people.com.cn/n/2014/1104/c1002-25973891.html.

泰国出口到中国的规模只占其出口总量的2%，2014年已经上升至12%，位列泰国出口国第一位，超过美国、欧洲和日本，由此中国成为泰国最大贸易伙伴；泰国也成为中国在东盟国家中的第四大贸易伙伴。中泰贸易也带动了泰国的产业发展。例如，仅中国每年从泰国进口的橡胶数量就高达400万吨。泰国副总理比里亚通曾就此评价称："如果没有中国的进口，泰国橡胶业也不会发展得这么好、这么快。"①

此外，中泰双方的经济关系并不仅限于贸易，在相互投资及承包工程和劳务合作等服务贸易领域上也进展迅速。

在投资方面，泰国的投资曾经为推动和支持中国的改革开放做出过重大贡献；随着中国经济实力的增强，中国对泰投资也迅速增加。由于中国的投资环境日益改善以及双方关系的稳定发展，1995年，泰国成为中国第八大投资来源国。根据中国商务部统计，2004～2013年的10年中，泰国对华实际投资保持稳中有升，平均每年投资超过1亿美元，其中2013年达4.8亿美元。中国企业对泰国投资则呈现稳步增长之势。根据泰国投资促进委员会(BOI)统计，2004～2008年的五年里，年均实际投资2亿多美元，2009～2013年的五年中，年均实际投资8亿多美元，近几年，中资在泰投资呈现制造业为主和大额投资增多趋势。2014年，在泰开工的玲珑轮胎厂、上汽和正大集团合作的汽车制造厂投资额都达到100亿泰铢(约20亿人民币)。中泰罗勇工业园前两期规划的4平方公里土地已开发完毕，共有60家中资企业入住该工业园，目前正式实施第三期规划，将再开发8平方公里土地。②

① 外交部网站:《中国同泰国的关系》，http://www.fmprc.gov.cn/mfa_chn/gjhdq_603914/gj_603916/yz_603918/1206_604642/sbgx_604646/;《泰副总理:中泰关系一直没有脱离过"友好"主线》，http://world.huanqiu.com/exclusive/2015-03/5840423.html.

② 人民网:《稳定健康、可持续发展的中泰经贸关系》，http://world.people.com.cn/n/2014/1104/c1002-25973891.html.

在工程承包方面，截至 2013 年底，中国企业在泰签订承包工程合同额 119.2 亿美元，完成营业额 74.9 亿美元。2014 年，中国企业在泰新签对外承包工程、劳务合作和设计咨询合同额 17.8 亿美元，完成营业额 18.4 亿美元。①

为了给两国间的经贸合作提供法律和机制方面的保障，中泰双方还签署了一系列相关条约和协议，建立起政府间的合作机制。双方签订了《促进和保护投资协定》(1985 年)、《避免双重征税和防止偷漏税协定》(1986 年)、《贸易经济和技术合作谅解备忘录》(1997 年)、《双边货币互换协议》(2011、2014 年)等。2004 年 6 月，泰国承认中国完全市场经济地位。在此基础上，两国又先后签署了《扩大和深化双边经贸合作的协议》(2009 年)、《经贸合作五年发展规划》(2012 年)等重要的经贸合作文件。2014 年 12 月，两国央行签署《关于在泰国建立人民币清算安排的合作谅解备忘录》，为双方间贸易合作通过了便利。1985 年，中泰两国成立了部长级经贸联委会。随着双边关系的发展和两国经贸规模的扩大，2003 年 6 月，又升格为副总理级。2004 年 7 月，吴仪副总理与差瓦利副总理在北京共同主持联委会首次会议；2005 年 9 月，吴仪副总理与颂奇副总理在泰国清迈共同主持联委会第二次会议。联委会第三次会议于 2014 年 11 月在北京举行，由王勇国务委员和泰国副总理比里亚通共同主持。

此外，中国公民赴泰旅游人数增长迅速。从 2013 年泰国国家旅游局的统计数据来看，当年中国赴泰旅游人数达 470 万，较 2012 年增长 68%，中国已经成为泰国最大旅游客源国。2015 年，中国游客总数已经突破 800 万。② 中泰经贸合作的快速发展，为双方在"一带一路"框架下的进一步合作奠定了坚实的基础。

---

① 外交部网站：《中国同泰国的关系》，http://www.fmprc.gov.cn/mfa_chn/gjhdq_603914/gj_603916/yz_603918/1206_604642/sbgx_604646/.

② 新华网：《2015 年赴泰中国游客超 800 万中国年带火旅游》，http://news.xinhuanet.com/world/2016-02/03/c_128695618.htm.

第四，华人华侨问题的政治解决，使泰国华侨华人成为推动中泰关系发展的重要力量，为强化泰国在"一带一路"倡议中发挥支点国家作用奠定了重要基础。

中国对泰国政治和社会存在着难以回避的重要影响力，尤其是为数众多的华人移民及其后裔，更是成为彰显中国影响力的重要载体。据统计，1905 年泰国的华族已占到全国 830 万总人口的 10%左右。此后，随着中国国内政局的动荡，移民泰国的华人更是不断增加。虽然学界对目前泰国华侨华人的人口总数的估计一直存在很大争议，有 600 余万人、1000 万人诸说，使泰国的华人华裔人口无精确统计数字。① 但是，这也正说明了华人在泰国社会中融入程度之深、之广。

在中泰关系发展过程中，两国政府都充分认识到华侨华人在两国关系中的重要地位和作用，从而采取积极而审慎的态度来妥善处理这一问题。例如，《中泰建交公报》就提出："中华人民共和国政府注意到，几个世纪以来侨居在泰国的中国人能遵循泰国的法律和泰国人民的风俗习惯，同泰国人民和谐友好相处。中华人民共和国政府宣布他们不承认双重国籍。双方政府认为任何中国籍或中国血统的人在取得泰国国籍后都自动失去了中国国籍。对自愿选择保留中国国籍的在泰国的中国侨民，中国政府按照其一贯政策要求他们遵守泰王国法律，尊重泰国人民的风俗习惯，并与泰国人民友好相处。他们的正当权益将得到中国政府的保护，并将受到泰王国政府的尊重。"可以说，泰国华族的政治归化问题在两国的共同努力下得到了

---

① 吴群、李有江：《二战后泰国华侨华人社会的变化》，载《云南师范大学学报》2004 年第 5 期。实际上，泰国华侨华人数量大且特别难以估算。按泰国华人自然增长率与全国的人口增长率大体相当、泰国华人占泰国人口 10%来估算泰华数量，再加上近 20 年涌入泰国的新移民，则 2007 年泰国华侨华人约有 700 万人。但华泰混血儿数量很大，如果他们大批认同华人身份，则这个估算数据可能偏低。http://qwgzyj.gqb.gov.cn/yjytt/155/1830.shtml.

妥善的解决，才使中泰双边关系在各个领域都能够不断取得实质性的突破与进展，并形成了“中泰一家亲”的共识。

由于华人在泰国的经济中发挥着举足轻重的作用，如何看待和评价泰国华人的经济地位不仅是个经济问题，也是个有可能对双边关系产生直接影响的政治问题。实际上，泰国历届政府对华人的经济政策与其在政治上的同化政策相辅相成，为华人成功地深度融入泰国社会创造了有利条件。泰政府认可华人在王国经济事务中所发挥的重要作用，因此，大批富有朝气的华人企业家在泰国的银行、制造、贸易、进出口等行业中均有出色表现。一大批杰出的华人企业家在工业、金融、投资等部门担任领导职务。泰国经济的这一特色也使华人经济事实上与该国经济完全融为一体，不可分离，真正成为泰国经济中富有活力的组成部分。也正因如此，那些指称华侨华人控制泰国经济的说法是站不住脚的。诚如经济学博士李国卿所言：“泰国经济如不能有现代化的发展，就不会有泰华经济之现代化；相反，没有泰华经济之快速成长，也就不会有泰国经济的快速发展。”[①]可以说，泰国华人是在认同泰国、效忠泰王，以发展泰国经济为主要目标的前提下，充分利用其优势，在与中国的政治、经济、文化关系中发挥其作用，特别是为两国之间经贸关系的发展做出贡献的。归根结底，这也是中泰两国妥善处理华侨华人问题的结果。

综上所述，在长期有效的合作过程中，中泰两国之间的交流平台呈现出丰富的多样性，这从双方为庆祝 2015 年中泰建交 40 周年而组织的丰富多彩的活动便可看出。因此，应当把泰国作为“一带一路”倡议中的支点国家来看待，而且，随着两国关系的加强和发展，泰国的作用应该会进一步扩大，支点国家的作用也会更加凸显。

---

① 转引自王望波：《泰国华人政策及其影响》，载《八桂侨史》1996 年第 1 期。

二、泰国期待“一带一路”倡议带来的发展机遇

自从中国提出“一带一路”建设的倡议之后，泰国是对此反应最为热烈而积极的东南亚国家之一。泰国认为，中国提出的“一带一路”倡议是中国政府提出的涵盖政治、经济和社会等各个领域的宏伟设想，朝野都认为该规划是一个具有建设性的建议，为泰国提供了巨大的发展机会，有助于增强两国之间的经济合作，为泰国产品打开新市场，改善国内经济、特别是基础设施建设滞后的现状。因此，从英拉到巴育的泰国政府领导人都表示泰方赞赏和支持中国的“一带一路”战略构想，愿积极参与相关合作并从中获益。由此可见，泰国期待通过对“一带一路”的积极参与而带来巨大的国家利益。

首先，泰国长期以来一直希望能够利用其所处的优越地缘条件成为东南亚地区的交通和物流枢纽，在东盟经济共同体建设过程中发挥独特的作用，从而提高其在东盟中的地位和影响力。因此，当中国提出“一带一路”的设想时，一些泰国学者和官员就立即将其与东盟的“互联互通”计划联系起来，有人甚至还认为，中国这一倡议的提出曾受到东盟“互联互通”规划的启发。

泰国希望利用其处于东南亚地区中心和进入东盟门户的优势地位，通过参与“一带一路”建设，与中国深化铁路、通信等领域的合作，以加强其在东盟与中国互联互通中的重要地位，从而成为促进东盟—中国关系、加速区域经济一体化的主要推手。为此，泰国官员和学者们希望“一带一路”倡议能够与东盟的“互联互通”规划相辅相成，并带动东盟各国正在实施的一些现有的次区域合作项目，如大湄公河次区域合作、印度尼西亚—马来西亚—泰国成长三角等规划的实施。例如，泰国央行行长张旭洲就认为，泰国在地缘政治上位于东盟地区的核心地带，是东盟的物流、贸易和金融中心，是东盟市场与中国之间天然的桥梁。而中国也需要通过进入泰国，进而进入东盟乃至大湄公河次区域，来对产品供应链进行重新布局。泰中应该抓

住“一带一路”的合作契机，实现双赢。泰国前副总理、泰中文化促进委员会主席披尼·扎禄颂巴就曾多次强调泰中实现互联互通的重要性，认为中国铁路网络正贯通亚洲、走向中东并延伸至欧洲，泰国纳入中国铁路运输网络，关系到泰国与整个东南亚、乃至跨洲之间的互联互通。①

其次，泰国自身的经济现状及未来发展需求也使其对“一带一路”寄予厚望。泰国近两年在经济上遇到的问题比较多，除了旅游业外，其他产业发展不理想。眼下的军政体制在西方引起非议，影响了泰国与西方大国之间的经济合作，所以泰国现政府希望加强对外经贸合作，吸引外资，推动境内基础设施建设，拉动本国经济增长，促进就业，以取信于民。

泰国所期待的对外合作的热点领域在农业、汽车、时尚、信息技术、高附加值服务业等领域。而泰国的水利工程、工农业项目、能源及电力工程等重大基础设施建设项目都需要大量的资金投入；泰国政府为保护和改善环境而着重发展的包括垃圾发电、太阳能、风能、生物能发电等绿色能源项目也都期待来自中国的资金支持及技术和工程建设方面的经验。正因如此，泰国朝野上下普遍认为，“一带一路”倡议有助于增强中泰两国之间的经济合作，有利于改善国内经济、特别是基础设施建设滞后的现状。泰国副总理比里亚通指出，泰中两国之间投资合作未来有很多机遇。泰国有优势行业可以去中国，中国有优势的企业可来泰国。同时，投资还要考虑市场潜力，要进一步抓住机会实现扩展。在科技方面，中国肯定比泰国领先一步，中国在泰国扩展自己的市场是自然的。中国在高铁技术方面有着雄厚的实力和经验，泰国在这方面肯定要依靠中国，这也符合中国 21

① 新华网:《泰国期待“一带一路”合作红利》，http://news.xinhuanet.com/world/2015-05/11/c_1115243879.htm.

世纪丝绸之路向南延伸的战略，对泰中双方来说，这将是一个双赢。[①] 说明泰国政府已经把“一带一路”、特别是“21 世纪海上丝绸之路”纳入到泰国政府对经济转型的规划之中。同时，泰国的许多大型华人财团和企业也都在积极筹备，观察“一带一路”倡议可能带来的商机，并为参与其中而做好准备，希望通过“一带一路”设想的具体实施，为自己赢得实实在在的利益。

最后，泰国希望借助“一带一路”倡议的实施，提高其在中南半岛和东盟地区的影响力。实际上，在世界经济全球化及区域合作不断深化的背景下，中泰关系已经超越了双边范畴，其影响已经扩大到中南半岛和整个东南亚地区。冷战后，随着地区局势的稳定和中印两国的崛起，中南半岛逐渐成为连接东南亚、中国、印度的海陆要道，而泰国位于半岛中心，北上通陆路，南下扼海道，战略地位显著提高。就中国而言，加强同泰国的关系，有利于推动与东盟这一区域合作组织及其他东盟成员国关系的发展；而对泰国来说，通过与中方的合作，有利于发挥泰国加强其在东盟区域一体化和参与各项多边合作机制中的地位和作用。事实上，随着其战略地位的提高，泰国试图寻求东盟主导权的愿望也在增强。但是，尽管地区发展态势对泰国有利，但仅凭泰国一己之力想取得对东盟的主导地位却是困难重重，于是，争取中国的理解与支持也就成为了泰国最为现实的选择。

长期以来，对于泰国的政治意图，中国表示支持其在地区事务中发挥更大的作用，从而给予了正面的回应与配合。例如，当泰国外长在 2001 年举行的第 34 次东盟外长会议上正式提出旨在通过设立对话机制，促进亚洲区域内贸易、投资及其他领域合作的“亚洲合作对话”概念，并于 2002 年和 2003 年先后在昌安与清迈主办了“亚洲合作对话”第一次和第二次外长会议之时，中国都给予了全力支持与配合，使“亚洲合作对话”机制得以延续，成员国也从最初的 17 个增至

① 环球网:《泰副总理:中泰关系一直没有脱离过“友好”主线》,http://world.huanqiu.com/exclusive/2015-03/5840423.html.

30个，并在不少合作领域取得重要进展。[①] 而泰国作为“亚洲合作对话”机制的首倡者和协调者，其地区影响力也得到显著的提高。

最近，中国外长王毅宣布：2016年3月底，李克强总理将邀请澜沧江—湄公河流域的所有国家，即越、老、柬、缅、泰的领导人齐聚海南，举行澜湄合作的首次领导人会议[②]，从而使2015年11月12日在云南景洪举行的澜沧江—湄公河合作首次外长会议宣布正式建立澜湄对话合作机制的成长步入新阶段。实际上，澜湄合作的倡议最早就是由泰国规划和提出的，正因如此，中国总理李克强2014年末在“大湄公河次区域经济合作第五次领导人会议”开幕式上说：“中方愿积极响应泰国倡议，在10+1框架下探讨建立澜沧江－湄公河对话合作机制，并于明年举行外长会和高官会。”[③]也是由于这一原因，泰国外长敦作为共同主席与王毅外长主持了澜湄合作首次外长会议。他在会上表示，澜湄合作是沿岸六国携手推动的首个合作机制，各国作为平等伙伴，共同谋求可持续、包容发展，缩减发展差距，实现合作共赢，具有里程碑式的重要历史意义。中方提出的三个合作重要领域与东盟共同体建设的三个支柱相契合，将构成澜湄合作发展的核心。[④] 澜湄合作机制的建立和运行，为“一带一路”倡议提供了又一个新的合作平台，泰国在其中所发挥的作用，将能够为推动地区合作、稳定和促进中国与东盟及澜湄流域各国之间的关系做出贡献。

此外，近年来成效显著的次区域经济合作，如中泰两国共同参与的四角经济合作（中、泰、老、缅四国）和大湄公河次区域经济合作

---

① 新华网：《亚洲合作对话》，http://news.xinhuanet.com/world/2007-06/05/content_6199859.htm.

② 人民网：《王毅：3月底首次澜湄合作领导人会议将在海南举行》，http://lianghui.people.com.cn/2016npc/n1/2016/0308/c402989-28181822.html.

③ 新华网：《李克强在大湄公河次区域经济合作第五次领导人会议开幕式上的讲话》，http://news.xinhuanet.com/politics/2014-12/20/c_1113717408.htm.

④ 新华网：《澜沧江－湄公河合作首次外长会举行澜湄合作机制正式建立》，http://news.xinhuanet.com/world/2015-11/12/c_1117127012.htm.

（中、泰、老、缅、越、柬六国）等区域经济合作等，不仅对中泰关系的发展发挥了重要的促进作用，有利于中泰两国边缘地区的经济发展，改善当地的贫困局面；另一方面也有助于泰国与该地区各国之间彼此加深了解，增强互信，逐步化解历史积怨，共同维护地区的稳定，符合泰国的国家利益。

三、必须重视和妥善处理在泰国落实"一带一路"倡议中的问题

虽然泰国可以也应当作为"一带一路"建设的支点国家来被对待，但是，泰国所存在或潜在的风险也不可忽视。这些问题有些是泰国自身的，有些是受外部环境所影响，而有些则是中国方面的企业或人员造成的。随着"一带一路"倡议的持续推进和具体落实，必须高度重视如何防范和处理在泰国可能遇到的困难、问题和障碍。

第一，要充分了解和理解泰国的国情及其民族心态。虽然中国与泰国的关系密切，但泰国政界人物及国民对中国的了解并不深入，同样，我们的许多人对泰国各界及民众对中国及中国政策的看法也不甚了解。实际上，"中国威胁论"的影响在泰国并未真正消除，朝野对中国在东南亚的战略和策略仍然有疑虑，甚至有人对中国在泰国修建铁路是否会对其安全造成威胁。对此，我们一方面应当继续强调中泰友好的方面，继续向加强双边关系的方向努力，但对可能出现的波折也应有足够的估计和准备，以免出现近年来在缅甸所遇到的被动局面。

对于泰国通过参与"一带一路"来实现自己利益的战略考量也应有充分了解和理解。而且，其利益不仅包括本国基础设施建设、经济发展、社会稳定等多个方面；也包括其寻求加强在东南亚及东盟内部的话语权和影响力的目标。为此，中国一方面应该通过"一带一路"建设真正帮助泰国的发展以实现合作双赢；另一方面也应继续支持泰国寻求在东南亚和东盟发挥更大作用的努力。必须看到，泰国在

东盟建立和发展的各个重要节点以及在亚欧会议机制的建立、中国—东盟自由贸易区的发展等许多重要的区域合作事务中，都曾经发挥过重要的作用。因此，通过泰国参与“一带一路”建设，并在此基础上进一步加强与东盟“互联互通”的对接，也将有利于促进中国与其他东盟成员国的联系。

第二，自1932年泰国建立君主立宪制以来，泰国政治稳定性和连续性一直比较差，政权变动频繁，对相关政治风险要有足够的认识。泰国政治受军人集团影响较大，军事政变时有发生。此外政党斗争，互相倾轧，议会解散、提前选举也是屡见不鲜。国内政治不稳定，对在泰投资构成较大的不稳定因素。为此，应该在泰国的王室、政党（政府）以及军队的各个派别之间广结善缘，以应对不同政治势力上台所出现的新形势。此外，到泰国投资的中国企业也应从一开始就充分树立起风险防范意识，包括可行性研究、可能存在的风险及出现不测事件时的应对等。

第三，要谨防泰国国内的恐怖主义、分离主义和极端主义势力对在泰国实施“一带一路”建设可能造成的威胁。位于泰国南部的惹拉府、北大年府和陶公府民族关系错综复杂，宗教冲突频仍，社会十分动荡，并由此而滋生出分离主义运动，其中一些组织企图通过实行恐怖主义袭击实现其政治诉求。这不仅使泰南三府长期动荡，甚至也使曼谷、普吉岛等地成为恐怖主义袭击的高发地区。对此，中资企业在泰国投资要尽量避免前往这些动荡地区。同时，对一些虽然看似有利于“一带一路”布局但牵涉泰国自身安全的重大项目务必慎之又慎。例如，不久前议论甚多、涉及中企的“克拉地峡运河”项目签字事件，实际上造成了很大的负面影响。根据笔者的实地考察，克拉地峡运河的开挖，将给泰国南部半岛地区提供一道人工挖掘的堑壕。根据中东的一些宗教极端组织势力的扩张速度和程度来看，这条运河的开挖，很可能使运河以南地区很快成为分离主义分子和宗教极端组织活动猖獗的地区，这将对泰国的国家核心利益——领土完整造成很大的威胁，是泰国政府所无法接受的。而中企涉足其中，无疑会造成某些误会。对于此类涉及对方国家利益的项目，应该由政府统筹，而不能够任由企业或以牟利为目的的业者或其他人士随意行事，从而陷双方政府于被动。

第四，在目前区域外国家对东南亚以及泰国事务的关注与干预日渐突出的地区环境之下，应充分理解泰国的“大国平衡战略”对其生存和发展的重要性。泰国的“平衡外交”有其历史传统，可以说，正是这一看似“左右逢源”的政策使其免于沦为西方列强的殖民地，因此至今仍在发挥着重要作用。泰国很难，也不可能只跟随某个国家，而是要通过平衡外交、特别是在相互竞争的各个大国之间的平衡外交，来争取其国家和民族利益的最大化。随着奥马巴提出的“亚太再平衡”战略的实施，美国开始重新重视美泰关系。由于早在冷战时期，特别是越战期间，美泰之间就存在着一种“准同盟”的关系，因此双边关系迅速回升。2012 年奥巴马连任后出访亚洲，泰国是其首访目的地，时任泰国总理英拉也表示泰国考虑加入“跨太平洋伙伴关系协定”(TPP)。2014 年泰国发生军事政变以后，美国与军政府的关系冷淡，与中国的关系则有所加强。但实际上，泰国的政、商、军界上层，基本上还是比较亲美的，目前的局面只是暂时的无奈。因此，无论是泰国军方决定购买中国潜艇之事的变数，还是泰国政府就中日在泰国为高铁等重大基础设施建设方面的竞争所持的立场和态度以及相关合同的签署，都反映出泰国在大国之间搞平衡，各不得罪，从而获得其利益的策略。当然，我们无须对泰国的这些做法加以指责。泰国是独立的主权国家，有权选择其外交和经济政策，中国只能够通过良性竞争，努力使这种平衡不会伤害自身的利益，甚至在大国竞争之中处于一个相对有利的地位。这需要中国政府、企业和民众做出巨大的努力。

第五，中泰两国的企业和民众在彼此交往过程中所出现的一些纠纷，向人们提出了如何提高在泰中国企业和公民素质、改善中国国家形象、保障“一带一路”建设在泰国能够顺利实施的问题，对此也应引起足够重视。

目前，越来越多的中国企业和商人在泰国投资办厂兴业，开展海外业务；大批的中国游客到泰国旅游观光。然而，其中的一些企业或个人的违法或不文明行为，已经通过媒体报道或口口相传，在当地造成较大的负面影响，无论是在飞机上、庙宇中还是其他旅游景点，都曾有中国游客的不文明行为受到诟病，以至于一些媒体往往以"又是中国人!"为醒目标题来报道相关的事件。据报道，最近在泰国还出现了一些中国犯罪分子和集团，进行诈骗、偷盗、抢劫甚至制造爆炸等事件，造成恶劣影响。对此，很多泰国人表示，他们虽然反感这些人和事，但并不反对包括游客在内的中国人到泰国来，因为他们为泰国带来了收入和就业，以至于人们称泰国"忍迎"中国游客。此外，中国产品的质量问题也往往为泰国人所抱怨。"Made in China"往往被视为"质次"与"价廉"的代名词。一些人表示，由于中国的沪甬高铁事故给他们造成的不安全感，他们对政府决定购买从未出过重大事故的日本高铁更加放心一些。因此，如何改善中国国家、企业和国民形象，已经成为"一带一路"是否能够在泰国顺利实施的重要因素。因此，我们必须主动通过"一带一路"倡议的落实为中国与包括泰国在内的沿线国家关系的建设提供正能量。中国公民应当自觉地尊重当地的风俗习惯，中国企业必须提供优质可靠的产品，以维护自身和国家的形象。

第六，在加强与泰国政府和上层关系的同时，要努力在泰国民众中大力宣传中国的"一带一路"倡议能够给他们带来的利益，以建立坚实的民意基础。"一带一路"所规划的项目大多是涉及民生的基础设施建设项目。有的规模颇大，涉及人口众多，尤须得到民众的理解和支持。但据笔者观察，在泰国的普通民众中，知晓甚至只是听说过"一带一路"者寥寥无几。应该通过各种方式和途径，加强民众之间的交流，甚至可鼓励非政府组织等来宣传"一带一路"，使泰国的公众舆论了解中国政府"一带一路"规划的想法和计划，说明其目标是确保合作共赢的共同利益，从而获得民众的理解与支持。而缅甸密松电站等项目的教训，则应在面向泰国时引以为鉴。

必须指出的是，在这一宣传过程中，也要注意工作的分寸和尺度。有一些媒体比较片面，不求事实，只谋求看点。对这种做法应该及时给予干预和澄清。比较典型的是关于媒体上提到的中泰拟建“克拉运河”绕开马六甲海峡的例子，当时有新闻说中泰成立了中泰克拉运河基础投资公司，而且不少媒体都对该消息大加渲染，说得有鼻子有眼。但这一新闻给双方都带来很多问题，尤其是使中泰两国官方显得很被动，最后弄得双方的政府部门不得不出面澄清。当然，其中也有企业出于商业目的对没有确定的项目进行大肆宣传的因素。这一案例说明媒体在报道此类事情时应该特别留意，必须深入了解其背景和真相，尤其不应刻意渲染所谓的官方色彩。

综上所述，中国提出的“一带一路”倡议，特别是“21 世纪海上丝绸之路”应以东南亚为支点地区，而泰国则应是其中的支点国家之一。中方在落实的过程中要有正在崛起中的发展中大国的风范，坚持和平共处五项原则，致力于实现平等互利共赢、区域共同发展的目标。泰国对中国建设“一带一路”的倡议是反应积极、怀有期待的，目的是为了使其能够通过这一项目而获益，对此我们必须予以理解，这才有利于泰国政府放手投入“一带一路”的建设规划，促进双方在各个领域合作的可持续发展。

中国周边水资源外交与“一带一路”建设

China’s Water Diplomacy and the Implementation of the“Belt and Road Initiative”

郭延军 *

[**Abstract**] The controversy over trans-boundary water resources has become more prominent and gradually evolved into an influential factor in shaping China’s relations with its neighboring countries. Given the fact that China will inevitably encounter this issue in its implementation of the “Belt and Road Initiative”, China needs to take a more proactive approach, using water diplomacy to ease tensions and solve the disputes. This article chooses two cases, the negotiation on China-Kazakhstan trans-boundary water allocation and the management of Lancang-Mekong water resources, to put forward policy recommendations on adjusting and optimizing China’s water diplomacy, thus solving the trans-boundary water issues and paving the way for the successful implementation of the “Belt and Road Initiative”.

[**Key words**] the “Belt and Road Initiative”, water diplomacy, peripheral strategy

* 郭延军，外交学院亚洲研究所副教授、副所长、国家领土主权与海洋权益协同创新中心研究员。

随着“一带一路”的推进，国际社会尤其是沿线国家既抱有很高期待，同时也存在一些疑虑。[①] “一带一路”能否顺利推进，很大程度上取决于中国与沿线国家政治互信的建立，而政治互信的建立又取决于中国与沿线国家之间的安全争议或冲突能否得到有效缓解或最终解决。作为“一带一路”建设的两个重要方向，中亚和东南亚国家的态度可以说在推进“一带一路”建设过程中发挥着至关重要的作用。然而我们看到，中国与中亚最重要的国家——哈萨克斯坦仍存在水资源开发利用方面的问题；中国与湄公河下游国家也存在流域水资源治理方面的矛盾。这些问题如果处理不好，或将成为中国推进“一带一路”建设中的一大障碍。

一、中国跨界水资源：问题、挑战及新趋势

水是最可能导致国家间爆发战争的可再生资源。[②] 共享的国际水资源是公共资源困境的典型代表，即一方的使用意味着他方潜在利益的减少，突出表现为国际河流上中游的污染、取水及水坝拦水会直接影响下游的水质和水量。国际河流的生态边界与政治边界不一致则可能导致国家在主权原则、水资源所有权与分配、安全及环境等方面的冲突。2001 年初，亚洲开发银行在其水资源报告中指出，未来水问题中最难解决的是水资源的合理分配。

---

① 参见 Akhilesh Pillalamarri, “Project Mausam: India's Answer to China's Maritime Silk Road”, September 18, 2014, http://thediplomat.com/2014/09/project-mausam-indias-amnswer-to-chinas-maritime-silk-road/，登录时间：2015 年 6 月 15 日；赵亚赟：《俄罗斯智库专家对丝绸之路经济带的看法》，载《经略简报》第 79 期，2014 年 10 月 14 日；曾向红：《中亚国家对“丝绸之路经济带”构想的认知和预期》，人民网，http://world.people.com.cn/n/2014/0409/c1002-24857680.html，登录时间：2015 年 6 月 10 日。

② 转引自詹姆斯·多尔蒂、小罗伯特·普法尔茨格拉夫：《争论中的国际关系理论》，阎学通、陈寒溪等译，世界知识出版社 2003 年版，第 184 页。

(一)问题与挑战

中国拥有国际河流的数量和跨境共享水资源量均居世界各国前列,具体来说,国际河流(湖泊)有40多条(个),其年径流量占到中国河川年径流总量的40%以上,每年出境水资源量多达4000亿立方米,相当于甚至超过长江的年径流总量。其中主要的国际河流有15条,包含了境外的18个流域国(其中15个为毗邻的接壤国),影响人口逾30亿(含中国)。这些国际河流能否进行公平合理的利用和协调管理,直接影响着中国近1/3国土的可持续发展,影响着中国与东南亚、南亚、中亚和东北亚地区的国际合作与地区的稳定。①

近年来,因水资源的开发利用所导致的国家间矛盾与冲突时有发生。例如,2005年吉林松花江污染曾引发中俄争议;伊犁河与额尔齐斯河的水分配曾导致中、俄、哈争议;中国怒江开发也曾受到周边邻国的批评与质疑。再如,中国与印度之间的关系因历史、宗教和边界等问题一向复杂,水问题更成为两国外交争议的重要领域,不断有印度媒体和学者指责中国在雅鲁藏布江建造水坝会影响印度的水流。而在更大范围内引起国际社会关注的是中国与湄公河流域国家的水资源争端,并因2010年的湄公河大旱使得下游四国与中国之间的水争议彻底浮现。②

中国周边的水资源冲突在近年来集中爆发是多种因素共同导致的结果,概括而言,这些因素可归纳为以下三个方面:首先,与周边邻国相比,中国处于多条国际河流的上游,并且是数条河流的发源国,在开发方面具有天然的地理优势。改革开放以来,中国经济发展迅速,为满足国内日益增长的电力需求,中国制定了系统的水电开发规划,水电开发时间较下游国家早、开发力度也更大,中国的这一动向受到了下游的高度关注;其次,随着中国的快速崛起,周边国家、尤其

① 参见何大明:《中国国际河流》,科学出版社2000年版。

② 关于中国与周边国家在水资源问题上的关系分析,参见李志斐:《水资源外交:中国周边安全构建新议题》,载《学术探索》2013年第4期。

是小国难免会感受到来自大国的压力，它们进而担心大国是否会采取激进的周边政策，这种忧虑无疑会投射到跨境水资源利用问题上；最后，出于政治和战略考虑，美国等西方大国近年来纷纷以水资源问题作为炒作对象，刻意夸大矛盾、制造分歧，对中国与周边国家水资源矛盾的升温起到了推波助澜的作用，使得中国与周边国家的水资源争端更加复杂。

（二）国际水外交新趋势

由于跨界水资源问题的日益凸显，水外交受到研究者和政策制定者越来越多的关注，在理念和实践方面也不断丰富和发展，出现了一些新的趋势和特点。2012 年，由美国著名水问题专家沙飞酋尔·伊斯拉姆和劳伦斯·E·斯坎德合著的《水外交：以谈判方式管理复杂水网络》一书出版，书中提出了一种新的水外交框架，系统论述了水外交的理念和实践，在水外交领域产生了广泛影响，其中很多新观点可以视为未来水外交的发展方向。[①] 笔者据此总结了未来水外交可能呈现的几个主要特点：

网络化。强调构建开放和灵活的水外交框架，通过构建广泛的水外交伙伴关系，由各领域专家组成网络化的研究和实践模式，为水外交提供更多专业化指导和建议。例如，2012 年，美国宣布建立新的伙伴合作关系，应用与水问题有关的经验应对全球的水资源挑战。该伙伴关系将汇集在水资源问题上具有不同经验和知识的遍布全球的 30 多个机构、院所和维权组织。[②]网络化带来的直接结果就是水外交的研究和实践更为开放化、专业化和科学化，水外交的主体和议

---

① Shafiqul Islam and Lawrence E. Susskind, *Water Diplomacy: A Negotiated Approach to Managing Complex Water Networks*, RFF Press Water Policy Series, Routledge, 1 edition, June 22, 2012.

② 《国务卿克林顿增强美国解决世界用水难题的承诺》，载美国国务院国际信息局编（IIP）《美国参考》，http://iipdigital.usembassy.gov/st/chinese/article/2012/03/201203232694.html#axzz3elXQCTj1，登录时间：2015 年 5 月 6 日。

题也将因此而处于一个不断变动的过程之中，其中非政府组织在水外交领域快速增长的影响力值得关注。

共享化。在自身没有权利去挑选较大利益的情况下，利益均分(或至少是利益共享)就是优选策略。① 在跨境水资源管理领域，“利益分享”概念逐步被各方接受，成为指导水外交实践的重要理念，② 并且在理论和实践层面不断得以丰富。③ 2009 年，世界银行公布了新的水电政策，利益分享成为此轮水电开发投资浪潮中的核心概念。④ 2011 年，在湄公河委员会(MRC)发布的一份指导文件中指出，在流域管理和发展可持续的河流基础设施方面，利益分享已被广泛视为一个能够促进合作的有力和实用的工具。⑤

安全化。2009 年联合国《世界水资源发展报告》指出，水问题将严重制约 21 世纪全球经济与社会发展，并可能导致国家间冲突。⑥ 近年来，围绕国际河流跨境水资源的合理利用、公平分配、协调管理

---

① 赵汀阳:《每个人的政治》，社会科学文献出版社 2010 年版，第 26 页。

② 世界水坝委员会编:《水坝与发展:决策的新框架》，中国环境科学出版社 2005 年版，第 181、186 页。

③ 参见 Marwa Daoudy, “Benefit-sharing as a Tool of Conflict Transformation: Applying the Inter-SEDE Model to the Euphrates and Tigris River Basins,” *The Economics of Peace and Security Journal*, Vol. 2, No. 2, 2007, pp. 26-32; Tesfaye Tafesse, “Benefit-Sharing Framework in Transboundary River Basins: The Case of the Eastern Nile Subbasin,” conference papers No. 1/2009, International Water Management Institute, pp. 232-245; Oliver Hensengerth, Ines Dombrowsky and Waltina Scheumann, “Benefit-Sharing in Dam Projects on Shared Rivers,” Bonn: German Development Institute, 2012, p. 1.

④ The World Bank Group, “Directions in Hydropower,” The World Bank Working Paper No. 54727, March 1, 2009, http://siteresources.worldbank.org/EXTENERGY2/Resources/Directions_in_Hydropower_FINAL.pdf，登录时间:2014 年 1 月 5 日。

⑤ MRC, “Knowledge Base on Benefit Sharing,” Vol. 1, MRC Initiative on Sustainable Hydropower, 2011, p. 7.

⑥ UN World Water Development Report 3, *Water in a Changing World*, UNESCO, 2009.

与可持续开发等问题出现了诸多争议或争端，成为影响国家间关系的重要变量，也促使国家更多地从安全角度重新审视水外交。2012年2月，美国国家情报委员会发布了《全球水资源评估报告》，得出的所谓“关键性结论”认为：为争夺水爆发战争的危险将在下一个10年增加。[1] 美国前国务卿希拉里·克林顿也指出：“水对全球和平、稳定与安全是一个必不可少的组成部分。”[2]水外交的安全化趋势势必进一步提升水问题在国家安全议程中的重要性。

法律化。近年来，国际法和国际仲裁在水外交领域重新获得重视。当前，国际社会指导跨界河流管理主要有两份《公约》：一份是联合国国际法委员会于1997年通过的《国际水道非航行使用法公约》；另一份是联合国欧洲经济委员会于1992年签署的《跨界水道与国际湖泊保护与利用公约》。2014年5月，越南签署《国际水道非航行使用法公约》，成为该公约的第35个签约国，也意味着该公约于2014年9月正式生效。未来不能排除有些国家将法律手段引入澜湄水资源管理中。

一体化。理论上讲，沿岸国之间的水资源治理水平，由低到高分别为：建立信息共享和交流机制；谈判达成双边或多边水条约；建立局部流域管理机构，单纯进行水量分配，或者联合进行水利工程开发；在条件成熟时再达成全流域条约，建立和运作全流域管理机构，最终实现一体化管理。当前，越来越多的国家相信，通过合作与协商，逐步实现一个兼顾各国国家利益的公正合理的全流域条约，最终建立一个覆盖全流域的水资源治理机构，是解决流域水争端的最佳途径。[3]

---

① U.S. National Intelligence Council, *Global Water Security: The Intelligence Community Assessment*, 2 February 2012.

② 《国务卿克林顿增强美国解决世界用水难题的承诺》，美国国务院国际信息局（IIP）《美国参考》，http://iipdigital.usembassy.gov/st/chinese/article/2012/03/201203232694.html#axzz3elXQCTj1，登录时间：2015年5月6日。

③ 何艳梅：《中国跨界水资源利用和保护法律问题研究》，复旦大学出版社2013年版，第40页。

二、中国周边水外交：目标、政策及评估

"水外交"作为一个严格意义上的概念，目前并没有一个完整和权威的界定。有国外学者指出，水外交主要关注的是建立在科学基础上和敏感社会约束范围内的广泛的水问题的解决方案，包括环境政策、水管理战略以及工程解决方案，等等。有国内学者将"水外交"定义为"一国政府为确保跨界水资源开发与合作中的利益，通过外交方式（其中涵盖技术和社会层面的举措）来解决跨界水合作问题的行为"①。

在推进水电开发的过程中，中国确立了两大外交目标：一是维权；二是维稳。所谓"维权"，就是维护中国在本国境内水域的自由开发与使用权；所谓"维稳"，就是在开发过程中，注重维护与下游国家关系的稳定，避免因水资源开发影响到与下游国家的总体关系。客观地讲，中国在跨界水资源开发过程中，基本上比较好地坚持了"维权与维稳相统一"和"边开发边保护"的原则，力争使自身权益与下游河流整体生态保护之间保持总体平衡。

下文将通过中—哈分水谈判和湄公河流域水资源管理两个案例，分别从双边和区域层面梳理和评估中国的水外交政策。

---

① 有关水外交的定义，参见 Shafiqul Islam，"Water Diplomacy Welcome，" http://sites. tufts. edu /waterdiplomacy，September 2010；Indianna D. Minto-Coy，"Water Diplomacy：Effecting Bilateral Partnerships for the Exploration and Mobilizationof Water for Development，" SSRN Working Paper Series，February 2010；张励：《水外交：中国与湄公河国家跨界水合作及战略布局》，载《国际关系研究》2014 年第 4 期。此外，联合国曾于 2014 年专门开设了一次关于水外交的基础培训课程，具体参见 United Nations Institute for Training and Research，"Introduction to Water Diplomacy "，http://www. unitar. org /event /introduction-water-diplomacy，登录时间：2015 年 6 月 15 日。本文中所指"水外交"是狭义上的定义。

(一)双边分水谈判

中国新疆地区和哈萨克斯坦西部都属于严重干旱地区。中哈之间共有23条跨境河流,其中最大的是伊犁河和额尔齐斯河。自20世纪90年代开始,为了加快新疆地区经济发展,缓解用水紧张,新疆启动了主要针对伊犁河和额尔齐斯河的大规模调水工程。中国在上游的工程建设引起了周边国家的关注,邻国要求与中国签署利用和保护国际河流双边协定的要求越来越强烈,特别是处于中下游的哈萨克斯坦特别关注中国在上游地区对这两条河的水量使用,担心中国的筑坝、建水库、引水工程等危及其用水。哈前总理托卡耶夫曾指出:"额尔齐斯河流域水资源和生态资源形势非常令人不安,从哈萨克斯坦未来经济与生态安全角度来讲,与中国解决水资源问题是非常重要的。"①由于中哈跨界水资源对哈方的重要性更大,哈方对争端的实际重视程度也远远超过中方。加之咸海过度开发利用的深刻教训,让其对上游的中国大规模开发利用伊犁河与额尔齐斯河很是关注。② 为此,哈通过外交途径数次向中国提交了双边协定草案,并一再要求签署有关协定。③

1999年5月,中哈专家组在北京举行首次会谈,中方在会谈中提出支持以国际法、相互考虑对方利益、互不损害对方利益和环境为基础,公正合理使用跨界河流的主张。之后又相继举行两次磋商,在三次磋商的基础上,中哈2001年签署了《中华人民共和国政府和哈萨克斯坦共和国政府关于利用和保护跨界河流的合作协定》,建立了

---

① [哈]卡·托卡耶夫:《中亚之鹰的外交战略》,赛力克·纳雷索夫译,新华出版社2002年版,第75页。此外,根据联合国粮农组织2014年底公布的数字,额尔齐斯河多年平均可更新水资源量为245亿立方米,其中从中国流入95.3亿立方米,占到整个流量的38.9%,可见中国的流量对哈境内额尔齐斯河水量影响很大。

② 吴淼、张小云:《哈萨克斯坦水资源利用》,载《干旱区地理》,2010年第2期。

③ "中哈、中俄关于共同利用和保护跨界河流协定的研究",水利部发展研究中心,http://www.waterinfo.com.cn/ysyjly/gjhlkfly/Document/49995/49995.html,登录时间:2015年5月15日。

利用和保护跨界河流联合委员会的合作机制，并于 2008 年纳入副总理级的中哈合作委员会议程之中。至 2014 年，双方共举行了 12 次联委会会议，在跨界河流水质保护、水量分配基础性技术工作、边境水文站水文水质资料交换、自然灾害信息紧急通报等方面开展了富有成效的合作。[①]

可以说，中哈都重视两国跨界水资源问题，并为此进行了卓有成效的磋商与谈判，取得了积极进展。中哈跨界水资源争端并未出现恶化，而是处在稳步推进、逐步解决的进程中。当然，这一争端短时间内并不会得到立即解决，仍将是两国关系中重要而又敏感的问题。[②] 2014 年 12 月发表的《中哈总理第二次定期会晤联合公报》专门提到："双方将根据两国领导人在跨界河流领域达成的共识，在 2015 年联委会工作计划框架内，尽全力落实各项工作安排。"[③]这足见该问题在中哈关系中的重要性。

有水利专家指出，中哈跨界水资源问题是中国推进"丝绸之路经济带"无法绕开的话题，没有中哈在水资源领域的良好合作，"丝绸之路经济带"基础设施互联互通建设就无从谈起。[④] 因此，中方应继续本着互利共赢的原则，照顾哈方合理关切，在水量分配、生态环境保护、利益补偿以及分水优先次序等方面与哈方积极合作，妥善解决水资源问题，巩固和发展双方政治互信，为打通哈萨克斯坦这一"丝绸之路经济带"关键节点奠定坚实的双边基础。

---

① 中国水利网：《中哈利用和保护跨界河流联合委员会第十二次会议在阿拉木图举行》，http://www.chinawater.com.cn/newscenter/kx/201411/t20141106_360929.html，登录时间：2015 年 5 月 10 日。

② 王俊峰、胡烨：《中哈跨界水资源争端：缘起、进展与中国对策》，载《新疆大学学报（哲学・人文社会科学版）》2011 年第 5 期。

③ 新华网：《中哈总理第二次定期会晤联合公报（全文）》，2014 年 12 月 15 日，http://news.xinhuanet.com/2014-12/15/c_1113636794.htm，登录时间：2015 年 5 月 5 日。

④ 观点来自对水利部专家的访谈，2015 年 6 月。

(二)区域水资源治理

作为“一带一路”战略的重要方向,大湄公河(澜沧江—湄公河的简称)次区域已成为中国推行周边外交新理念和“建设中国—东盟命运共同体”的“实验田”[①],而水资源问题则是大湄公河次区域合作中的核心议题之一,也将成为未来中国推进周边外交战略、塑造周边环境进程中的重要抓手。

相对于中哈水资源问题,中国在大湄公河流域面临的形势更加复杂,水外交中面临的挑战也更加突出。

长期以来,中国在确保自主开发权的前提下,确立了“有限参与地区合作”的原则,力争减少因在上游开发引发的与下游国家的紧张关系。为此,中方在开发过程中采取多种措施保护生态环境,甚至主动牺牲或放弃可观的开发收益,以减少对下游的不利影响:一是加强法制建设,比如说引入环保一票否决制,规划中的第八座勐松电站就是因为未通过环评而停建;二是在技术层面加大努力,比如说通过优化大坝设计,来保证澜沧江的出境水位、水温和水质;三是加大在资金方面的投入力度,比如说投入大量资金为洄游鱼类修建洄游通道、保护鱼类资源,等等。

同时,为了保证水资源开发过程的自主性,中国至今没有加入湄公河委员会,也没有与下游单个国家签署双边水资源开发与利用的有关协定,但中国利用湄公河委员会对话伙伴国身份,积极与湄公河委员会开展技术交流与合作。2003 年至今,中国已连续 10 年在每年汛期向湄公河委员会提供包括雨量和水位在内的水文服务。特别是 2010 年 3 月以来,中方每周向湄委会提供景洪和曼安水文站特枯情况下的旱季水文资料,湄委会和下游国家对此都予以高度评价。总的来说,中国与湄公河委员会这一下游地区组织尽管在流域水资源治理中保持着良好的合作关系,但这种合作主要集中于技术层面,

① 参见刘稚:《大湄公河次区域合作发展报告(2014)》,社会科学文献出版社 2014 年版,第 22 页。

是一种低层次和有限的地区合作政策。

在下游国家看来，中方这种基于技术层面的“有限参与地区合作”政策远不能缓解其担忧和满足其现实需求。有观点指出，中国既没有加入 MRC，也没有就水电开发规划和项目实施与下游国家进行沟通或谈判，这直接导致了流域水资源治理成效的低下①，甚至有人将中国的上游优势和单方面行动称为“水上霸权”②。这些说法显然不是完全基于客观事实，而是掺杂了其他政治目的，旨在恶意曲解中国发展水电、促进流域经济发展的意愿，但由于其具有很强的煽动性，不但给中国的水电开发造成了巨大的舆论压力和损失，而且影响了中国与下游国家间的关系，破坏了中国在该地区的形象，抹杀了中国为保护生态环境所做的贡献，为流域国家间关系的发展增添了变数。

随着中国在澜沧江“维权”任务（水电开发）基本告一段落，下一步的重点应转移到“维稳”上来，即通过实施更为积极的水外交政策，全面参与地区合作，充分考虑和尊重各国的利益诉求，与下游国家开展流域性水资源管理合作，促进同下游国家关系的巩固和发展，为推进中国—东盟“21 世纪海上丝绸之路”建设奠定坚实的地区基础。

三、周边水外交与“一带一路”建设：中国的政策选择

鉴于上述国际水外交出现的新趋势和新动向，中国应密切跟踪并制定应对之策。笔者认为至少应在以下几个方面做出努力：

---

① International Centre for Environmental Management, “Strategic Environmental Assessment of Hydropower on the Mekong Mainstream,” Prepared for the MekongRiver Commission, Final Report, 2010.

② David Blake, “Proposed Mekong Dam Scheme in China Threatens Millions in Downstream Countries,” *World Rivers Review* 16, 2001, pp. 4-5.

第一，加强水外交理论的研究与创新，特别应重视国际水法的理论与实践研究。国际社会对利益分享、国际水法等新的水外交理念的逐步接受和日益重视，为中国水外交提出了更大的挑战和更高的要求。为了更好地推进水外交，应对这些新的理念，对国际水法的理论和实践进行深入研究必不可少，而且要做到未雨绸缪。以《国际水道非航行使用法公约》生效为例，中国在1997年联大表决时，考虑到其中若干核心条款，如争端解决的强制调查程序等可能会损害国家主权，因此投了反对票，至今中国未加入这一《公约》，也就是说，该《公约》对中国没有约束力。

尽管如此，也不能忽略《公约》生效带来的影响。[①] 首先，它是迄今为止调整国际淡水资源利用与保护领域最为全面的国际条约，中国应重视《公约》对国际司法实践的影响力。其次，在《公约》生效以后，《公约》作为框架性协议对区域立法及双边立法的指导作用将会进一步加强。中国应重视《公约》作为框架性协议对区域立法及双边立法的指导作用。再次，中国应关注周边国家对《公约》的态度。越南的加入行为加速了《公约》生效的进程，而越南是澜沧江—湄公河国际水道的下游国之一。此外，曾投弃权票的乌兹别克斯坦也在2007年9月加入了《公约》。未来，是否会有更多与中国存在跨界水资源争端的周边国家加入该《公约》，需要进行预先研判。

第二，坚持将双边问题限定在双边层面解决，防止国际化与多边化。美国实施"亚太再平衡"战略后，将水外交作为介入亚太地区事务的一个重要手段。美国雄心勃勃地表示，它有机会更积极地参与帮助发展中国家制订并实施可持续的水资源政策。美国在这个领域的专门知识可帮助其他国家改善水管理和提高使用效率。而其他国家也希望美国为发展法律和体制性工具提供支持，以解决水事纠纷

① 参见李伟芳:《〈国际水道公约〉生效中国如何应对》，载2014年8月26日《法制日报》。

或促使建立邻近国家共享的水域合作管理框架。[①] 这表明美国等西方国家有意介入到与之利益相关地区的水资源争端中，而中国周边个别国家也有意引入外部力量来牵制中国，以期在水外交中占据主动。

在中哈分水谈判中，中国应坚持“双边方式”原则，将争端保留在中哈关系范围内。这是因为，除哈萨克斯坦外，中国在西北部还与塔吉克斯坦、吉尔吉斯斯坦、俄罗斯等国存在跨界河争端。若这三方与哈方联合起来同中国谈判，势必会使中国的压力陡然增大，置中国于不利地位。[②] 同时，国际水法也将给中国带来更多国际压力，有可能导致这一问题的国际化。这也需要引起我们的注意。

第三，在区域水资源合作中，应双边、多边并重，力争主导规则制定和机制创设。近年来，在大湄公河流域，区内外国家都在加紧推进水资源合作战略布局。例如，下游四国通过不断强化湄公河委员会的机制和能力建设，使这一区域组织在流域水资源管理中发挥越来越重要的作用。而美、日、印、澳等区外国家也制定了各自政策，深度介入到大湄公河水资源合作事务中，使水外交形势愈加复杂化。如果不对上述行动作出回应，很可能使我们的水外交陷于被动局面。为此，在未来的水资源合作中，中国应注重规则制定和机制创设，以此实现对区域水资源治理主导权的掌控。一是要继续扩展和深化与下游国家的合作，开创水资源治理的新局面。从目前来看，上下游国家制定一项统一的具有广泛约束力的政策框架的条件仍不成熟。对于中国来说，紧密的制度化合作也不符合自身的利益诉求。当前阶段比较现实的做法，应当是推动以项目为主导的务实合作模式。二

---

① 《水资源构成的挑战与安全问题息息相关》，载美国国务院国际信息局(IIP)编《美国参考》，http://iipdigital.usembassy.gov/st/chinese/article/2012/03/201203292970.html#axzz3elXQCTj1，登录时间：2015年5月6日。

② 王俊峰、胡烨：《中哈跨界水资源争端：缘起、进展与中国对策》，载《新疆大学学报(哲学·人文社会科学版)》2011年第5期。

是要尽快与下游国家建立政治与外交对话合作框架，为深化各领域合作提供保障。2015 年澜湄合作机制的正式启动以及 2016 年 3 月首次领导人会议的召开，即是这一努力的具体体现。三是应建立和完善利益攸关方与社会行为体的参与和协商机制。通过构建各种利益攸关方的参与机制，推动伙伴关系建设，尤其应通过建立公私部门的良好合作关系，确保利益分享机制具有可持续性。①

第四，全面参与跨界水资源管理，以水外交推动中国周边外交的发展。从目前的发展现状及未来趋势看，跨界水资源治理已经超越了水问题本身，表现为一种对地区可持续发展的关注。中国参与水资源治理的方式也应从有限的技术合作扩展为全面性参与，以更好地适应流域水资源治理发展的需要。全面参与应以水资源为合作切入点，但又要超越单纯的水资源议题，从战略层面探索、规划中国与湄公河次区域国家的合作路径。例如，中国在 2014 年第二届湄委会峰会上提出，为推进生态文明建设，积极落实"一带一路"战略构想，将进一步与湄委会及成员国加强战略对接和统筹谋划，深化水电开发合作，同时在应对气候变化、保证能源和粮食安全、防灾减灾、环境保护和能力建设等领域加强友好合作，推动实现湄公河流域的强劲、包容、可持续发展。② 全面参与意味着要从战略设计、机制建设、议题设置等方面升级现有水外交政策，并将其视为周边外交战略的重要一环加以推进。

四、结语

积极开展周边水外交，对推进"一带一路"建设具有重要的意义和作用。一是可以缓解中国与周边国家在跨界河流管理方面的矛盾

---

① 郭延军：《权力流散与利益分享——湄公河水电开发新趋势与中国的应对》，载《世界经济与政治》2014 年第 10 期。

② 新华网：http://news.xinhuanet.com/2014-04/06/c_1110121092.htm。

和争端，促进政治互信，从战略上巩固与重要节点国家（如哈萨克斯坦）的关系，为“一带一路”建设营造良好的周边政治环境。二是有助于形成“河海”良性互动关系，推动南海等领土、领海主权争端的解决。“双轨”思路明确了东盟作为一个整体在维护南海问题上的重要作用，因此中国与东盟将加速“南海行为准则”(COC)的磋商进程。① 以水资源合作推动与中南半岛国家的政治互信，无疑将为中国在南海外交上争取到更多东盟国家的支持。三是通过水资源领域合作，打造新的经济增长点，促进区域互联互通建设。水资源领域敏感程度相对较低，更容易达成合作。中国可以充分利用自身在地缘、经济和技术等方面的优势，为周边国家提供更多水资源类公共产品②，与周边国家就构建水资源合作机制展开务实合作，这将有助于将流域各国在水电开发中的矛盾转移到对区域共同发展问题的关注上来，同时，也将创造新的经济增长点，促进中国国内相关产业的向外转移。

---

① 新华网：http://news.xinhuanet.com/world/2015-06/04/c_1115517662.htm，2015年6月4日。

② 李志斐：《水问题与国际关系：区域公共产品视角的分析》，载《外交评论》2013年第2期。

中国的欧亚战略和多边外交

——以“一带一路”战略为分析中心

China's Eurasia Strategy and Multi-lateral Diplomacy: An Analysis Based on the “Belt and Road Initiative”

[韩]李周炯*

[**Abstract**] With the improvement of China's political and economic status, China recognized the need for changes in foreign policy. After its entry into the WTO and participation in the world capitalist system, the international society requires China to adhere to international norms and be responsible for its great power role. The “Belt and Road Initiative” maybe is a strategy for China to break through its traditional national image, and run through the continents and oceans to earn the international dominance in Eurasia. The Eurasia initiative proposed by President Park is correlated to the “Belt and Road Initiative”, ROK should promote the cohesion between the two strategic initiatives.

[**Key words**] Eurasia strategy, the “Belt and Road Initiative”, multi-lateral diplomacy

* 李周炯，韩国昌原大学社会科学研究所所长、教授。

一、中国对多边外交的认识与欧亚政策

(一)中国多边外交的背景

自改革开放以来,随着中国政治、经济地位的提高,中国认识到外交政策变化的必要性。加入世贸组织并参与到世界资本主义体系中以后,国际社会要求中国作为国际规范的遵守者和负责任的大国承担相应的义务。

最近中国不但参与到了美国等西方国家主导的国际体系中,而且提出了新的多边外交合作模式。对中国推进的多边外交,有如下几个看法:第一,它与国际政治环境的变化相对应;第二,它是中国经济发展的需要;第三,它是为追求地区安全与稳定而产生的。

(二)中国的欧亚观

1990年以前的中国在欧亚地区地位尚不明确,且其欧亚战略也未具体化。尽管当时由于苏联解体与冷战终结,国际政治情势提供了采取欧亚地区新战略的契机,但是由于台湾问题、朝鲜半岛无核化等紧张形势的影响以及美日联盟对中国的牵制等外在环境,当时的中国缺乏对欧亚地区充分的战略思考,基本上以防御为主。然而,最近中国政府提出了"一带一路"国家大战略,尝试在欧亚地区拓展政治、经济影响力。

近年来,中俄通过在欧亚地区的合作使欧亚地区走向稳定化,逐步提出最终要实现欧亚大统合而牵制美国的构想。因此,笔者认为有必要从多边外交的角度考察并分析中国在欧亚地区进行与加强国际合作的状况、中国对欧亚地区国家的认识和政策。

上海合作组织(SCO)的设立,从多边外交的角度看,正是中俄两国为减弱美国在这一地区的影响力而成立的有效的多边地区国际机构。因此,在作为多边外交的重要一环的上海合作组织今后的发展过程中,俄罗斯的立场与中俄合作进程可能将成为最重要的变数。

二、“一带一路”战略与多边主义

(一)“一带一路”的基本概念与其主要目标

如果说20世纪是由美国主导的以大陆为主的世纪，那么21世纪将是由掌握海洋的国家主导的、以海洋为主的世纪。从“一带一路”战略可推测，中国将通过此国家大战略打破传统意义上大陆国家的国家形象，通过贯穿大陆与海洋而掌握在欧亚地区的国际主导权。

中国为推进“一带一路”设立了亚洲基础设施投资银行(AIIB)，加强与“一带一路”沿线国家加强政治、经济、文化等的交流，试图实现此地区的利益共同体、命运共同体、责任共同体的形成且推进单一经济圈的构筑。中国推进的“一带一路”战略的目的在于：

第一，它是中国为实现可持续发展而提出的新的经济构思。

第二，它是中国的“西进”战略。

第三，它是中国为解决国内经济发展不均衡等问题、推进西部开发而推出的战略。

(二)中国“一带一路”战略潜在的障碍因素

中国学界对“一带一路”的讨论十分活跃，但有必要探讨存在的问题：

第一，欧亚地区国家和人民对中国尚持有怀疑与警戒心。

第二，大国之间的竞争激烈。

第三，“一带一路”战略的执行部门与部署尚未体系化、具体化。

第四，中国企业“走出去”的经验不足且初始投资风险很大。

因此，中国政府非常有必要设定长远方针和规划，使有关政府机构、企业、大众媒体、智囊团等内部因素能够最大限度地发挥各自的作用。此外，要通过展开积极的经济外交，从过去只重视本国利益的思路摆脱出来，强调共同利益，形成建立平等互惠关系的氛围。

三、中国“一带一路”战略的政策内涵与对韩国“欧亚倡议”构想的意义

“一带一路”可被认为是融合经济、政治、安全、外交的中国国家大战略。中国本来企图通过上海合作组织与俄罗斯配合牵制美国、扩大中国的影响力与地区经济合作，但由于俄罗斯的牵制碰到难题。因此，习近平主席通过构思更大的蓝图亦即“一带一路”，确立了中国的未来大战略。中国的这一大战略构想里面并未涉及韩国。尤其需注意的是，尽管美国以日美同盟为轴强力施压，但中国并不与美国直接对抗，而选择首先与俄罗斯、欧洲国家、非洲国家建立新的安全、经济方面的战略关系。

由于国际情势的变化与若干纠纷的存在，朴槿惠总统于 2013 年正式提出的“欧亚倡议”(Eurasia Initiative)的构想实际上尚未进入轨道并提上日程。以“一个大陆、创造的大陆、和平的大陆”为目标推进的“欧亚倡议”构想与中国的“一带一路” 战略具有相互关联性。因此，韩国应积极推动这两大战略实现接轨，具体方略如下：

第一，韩国应说服中国，使中国的“一带一路”战略东向的出发点能够扩张至韩半岛。

第二，韩国应考虑如何在中国主导的亚洲基础设施投资银行中发挥建设性的作用。

第三，应积极推进韩中之间在铁路方面的合作。

第四，应与中国国内的“一带一路”沿线有关地方政府构筑合作体系，通过系统的合作体系开发合作项目。

「一帯一路」とグローバル資本主義

The "Belt and Road Initiative" and Global Capitalism

[日]植村高久*

[**Abstract**] The "Belt and Road Initiative" is the most symbolic expression of "China Dream" and represents the revival of great Chinese civilization. In spite of its simple appearance, the contents of the "B & R" Initiative is obscure and ambiguous. This report tries to analyze the "B & R" Initiative in the context of the development of Chinese economy. The distinctive feature of Chinese economy is the dual structure. The first tier is export-oriented industrialized economy and the second one is local government-led economy. Because of the advantage of industrial agglomerations, the former concentrated in certain coastal areas. Then to reduce the widening disparity in product level between coastal areas and inland areas, the local governments took measures to invest in local economy directly. We call this local government-led economy (LGLE). LGLE had a peculiar source of revenue: sale of using right of land under public ownership of land.

This operation could afford to large-scale fund raising, investment in LGLE reached huge amount. As a result, inland areas grew faster than coastal areas. In spite of growth, there were many firms that did not reach international level

---

* 植村高久，山口国立大学东亚研究所所长、经济学部教授。

of completion in inland. Tacit protections by local governments could survive these. But, after Lehman crisis, LGLE fell into an overinvestment and central government took step to restraint LGLE. There were excessive productive power and reducing efficiency of investment in LGLE, then proposal of the "B & R" Initiative was announced. In our analysis, the "B&R" Initiative is a measure to strengthen LGLE and to promote inland firms to reach international level of competition. But the "B&R" Initiative can be mere repeated LGLB. At last we pointed out problem of "no rule" and some implications to Global Capitalism.

はじめに

「一帯一路」は21世紀の「中国の夢」の象徴的な姿のようにみえる。そこには文明の輝きを取り戻す中国の姿がある。だが、もう少し詳しく見ると、「一帯一路」構想は曖昧で両義的である。この報告では中国経済発展の特徴と「新常態」と呼ばれる現在の課題との関連という一側面に絞り「一帯一路」を分析する。焦点的な課題はとくに内陸部での地方政府主導型経済と国有企業の構造改善であり、「一帯一路」はこの課題への回答ではあるが、解決策となるかは疑問がある。さらに、様々な問題の背後に「ルール不在」という問題があり、「一帯一路」を通じてグローバル資本主義を影響を与え兼ねないことを示す。

一、中国経済の2層の発展様式

現在の中国経済の発展は、輸出志向型工業化と地方政府主導型経済という異質な2類型の経済の合成と考えられる。まず2類型とその相互関係を示す。

(一)輸出志向工業化

1. グローバル資本主義と輸出志向工業化

輸出志向型工業化は1960年代以後の先進国での賃金高騰継続のため多国籍企業が生産拠点を低賃金のアジアなどへ移すグロ

ーバル資本主義の発展で可能になった途上国開発の様式である。①途上国は関税なし税制優遇付きの「开発区」を設け外資を積極誘致したが、部品や機械は持ち込まれ製品は輸出されたので、さしあたり途上国が得たのは直接投資の一部と賃金相当の外貨だけだった。②重要なのは部品などの現地調達化である。現地調達は費用低減となったから多国籍企業が、技术移転を積極的に進めたが、現地企業に技術に対する受容能力がなければならない。③現地企業に技術受容力がある場合、途上国は多国籍企業と结びついて国際競争力のある産業を育て繁栄させること、つまり輸出志向工業化が達成できる。④技術受容力がない場合もあるが[①]、外資の誘致は現地の工業化につながらず、持続的な経済発展とはならない。

2. 中国における輸出志向工業化の特徴と成果

中国の開放政策は典型的な輸出志向工業化政策である。①中国は最初の4つの「开発特区」設定時(1979)から技術受容力があったため、国際競争力のある産業の育成に成功した。②この成果をうけて、開放政策は沿海部から全土へと拡げられ多くの「开発区」が設けられた。他方、1992 年の「社会主義市場経済」の宣言以後、投資の政治環境が安定したため、中国への輸出志向の直接投資は着増したが、沿海部の6 省市[②]に集中する。③この結果、2000 年頃には中国沿海部に過去に例をみない巨大な産業集積がいくつか形成される。産業集積は厳しい競争によって高質量・低価格化が継続的に進み強い国際競争力を与えたほか、関連した幾つもの新産業が発展した。また短期で多量の部品や設備調達ができ、専門技術者の確保が容易だった。これらが環境変化の激しいグローバル

① (シンガポールを除く)ASEAN 諸国は1997 年金融危機まで技術移転が進まず、工業化も限界があった。

② 山東省、江蘇省、上海市、浙江省、福建省、広東省。これに遼寧省、河北省、北京市、天津市を加えると通常言われる沿海部となるが、統計的分析の結果は余り変化しない。

資本主義に対処できる機動的経営を可能にしたため、産業集積自身が更に投資を呼び込む効果を持ち、累積的に集積を巨大化した。④これを支えたのは最低賃金で働く膨大な出稼ぎ農民の流れの継続だった。最低賃金は上昇したが、2004 年まで労働力不足は生じなかった。その裏面に、すぐ転職し熟練形成が難しい労働力を利用する、独自の「中国式生産方式」が確立されていた。⑤こうして中国は国際競争力のある巨大な輸出産業を手に入れ、この競争力は賃金上昇が著しい現在でも多くの産業で維持されている。中国はグローバル資本主義に組み込まれることで経済強国となった。

(二)地方政府主導型経済①

輸出志向型工業化の成功によって沿海部の産業集積に投資が集中したため、経済発展の大きな地域格差が生じた。

1. 国有企業

中国では国有企業の経済に占める比重は大きいが②、その位置づけには曖昧さがある。①改革開放後、国有企業(中央および地方政府所管)は1980 年代後半には厳しい競争で概して経営難に直面し、90 年代半ばには膨大な過剰人員(下岗)処理で苦しんできた。その中で、一方では政府の管理を緩和し経営者の自主権を強める方向で経営改革が進められ、さらに株式会社化も進んで2005 年頃には外形は私営企業に近づく。その中で業態転換や技術更新で経営を立て直して存続してきた。②政府は株式会社化後も国有企業の支配権を手放す意思はなかった。多くの中央・地方企業が上場されたが、全てで政府所有の国家株での支配が続けられている。さらに、政府は国有企業の役割を国防など必须の産業に限定せず、「支柱産業とハイテク産業の基幹企業」と中心産業、花形産業

① 加藤[2003]が用いている言葉である。

② 津上[2013]によれば、全企業に占める国有企業の割合は売上高でも利益でも35%である。

の主役だとの見解を変えていない(丸川[2013])。③国有企業といっても国家戦略を担う企業、輸出志向型経済下で国際競争力を磨いてきた企業もある。他方、中央所管の巨大企業には参入制限で、強い競争力はなくとも高収益を挙げている企業も多い。

2. 内陸部の国有企業

より問題なのは地方管轄、とりわけ内陸部の国有企業である。①毛沢東時代に戦争での生き残りのため内陸部に重工業が集中建設されたため、内陸部では今なお国有企業比率が高い①。②これら国有企業は十分な国際競争力を持たないと推定される(後述)③グローバル資本主義の下では遍く競争が生じるため、競争力のない企業は長くは存続できないはずである。そうなっていないのは地方政府が今なお隠然と地元国有企業を優遇し保護しているからである。④納税、雇用の維持、投資による需要の維持といった点で地元国有企業の繁栄は地方政府の利益となるからだ(同じ理由で地元の私営大企業も保護されている)。だが、保護は長い眼でみれば競争力を奪った。

3.プロジェクト投資による成長

地方政府の保護だけでは経済成長は生じない。近年、内陸部は沿海部より成長率が高かった。これは、地方政府が進める投資とこれが誘発した需要による。①1999年の「西部大開発」以後、政府は東西間の地域格差拡大に対処するため、内陸部へ投資を集中させた。それまでも、インフラ整備など財政を通じた投資は中国全土で行われていたが、これ以後、継続してプロジェクトと称するインフラなどへの政府計画による投資が内陸部を重点にして大規模に行われる。②内陸部は2000年代以後、こうした地方政府主導のプロジェクトとそれが誘発した需要で経済成長し、国有企業中

---

① 『中国統計年鑑』の賃金総額から推計した国有企業の雇用比率は沿海部6省市では26%だが、その他地域では43%に達する。

心の経済も巨大化してきた。

4. 財源としての土地と不動産開発

社会主義の中国では土地は国有財産であり、その利用権の売却益は政府収入となる。中国地方政府は土地売却益を有力な財源としてきた。①農地を低補償額で農民から収用し、その利用権を高い市場価格で売却すれば地方政府の利益は大きい。そこで農地の乱収用が行われ、土地を奪われた农民の困窮と農地減少が深刻化した。②このため土地収用を国務院か省政府の許可事項とし农地収用を抑制しようとしたが、結果として土地供給の恒常的不足を生み、地価上昇と土地投機を生んだ。③中央政府は土地・不動産投機を抑止しようと様々な手段を講じたが、結果的には繰り返し地価上昇のサイクルが生まれ、同時に土地(と不動産)を価値上昇を确実な資産運用手段とする「土地神話」が生まれる。④土地価格上昇は土地収用・売却益も増加させたから、その収入によるインフラ(道路など)整備、さらにそれで騰貴した土地の売却益増加という投資サイクルが拡大しながら続く。さらに売却された土地には住宅や商業施設等が建設された多くの民間投資を誘発した。こうした地方政府投資に主導され不動産投資を軸にした投資の大波が内陸部を潤し[①]、重工業中心だった内陸部国有企業を繁栄させ、長く内陸部の成長を支えた。⑤成長が長期間可能だったのは「土地神話」のため富裕層が土地・不動産投資を続けたからだが、土地経済自身が富裕層を産む基盤でもあった。

---

① 佐野[2015]によれば、土地収益の地方財政に占める比率は2011年頃で30%に達する。これは全国の平均であり、営業税が主歳入であることを考慮すれば、内陸部ではもっと高いだろう。

二、「新常態」下の中国

(一)リーマン・ショック後の中国

2008 年のリーマン・ショックはグローバル資本主義を一瞬で縮小させ、中国経済の輸出志向型の部分に計り知れない打撃を与えた。しかし、「4 兆元の景気対策」によって中国経済はさほど落ち込まず、素早く成長の軌道に戻った。①当时貿易依存度が非常に高かった中国(輸出で約 35%)だが、金融危機の打撃が小さかったのは中国の金融機関は直接打撃を受けなかったことと、中国の経済の二重構造のうち地方政府主導経済は危機の影響がなかったためである。②ただし、4 兆元の景気対策のうち少なくとも85%はインフラ・建築関連で地方政府主導経済に投じられ、輸出経済の後退に伴い成長の主役を期待されるようになった。③4 兆元は前年のGDPの16%に相当する巨額だが、実際には各級の地方政府が様々なプロジェクトを積み上げて4 兆元分の対策に積み上げたものだった。中央は資金の一部しか配分しなかったので、不足した資金は「融資平台」を通じて7%以上の高金利を払い調達せねばならなかった。④内陸部経済はこの需要膨張で、景気はむしろ好転した。しかし、成長を维持するためには投資規模をさらに拡大せねばならず、地方財政の赤字が累積的に拡大したため、信用問題が起こった。さらに内陸部の過剰投資を引き起こし、投資効率も低下が続いた。

(二)不動産経済の終焉と地方財政の限界

こうして地方政府主導経済を過度に肥大化し、行き詰まる。①不動産ブームは景気対策で加熱したため2012 年には抑止策が採られるものの2013 年には価格上昇が再燃する。しかし2014 年半ば頃から地方都市から今まで違った価格下落が現れてくる。不動産への急激な投資は地方の小さな市場を飽和させ、供給過剰が明らかになった。とはいえ、急激な価格下落に対する防止策が採られ、価格上昇はないものの急激な価格下落もない。しかし不動産过剰状態はすぐには解決しないだろう。②財政が依存してきた土地売却収入はあてにならなくなった。不動産経済の後退だけでなく地方政府主導経済が存続困難になっている。④こうした状況の中で地方財政は危機常態にあるが、中央は地方債発行を解禁し低金利での借り換えで解決しようとしている。

(三)プロジェクト型投資の効率性

問題はインフラ投資の効果だ。①インフラ投資は地域の生産性を引き上げる。さらに、地方政府のプロジェクトには資源や電力などのほか、直接産業の競争力に関わるものも含まれている。だから、地域経済の生産性上昇、地域企業の競争力強化になるはずだが、中国内陸部では、輸出力で見る限りそうならなかった[①]。②中国では2003年頃から都市部でGDP成長率を上回る賃金上昇が常態化した。賃金上昇率が生産性上昇を上回ったため、費用上昇で競争力はむしろ弱化した。③競争に曝されている沿海部では生産性を上回る賃金上昇は起こりえない。価格引き上げ難しいので、赤字部門を整理するなどで生産性を更に上げるよう努力することになる。他方内陸部では地方政府の保護で競争は緩いため、企業は費用上昇を価格転嫁できた。このため2003年頃から工業品生产者価格の上昇傾向が止まらない。④インフラへの投資は概して経済成長を促し、租税を増やす効率性があると返済が可能となる。中国の、特に内陸部では効率性はかなり低くなっていると思われる。インフラ投資は一時的需要を生むが、効率は低い。⑤そうなったのは、土地収入で簡単に財政資金が調達できたため、その経済成長と財政収入増加という効率性を考慮しないでよかったからである。

---

① 1998年の沿海部6省市以外の輸出に占める比率は23%でGDP比率は58%程度。2013年にはGDP比率は60%に上昇するが、輸出比率は20%まで低下した。

(四)「新常態」という異常事態

「新常態」は低成長の受容という新局面での中国経済の大転換を告知するキーワードである。①「新常態」に示された中国指導部の問題意識は上述のものとほぼ同じである。すなわち、(鉄鋼など)重工業の設備過剰や投資効率低下を深刻な問題とし(三浦[2015])、地方財政の土地収益への依存からの脱却を重要問題としている(佐野[2015])。②また、構造転換の中には「質量競争」や「全国統一市場」などが見られるが、これは現在もなお地方政府の保護主義があり、そのため「質量」で競争力がない地方企業があることを認めたものである。③しかし、どう競争を作り出すかははっきりにしない。「市場メカニズムの強化」などの文言はあり、2014年に再度「国有企業改革」が提起されたが(江原[2014])、地方政府と国有企業との関係の抜本的見直しに踏み込んでいない。最も重要な非効率な企業の残存という問題は残っている。③地方政府が関与する投資を急激に減らせば内陸部は厳しい不況となる。中国では毎年1000万人の都市部新規雇用がないと失業率が上昇するとされ、そのために経済成長が不可欠だが、成長維持には地方政府主導の効率性の低下した投資を継続するしかない。⑤中央は各省に地方債の発行を認めたが、土地からの収益に頼れないと地方債は急激に累積することになろう。投資効率低下に対策を打たずに投資が続けられている。

三、「一帯一路」と転換する中国

一帯一路は2013年9月に提唱されたが、「"一帯一路"は2015年地域発展戦略における最も優先順位の高い政策」とされて具体的計画・実施段階に入った。

「一帯」とはいずれも中央アジアを通り、欧州、地中海、インド洋に至る3つの「シルクロード」であり、「一路」とはいずれも中国沿海から南シナ海を経てインドからアフリカ、欧州に至るルートと南太平洋に至るルートからなる「海のシルクロード」である。内容としてルートに沿った国の間での「政策面の意思疎通」、「インフラの連結」、「貿易の円滑化」、「資金の融通」、「民心の意思疎通」の五分野での協力とされる①。この5分野は一見して分かるようなものではない。まず、その特徴から吟味しよう。

(一)戦略の転換としての「一帯一路」

「一帯一路」構想は、中国の明确な戦略転換を含意していることである。リーマン・ショック后の世界では欧米の相対的地位低下に対し、従来、先進国との経済関係で経済を維持してきた多くの途上国は放置され、苦境に陥っている場合が多い。こうした中で中国は「一帯一路」に沿う诸国(南アメリカを除く非先進国全体)に対し、欧米がなし得ないインフラの整備や貿易の増大、資金提供などを引き受けようと申し出た。かつては繁栄したが没落する欧米に対し、21世纪に勃興するアジア太平洋(やアフリカ)の地域内関係を強化し中国がその中心に立つという壮大な構想である。

中国の位置から見れば戦略の大転換だった。中国は多国籍企業の直接投資に依拠して輸出主導型成長を通じ経済を成長・高度化してきた。先進国との経済関係が键だった。しかし、今から将来有望な国・地域と経済関係を築き、相手の経済発展も促す方向に転じた。「一帯一路」は、将来を見据えて、経済・外交関係の重心を対先進国からアジア太平洋诸国へ移すという中国の大転換だった。

(二)ウインーウイン

第2の特征は、「一帯一路」が純粋に経済領域に絞って経済的利益に基づいて提起されている点である。経済関係は概して一方

---

① 国家発展改革委員会、外交部、商務部「シルクロード経済ベルトと21世纪海上シルクロードを推進し共に構築する構想と行動」2015.3.(関志雄[2015]より)

の得が他方の損を意味しない。利益配分に不公平・不平等はあるが、ACFTAで述べたように相互に利益のある関係を築くことができる。第三者にとっても、利益になる場合がある。したがって、直接被害を受ける第三者がいない場合は、誰も反対できない。「一帯一路」には反対しにくく、実際に反対している国はない。

加えて、「一帯一路」は中国独自の「援助」の思想が含意されている。「内政不干渉」である。独裁や軍事行動などで先進国から援助が受けられない国についても、内政がどうであれ「援助」の対象になりうる。中国は「自由・民主主義」などを西欧のイデオロギーで普遍性を認めていないことが背景にあるが、「純粋に経済のみ」での関係形成を図る方針と解釈すべきだろう。だから、「ウインウイン」の関係さえ作れるなら、どの国も排除しない開放性を示す。

四、内陸部開発としての「一帯一路」

(一)「一帯一路」で流れ出る内陸部経済

「一帯一路」に対し、中国側の狙いとしてとくに内陸部で生じている地方政府主導型経済の行き詰まり打開があると思われる。①張業遂・外交部副部長は「東部と中西部との格差是正」と「一帯一路」との関係を次のように述べる[①]。まず「生産能力の東部からの移転(の)加速」を要するという。技術移転で遅れを取り戻せということだろう。加えて、「中西部地域と隣国間の交流と協力強化」も必要とされ、中国は「全面開放と海外進出」を重視するという。内陸部企業も「隣国」に、輸出・直接投資で「海外進出」させようということである。②「一帯一路」では内陸部の「隣国」たる中央

---

① 张業遂「一帯一路の建設を通じて中国の対外開放のレベルを一層高めよう」、『中国発展観察』、2014 年第 4 期(関志雄[2015]より引用)。

アジア諸国が重視されてきた。内陸部の過剰生産力を「隣国」に輸出・移転することで内陸経済の好転を図ることが「一帯一路」の狙いの一つだということがわかる。こうした「開放」を「一帯一路」沿いに全世界的に行うのがこの構想の一つの像である。

(二)インフラの连结

「一帯一路」の後ろに見え隠れするのが、インフラであり、ここではその「連結」が一分野とされている。①インフラ建設は電力や鉄道も含めて中国企業が強い国際競争力を持つ領域であり、AIIBやシルクロード基金設立が「一帯一路」と合わせて進められてきたのも、競争優位にあるインフラ建設領域の活用を考慮したものと見られる。②他方、インフラの「連結」には、「道」という考え方が凝縮されている。「道」さえ繋がれば、つまりインフラ整備さえ出来れば貿易・投資が活性化し、経済発展が起こるというインフラ重視の見方である。③とはいえ、中国内陸部はインフラを整備しても外資を呼び込めず、自立的な経済発展を導けなかった典型例であり、この見方は安易すぎる。

(三)四位一体の「援助」

とはいえ、「インフラさえ」という発想は、中国独特の「援助」と組み合わせると違う面が見えてくる。①中国には先進国の公的援助で重視される貧困対策の発想はなく、全体がビジネスである。ビジネスを通じて相手を経済的に発展させることは「ウインーウイン」の原則に含まれており、通常は政府の贈与・借款と民間の輸出・直接投資、工事請負などの「四位一体」が特徴で、政府の援助としても商業的借款と変わらないものが多い。②これを利用すれば国際競争力のない内陸企業も輸出や直接投資が可能になる。つまり、政府の「援助」という補助金のお陰だ。③中国のインフラ建設業も最初から競争力はなかった。海外での経験を経て構造改革を断行し競争力を得た。内陸部企業にも同じ期待がかかる。

(四)地方政府主導型経済の復活?

「一帯一路」は各地方政府が計画するプロジェクトの束である。①2015年4月時点で既に20省等からリストアップされたプロジェクトは総額1兆400億元に達し、中身は鉄道5000億元、道路1235億元、空港1167億元等ほとんどがインフラ投資で、15年中に3000億~4000億元が執行される[①]。②「一帯一路」は新常態で抑制された地方政府主導経済のため過剰生産力圧力を受ける地方経済の「逃げ道」になった可能性がある。つまり、「一帯一路」の名の下でプロジェクトは短期的な需要だけを考え、課題だった投資効果を検証していない恐れがある。効率の低いインフラでは続くべき輸出や直接投資に役立たない。③投资効率の低さは経済性着に贡献しないだけでなく、財政にとっては无駄遣いだということである。中国財政にはまだ余裕があるが、巨大化した中国経済を財政が支え続けることは到底出来ないことも自明だ。しかし、地方政府主導型経済の眼には指導部が求める構造改革が視野に入っているとは思えず、そうなれば早晩財政が大きな問題になるだろう。

五、グローバル資本主義と「一帯一路」——アフリカから

「一路」の終点にあるアフリカに対する中国の影響力は意外に強い。2000年代から資源(主に)確保のため、積極的なアフリカ外交を展開し、現在では最大の石油入国であるほか、中国からの輸出品のシェアも高い。さらに、政府にも国民にも中国の評判は非常

① 各地が「一帯一路」リストを作成、インフラ投資は1兆元規模に」:japanese. china. org. cn http://japanese. china. org. cn/business/txt/2015-04/08/content_35269579_4. htm.

に良い。しかし、そこから汲むべき教訓は重い。

(一)「ウインーウイン」の現実

資源の場合の「ウインーウイン」のパートナーはビジネスではなく、石油採掘権などを握る権力者である。中国に限らず、石油ビジネスは大なり小なり同じようなことをやっているだろうが、相手が求めるのはカネだったり、独裁者の権力を飾る豪華すぎる宮殿だったりする。カネは目立たないから、先進国の石油企業や政府も出すかも知れないが、さすがに豪華な宮殿はプレゼントしない。ところが中国は「内政不干渉」という理由で宮殿も援助する。

宮殿が特に悪いという訳ではない。問題は投資効率や影響の評価を行わず援助を行っている点にある。①中国はアフリカでは採算が採れず返済できない借款をしばしば棒引しているが、こうした管理の甘さは腐敗の源泉となり、相手国が腐敗すると援助側にも伝染することが多い。腐敗の排除を優先課題にする中国にとって外国での腐敗も他人事ではない。腐敗で削られるだけ援助の投資効率が低下することも考慮すべきだ。②他方、大きな環境破壊をもたらすため先進国が援助しなかった案件にも中国は援助を与えてきた。しかし中国ほど深刻な環境問題を抱える国は少なく、「新常態」でも重点課題に挙げられている。同じ問題への国内外で違った対応を採るとすれば、「二重基準」との誹りを免れない。

中国の援助がアフリカで好評なのは何でも欲しいものを援助して貰え、しかも早いからである。だが「何でも」は「ウインーウイン」ではない。早いのは効果・影響を評価していないからである。中国は四位一体で利益を得るだろうが、相手国の経済発展との関係は不定である。真に「ウインーウイン」であるためには、案件の効果・影響を評価し、全体の経済発展計画との整合性や意義を確認した上で援助を実施する必要がある。「内政不干渉」は外交一般の原則ならば可能であるが、援助が相手国に生み出す結果を顧慮しないのは無責任と言わざるを得ない。

(二)ルールの重要性

グローバル資本主義は多くの国民国家で成り立つが、各国に共通して通用する様々のルールの下で成立している。歴史的に積み重ねられてきたこうしたルールは時々の中心国の経済力や軍事力で実効を与えられ、維持されてきたから、中心国に有利に作られている面がある。ただし、たいていのルールは大多数の国が同意し自発的に守られるもので、そうでなければ中心国はルールを守らせるだけに膨大なエネルギーを奪われ没落してしまうだろう。

中国はグローバル資本主義を巧妙に利用して大国化したから、とりたててこうしたルールに反抗する必要はない。もしアメリカに代わり中心国となろうとすれば、ルールをある程度有利に書き換える権力とともにルールを執行する責任を負う必要がある。

現在の中国は世界経済のルールと共存できないような独自のルールはなく、中心国が交代してもルールが激変する恐れは少ない。より大きな問題は中国における隠然たる関係と「ルール不在」である。国有企业と地方政府の隠然たる結びつきは中国経済の競争力強化に対する最大の障害だった。加えて最後に指摘した「何でも」援助の無責任も同じく「ルール不在」であるが、「一帯一路」の進展とともに、こうした関係が中国だけでなく世界中の途上国に広がれば、グローバル資本主義の秩序は大きく撹乱されるだろう。行政にせよビジネスにせよ明確なルールが必要である。

参考文献

[1] Tsugami Toshiya [2015], "The Silk Road bubble: Impossible for China's high-speed rail plan to turn profit," The Asahi Shinbun NW, 2015. 3. 9.

[2]江原规由[2014],「中国国有企業改革の行方と意義」,国際貿易投資研究所『季刊国際貿易と投資』No. 98.

[3]梶谷懐[2008]，「中国の土地市场をめぐる諸问题と地方政府—「地方主導型経済発展」の変容—」，『現代中国研究』第23号。

[4]加藤弘之[2003]，「地域开発と地方政府の役割」，『现代中国経済6地域の発展』名古屋大学出版会。

[5]関志雄，「動き出した『一帯一路』构想—中国版マーシャル・プランの実现に向けて—」，産業経済研究所『中国経済新論』2015/04/08 http://www.rieti.go.jp/users/china－tr/jp/150408world.htmより。

[6]佐野淳也[2015]，「中国は地方財政の健全性を高められるか—脱土地依存に向けた二つの改革—」，『JRIレビュー』Vol.14，No.23.

[7]津上俊哉[2013]，『中国台头の終焉』，日本経済新聞出版社。

[8]丸川知雄[2013]，「中国の国有企业—『问题』から『パワー』に転换したのか」，『JRIレビュー』Vol.3，No.4.

[9]三浦有史[2015]，「成長鈍化は「新常態」の始まりにすぎない」，『JRIレビュー』Vol.14，No.23.

"一带一路"与中国式国际经济新秩序的形成

The "Belt and Road Initiative" and the formation of China's new international economic order

[日]陈建平*

[**Abstract**] After the introduction of the "Belt and Road Initiative" to the world, China launched the establishment of the Asian Infrastructure Investment Bank (AIIB) during the APEC CEO Summit. At the same time, several international financial institutions, such as the Silk Road Fund, New Development Bank BRICS, SCO bank have been set up. People have likened this whole idea to the "Marchall Plan", called it "China's Marshall Plan". Actually, China of seems not pleased about the geopolitical part of comparison between the two, so China officially denied this kind of accusation. As the world's second largest economy, China has the responsibility to supply international public goods. The "Belt and Road Initiative" can be regarded as the international public goods supplied by China. It is the supplement but not substitute to the current international order. The openness and inclusiveness of Chinese new economic order will make the relationship between the new order and old one closely interconnected and seamless. The concepts of discussing together, building together, sharing

* 陈建平，日本山口国立大学经济学部教授。

together, equality and mutual benefit, cooperation and win-win will also make the current international order more fair and reasonable.
[**Key words**] the "Belt and Road Initiative", international public goods, new international economic order

2013 年 9 月和 10 月，习近平主席在出访哈萨克斯坦和印度尼西亚期间，分别提出了共建"丝绸之路经济带"和"21 世纪海上丝绸之路"的倡议，得到了国际社会以及相关国家的关注和响应。在 2015 年 3 月的博鳌论坛上，发改委、外交部和商业部又联合发布了《推动共建丝绸之路经济带和 21 世纪海上丝绸之路的愿景与行动》，提出了共建"一带一路"的时代背景、共建原则、框架思路、合作重点、合作机制以及中国的开放态势和行动等，使"一带一路"成为各方共同聚焦的热点。此外，中国于 2014 年北京 APEC 召开之际发起成立亚洲基础设施投资银行(AIIB)以及丝路基金、新开发银行(BRICS 银行)、上合组织银行等国际金融机构，与"一带一路"构想出于同样的战略设想，两者相辅相成，构成整个"一带一路"战略。而这两者的结合，却也被视作中国试图建立新的经济秩序的举动。

国内外不少媒体将"一带一路"战略构想与二战后的"欧洲复兴计划"作对比，称之为"中国版的马歇尔计划"。国内媒体更多关注的是两者在经济层面上的相似性，期待通过推动"一带一路"构想的建设，给中国经济发展带来新的增长点。国外媒体除了经济层面之外，还有一些媒体提出了中国是否意图取代美国、构建自己的国际经济体系的疑虑。对此，中国的反应是"一带一路"不是"中国版的马歇尔计划"，而是中国向世界提供的公共产品，试图化解这种猜疑。

本文旨在通过对"一带一路"构想和"马歇尔计划"两者功能的比较，明确"一带一路"战略在国际经济新秩序形成中的地位和作用，并通过对中国式推进方式的探究，展望国际经济新秩序形成的可能性。

一、被称作“中国版马歇尔计划”的“一带一路”

对于中国提出的“一带一路”战略以及设立以亚投行为首的一系列国际金融机构的宏大设想，国内外都有媒体将其比作美国当年的“马歇尔计划”，称之为“中国版的马歇尔计划”。用“中国版的马歇尔计划”在互联网上一搜索，可以发现国内各大门户网站，包括新浪、搜狐、网易等的财经频道，以及一些经济财经类网站都推出了“中国版马歇尔计划”专题栏目。可以说，至少在民间，人们期待着“一带一路”战略可以给中国带来经济利益。东方财富网在《什么是中国版马歇尔计划：向外投资“四万亿”》一文中，将“一带一路”解读为“就是在欧美因金融危机而受创的背景下，主动输出中国过剩的大量基建产能，去投资那些急待完善基建又缺乏资金的新兴经济体”，而且“还能加快人民币国际化步伐，减少外汇储备、规避中长期美元贬值风险”[①]。

国外的部分观点与中国的类似，主要侧重于经济方面。比如日本产业政策研究所的研究员关志雄这样写道：以丝路基金、亚投行的设立为标志，中国政府为实现“一带一路”而做出的各项举措，令人想起战后美国以西欧诸国为对象实施的“马歇尔计划”，故此一些媒体称之为“中国版马歇尔计划”。当年，“马歇尔计划”一方面对西欧的战后复兴做出了巨大贡献，同时也为美国企业提供了巨大的欧洲市场。以“一带一路”为中心的“中国版马歇尔计划”预期也会增进中国和周边国家的双赢关系。[②] 日本的《周刊东洋经济》在 2015 年 1 月 10 日号刊载的神户大学教授梶谷怀的文章《中国版马歇尔计划能成

---

① http://finance.eastmoney.com/news/1350,20141105442248746.html，2015 年 8 月 19 日访问。

② 關志雄：『動き出した「一帯一路」構想—中國版マーシャル・プランの実现に向けて—』，http://www.rieti.go.jp/users/china-tr/jp/150408world.htm，2015 年 8 月 20 日访问。

为经济改革的核心吗》则指出:"一带一路"既有缓和供给能力过剩的侧面,也显示了中国试图成为21世纪超级大国的野心。[①] 而侧重地缘政治和国际政治经济秩序的论点也不少。日本瑞穗综合研究所的三浦佑介认为,随着中国国力的增强,中国对在国际经济秩序的形成和运行方面未被赋予发言权日益不满,其外交方针从以前的"韬光养晦"开始转向提高作为大国的影响力,"一带一路"可以看做中国试图形成新的经济秩序的举措。[②] 还有观点认为"一带一路"是崛起的力量试图用经济实力实现对外政策目标[③],通过对周边国家基础设施的建设,中国将成为对亚洲有最重要影响力的国家[④]。这些观点鉴于马歇尔计划在二战后国际秩序形成中的作用,想当然地对中国的意图做出了他们的解读,可以说反映了西方的疑虑和担忧。但是,鉴于美国主导的战后国际经济秩序的建立过程中,布雷顿森林体系(国际开发复兴银行即世行,国际货币基金,金美元本位体制),自由贸易体制(关贸总协定)所起到的作用,西方国家对中国的"一带一路"及相关国际金融机构的设立可能带来的后果产生忧虑也自有它的道理,并非完全不可理解。亚投行、丝路基金以及其他国际金融机构与世界银行、国际货币基金,互联互通与自由贸易,人民币的国际化与美元的基准货币正好一一相对应,对他们来说中国"欲取彼而代之"的意图似乎昭然若揭,尽管前者和后者在规模和进展程度上还不可同日而语。

也许,正是为了打消西方的疑虑和担忧,减轻推进"一带一路"构想的阻力,中国官方对此做出了澄清和否认。2015年全国"两会"期

① 《週刊東洋経済》,2015年1月10日,pp. 98-99.

② 三浦祐介:『米主導経済秩序に挑む中國「一帯一路」構想』,http://www.mizuho-ri.co.jp/publication/opinion/eyes/pdf/eyes150904.pdf.

③ Shannon Tiezzi, "The New Silk Road: China's Marshall Plan?" *The Diplomat*, November 6, 2014.

④ Michele Penna, "China's Marshall Plan: All Silk Roads Lead to Beijing?" *World Politics Review*, December 9, 2014.

间，外交部长王毅在答记者问时明确指出，“一带一路”比“马歇尔计划”既古老得多，又年轻得多，两者不可同日而语。2015 年 3 月 23 日，王毅又在中国发展高层论坛午餐会发表演讲时表示，“‘一带一路’构想是中国向世界提供的公共产品，欢迎各国、国际组织、跨国公司、金融机构和非政府组织都能参与到具体的合作中来”，强调了构想的开放性。学界也发表了很多文章强调“一带一路”构想和“马歇尔计划”的差异，其中金玲比较全面地论述了两者的本质不同。她写道：“‘一带一路’倡议首先是共同发展的战略，开放性和包容性是其主要特征”，而马歇尔计划则“首先是一项政治和安全战略，具有明显的排他性”。“一带一路”遵循平等互利原则，“强调‘共商、共建、共享’，有关各国自愿平等参与，完全根据本国利益自主作出决断，共建发展共同体、利益共同体和责任共同体”，而马歇尔计划则通过附加诸多不平等条件，获得了“干预西欧各国内部经济政策的有力手段”。“‘一带一路’倡议并不谋求通过新的制度设计，实现主导权，而是遵循因地制宜、项目导向的务实合作原则”，而“马歇尔计划则意在通过制度安排、规则制定，谋求对欧洲事务的主导和美国的霸权优势”。“从合作的对象看，马歇尔计划的受援对象是西欧国家，与美国拥有共同的价值观”，而“‘一带一路’沿线国家不仅充满多样性和异质性、对中国具有不同的认知、彼此之间有冲突、有的甚至还身处大国博弈的核心，处于动荡与冲突之中”。[①] 通过这些比较，金玲得出了“两者之间从形式到内容和实施方式都有本质区别”的结论。此外还有论文是从实施的背景和对象国、参与方的角色和地位以及最终目的的不同来论证两者差异的[②]，还有从西方的误读而进行理性反思的相关研究[③]。

---

① 参见金玲：《一带一路：中国的马歇尔计划?》，载《国际问题研究》2015 年第 1 期。

② 参见张鑫、杨海泉：《“一带一路”不是中国版“马歇尔计划”》，载《中国社会科学报》2015 年 2 月 13 日。

③ 参见黄日涵、丛培影：《“一带一路”的外界误读与理性反思》，载 2015 年 5 月 13 日《中国社会科学报》。

由上可知，如果局限于经济层面的话，把“一带一路”比作“中国版马歇尔计划”国内外并无太大分歧。但如果是从地缘政治或国际政治角度来看的话，中国则不希望“一带一路”被看作是中国版的马歇尔计划。因为“马歇尔计划”是冷战的产物，而中国则似乎无意挑战现有的国际秩序，而更属意于改革者的角色。尽管如此，西方恐怕也不会轻易接受中国的解释和澄清并为之释怀，因为这些猜疑不仅仅源于对中国的不信任，更源于对失去它们高高在上的地位的恐惧。

二、作为国际公共品的“一带一路”

虽然中国无意挑战或替代现行的美国主导的国际秩序，谋求地区或全球霸权地位，但作为世界第二大经济体理应在国际事务中尽到自己的责任，而国际公共品的提供则是这种责任之一。

国际公共品是一种原则上能使不同地区的许多国家的人口乃至世界所有人口受益的公共品，不仅惠及包括发达国家和发展中国家在内的世界上多个地区的若干国家甚至所有的国家，而且惠及富裕或贫穷的不同人群，还关系到不同的世代，既关乎是否满足当代人的需求，也关乎后代人的利益。国际公共品的产生是国际生产专业化分工过程的衍生物，是国际专业化过程中为了合作和承担分工利益的产物。[①] 由于公共品的消费具有非竞争性和非排他性的特点以及免费搭车者的存在，公共品往往呈现供给不足的状态。国际公共品也不例外。亚洲开发银行 2009 年发布的研究报告称，2010～2020 年间亚洲的基础设施投资需求将达到 8 万亿美元，而亚洲开发银行 2014 年的融资总额仅为 230 亿美元，远远不能满足需求。此外，发展中国家要求改革世界银行以及国际货币基金的呼声也日益高涨，但因美国的阻挠而使改革迟迟不得实现。

以市场为导向的战后国际经济秩序反映的是市场的逻辑，即按

---

① 参见黄河：《公共产品视角下的“一带一路”》，载《世界经济与政治》2015 年第 6 期。

各国经济实力大小决定权益分配的多寡，是有利于西方发达国家的。而国际公共品供给中的不均匀也是导致供需不平衡的原因之一。国际气候谈判以及世界贸易组织各回合的谈判中西方发达国家和发展中国家之间的激烈对立，即可看作是这种不平衡的反映。中国认为："实现世界均衡发展，不可能建立在一批国家越来越富裕、另一批国家长期贫穷落后的基础之上"，所以中国愿意为国际秩序的更加公正而努力，因为"南北关系不仅是一个经济发展问题，而且是一个事关世界和平稳定的全局性问题"。[①] 中国有责任提供国际公共品。

随着美国次贷危机及其后的国际金融危机的爆发，中国的崛起和美国的相对衰退态势日渐显现，2009 年开始的 G20 会议即是这种变化的结果之一，显示 G7 已不足以应对世界经济和金融形势的变化。G20 令中国以及发展中国家在国际经济事务中的发言权得到提高。中国也有能力提供国际公共品。

而作为国际公共品的提供者，中国正可以填补因西方国家经济停滞而导致的基础设施类公共品的供给不足。王毅外长提到的"一带一路"是国际公共品的观点正是出于这一思路。"一带一路"的对象区域——中亚、西亚、东南亚、南亚、非洲、欧洲，除欧洲外也正是国际公共品比较匮乏的地区，因而"一带一路"构想以及与之配套的亚投行、丝路基金、金砖国家银行、上合组织银行等的提出正可谓恰逢其时，切合了亚非各国发展的实际需要。

可见，中国提出"一带一路"倡议，并与此同时设立相关的国际金融机构，正是看到了这方面公共品的供需严重不平衡而做出的缓和国际公共品供需矛盾的举措。与西方国家忧虑的中国试图挑战或代替现行国际秩序正相反，中国的"一带一路"倡议及相关的金融举措，实际上是在拾遗补阙，是对现行体制的补充和完善，也是对发展中国家要求公平和公正的呼声的回应，有利于改善现行秩序不公正的现状，使发展中国家获得更为有利的国际制度环境。

---

① 参见习近平 2015 年 4 月 22 日在印度尼西亚亚非领导人会上的讲话。

三、展望：中国主导的区域性国际经济秩序

如果说，“一带一路”构想如西方一些媒体所说，是中国试图建立自己主导的国际秩序的举措的话，那么这个中国式国际经济秩序的特征和理念与以往的国际秩序又有何不同？作为既有秩序的“受益者”，中国能否成功推动国际秩序向更加公正合理的方向发展呢？

国际秩序的转型不仅体现为权力与利益的再分配以及国际机制的调整和改革，更体现为新的规范和理念得到更多的倡导、认同，从而在根本上塑造一种有别于现行国际政治理念的新理念，并以此来塑造新的国际秩序。

中国式秩序的开放性和包容性，将使新旧秩序之间不是非此即彼、不可两立的对立关系，而是你中有我、我中有你的无缝衔接。即使面临新旧交替，也会是渐进稳妥地进行而将转型代价降到最低。共商、共建、共享，平等互利、合作共赢的理念，也与主导、独霸之类观念格格不入，显然更有利于公正合理的国际秩序的建立。

而在实践中，则可以通过建设“一带一路”重组资金链和产业链，形成新的国际分工体系，并以分工体系和区域一体化为基础，形成新的国际经济秩序；同时建设以“一带一路”为基础的新型国际安全秩序以及以命运共同体为基础的政治秩序，形成安全的区域外部环境和稳定的区域内部环境。在建设“一带一路”的过程中，各国家与地区还将逐渐建立各种新规则。在这个过程中，原来的老的西方规则将慢慢改变。在域内国家的磨合过程中，一大批公共产品，比如投融资平台、维和机制、人道救援机制以及公共安全机制等都会陆续成形，“一带一路”就会成为一个新的国际秩序的实验场，其意义可能要超出“一带一路”本身，对世界的未来都会有非常深远的影响。① “一

① 黄仁伟：“一带一路”是国际秩序新理念的实验场，http://world.people.com.cn/n/2015/0705/c1002-27255803.html，

带一路”涉及 60 多个国家，40 多亿人口，在这里若能建成公正合理的新国际秩序，对域外必然也会产生难以估量的影响，给整个世界的国际秩序带来变化。

中国无意挑战或替代现行国际秩序，并不意味着中国无意着手建立更公正的国际秩序。从中国国内改革的过程来看，摸着石头过河、先立后破的事例不胜枚举，因为中国深知“欲速则不达”的道理，所以更看重体系的稳定性。作为现行国际秩序的受益者，中国更愿意做一个改革者而不是挑战者，是十分合理且符合自己角色的选择。

中国不必讳言试图建立更加公正合理的国际秩序的努力，作为世界第二大经济体，作为最大的发展中国家，中国追求更公正、更合理的国际秩序理所当然。“桃李不言，下自成蹊”，中国追求国际秩序公正公平的不懈努力，终归会被大多数国家所理解和接受。

“一带一路”构想与日本

The “Belt and Road Initiative” and Japan

[日]永山博之*

[**Abstract**] The purpose of this paper is to assess the “Belt and Road Initiative” from the perspective of Japan. In addition, we discusses the Japanese policy to the “Belt and Road Initiative”, the reasons of policy decisions, and cooperation possibilities between Japan and China.

The “Belt and Road Initiative” is a huge development plan that has been proposed by China in September 2013. The plan, includes Central Asia, Southeast Asia, South Asia, Middle East, Africa, and Europe. The road from China via Central Asia, Caucasus, Russia, Eastern Europe, Central Europe, to reach the Western Europe, is referred to as the “Belt” or “Land Silk Road”. Another road from China, via Southeast Asia, South Asia, Africa, Middle East, to reach Europe, is referred to as the “Road” or “Maritime Silk Road”. As a branch line that connects the Land Silk Road and a Maritime Silk Road, there are two economic corridors. One is BCIM Economic Corridor that connects China, Bangladesh, India, and Myanmar. Another is the China-Pakistan Economic Corridor that connects Pakistan and China.

In a country where these road passes through, China will build infrastruc-

* 永山博之，日本广岛大学法学部教授。

ture, such as railways, roads, ports, communications equipment, and petroleum, natural gas pipeline. China also promotes trade, investment, and communications. Fund will be supplied by "Silk Road Fund" that is established by China, and AIIB that China, Russia, Asia, and Europe countries are expected to participate. By this plan, China would obtain a large prize. China can strengthen the bond between the countries concerned. China can make the economic bloc to counter the TPP lead by the United States. The Chinese may let RMB become international currency. China, could promote economic development of its western part, at the same time perform the economic development of the regional countries. If this plan would be successful, the benefits for China will be huge.

For Japan, what does this "Belt and Road Intiative" look like? China's economic development itself is not a bad thing for Japan. The development and investment in Central Asia, South Asia, and a Southeast Asia is also good thing for Japan. Furthermore, most countries along the "Belt and Road Initiative" are in favor of this plan. For Japan, there is no reason to take the opposite stance to this plan.

However, Japan is not able to agree entirely on this plan. Japan, do not like that Southeast Asia, Central Asia, and South Asia enter into politically Chinese sphere of influence. Japan is worried that the policy of China in the South China Sea that has developed airfield and port. The "Belt and Road Initiative" would produce the political result Japan doesn't expect. Furthermore, Japan has doubts about the economic profitability of the "Belt and Road Initiative" plan. In conclusion, Japan cannot favor or oppose to the "Belt and Road Initiative".

In the summit of Japan Prime Minister Abe and China President Xi Jinping of April 2015, Prime Minister Abe said, "About the 'Belt and Road Initiative' plan, we focus on the future of the concrete plan. " This means that Japan cannot favor or oppose to uncertain planning. To determine a policy take costs. However, not to determine a policy also take costs. It is impossible that it does not determine the policy forever.

What kind of choices has been left for Japan? It would be difficult for Japan to favor or oppose to the whole "Belt and Road Initiative" plan. However, while Japan does not oppose to the whole plan, it may possibly participate only in a separate concrete plan. In the railway construction plan in Southeast Asia and South Asia, Japan and China are competing. However, huge funds are necessary in order to build a railway in the region. Neither Japan, nor China, is able to monopolize the whole railway construction project. After all, for Japan and China, it is necessary to share the project.

As for the non-political areas, for example with respect to environmental protection, Japan would also possibly cooperate. The key is to avoid expressing political position. Japan, only if there is a plan that can work together, may cooperate in the "Belt and Road Initiative".

It will take a long time to improve Japan-China relations. In the field of the history and national security, it is difficult to advance the relationship. If possible, Japan and China could take together only in small-scale development plan that does not conflict directly. "Silently, do the things that you can" is the most clever policy.
[**Key words**]　Japan, China, geopolitics, international cooperation

引子

本论文的目的是，分析日本方面对于“一带一路”构想的观点。在中国，更多被强调的是“一带一路”构想在经济层面上及其互惠性等方面的内容，对此观点，在日本也被广泛认可。但是，日本对于“一带一路”构想在地缘政治学层面上，也就是对于此构想作为中国外交战略手段这一个侧面，也抱有重大的关切。因此，日本对于“一带一路”构想的看法就变成通过此构想了解中国在思考什么。当然，日本是没有办法轻易知道中国的意图的。虽说只是日本的推测，但在日本看来，中国的意图具有巨大的不确定性。而这种不确定性对于日本来说，也正是“一带一路”构想的核心要素。今后随着时间的推移，这种不确定性能不断减少的话，日本的政策态度也许会更为明确，但如果这种不确定性一直存在下去，那日本的政策也有可能更具不确定性。

以笔者的看法，这种不确定性恐怕将在相当长时间内存在。如此这般，日本对于“一带一路”的态度也可能会在一段时间内继续保持暧昧的状态。当然，这种政策态度也不可能一直延续下去。总归，表明自己的态度也是必要的。对于“一带一路”，日本方面在非政治范围内的合作上减小其不确定性是完全有可能的。因此，日本会顾及中国的面子，且不会对“一带一路”构想抱有敌意。但与此同时，因为中国意图的不确定性无法消除，日本的态度迅速发生大的转变恐怕也是一件困难的事情。即便如此，从限定范围内的合作关系开始，一点一点扩大合作范围，对中日两国来说也都是有益的。

虽说前文已经阐明了结论，但从下文开始将具体分析“一带一路”构想的内容以及此构想与日本的外交战略的密切关系，以及日本如何看待“一带一路”构想。

一、“一带一路”构想

“一带一路”构想具体出现在中国的时间是 2013 年。2013 年 9 月习近平国家主席访问哈萨克斯坦时提到中国经由中亚到达欧洲的“丝绸之路经济带构想”（“一带”），2013 年 10 月，习近平国家主席在印度尼西亚又提及中国经由东盟、南亚、中东及非洲到达欧洲的“21 世纪海上丝绸之路构想”（“一路”）的相关内容。

另外，习近平主席于 2014 年 9 月份访问塔吉克斯坦、马尔代夫、斯里兰卡、印度之际，就与塔吉克斯坦之间的地下资源开发和铁路建设相关的合作，以及与马尔代夫、斯里兰卡、印度之间的港湾建设等海上运输基础设施建设的相关合作事宜进行了商讨。

此后，在 2014 年 11 月举办亚太经合组织（APEC）峰会的同时，还举行了中国与孟加拉国、塔吉克斯坦、老挝、蒙古、缅甸、柬埔寨、巴基斯坦各国首脑之间的国际会议。[①] 以上诸国皆非 APEC 成员国。在该会议上习近平主席表示将出资 400 亿美元设立“丝路基金”，并

---

① 参见 2014 年 11 月 10 日《日本经济新闻》。

将资金用于实现“一带一路”构想的运输、通信、能源等基础建设。[①]

在该APEC首脑会议上，中国提出“亚太梦”[②]，倡导推进中国在亚洲太平洋自由贸易区(FTAAP)[③]，提出亚洲新安全观[④]，并反复强调关于中国和美国之间的“新型大国关系”[⑤]，以此展开了多边的、充满活力的外交。这些中国所提出来的方案彼此之间紧密相联，展示了中国的中期外交政策方针。“一带一路”构想应该被理解为包括经济、安全保障在内的、总括的外交政策的一部分(并非只是一部分，而是核心的部分)。

首先要讨论的是“一带一路”构想更加详细具体的内容。“丝绸之路经济带”也就是“陆上丝绸之路”(“一带”)将中国至欧洲相关的三条铁路沿线各国的经济连为一体。这三条铁路分别是：第一亚欧大陆桥(西伯利亚大铁路，已完成)；第二亚欧大陆桥(中国连云港出发，经由哈萨克斯坦、俄罗斯、白俄罗斯到达欧洲，已完成)；第三亚欧大陆桥(中国深圳出发，经由昆明、缅甸、孟加拉国国国、印度、巴基斯坦、土耳其到达欧洲，计划中)。以此铁路网为中心，配备燃气运输管道、物流设施、电力网等。使用此路线，可使中国的工业制品与沿线各国的地下资源以及其他的贸易得以进行。

---

① 最初的资金为100亿美元。后来改为将来预计为400亿美元。五味佑子《正式启动的中国丝绸之路经济圈构想——丝绸之路基金运营的开始》，http://www.iima.or.jp/Docs/topics/2015/269_j.pdf(2015/8/15阅览).

② 关于“亚洲太平洋梦想”，参见[日]西口清胜:《FTAAP与AIIB——习近平的“亚洲太平洋梦想”会实现吗?》，载《世界经济评论》2014年第12期。

③ 关于FTAAP，参见《APEC会议，北京的最大成功——亚洲太平洋自由贸易圈的起步和“一带一路”战略》，载《BTMU(China)经济周刊》2014年11月19日。

④ 关于“亚洲安全观”，参见[日]川岛真《中国的〈亚洲安全保障观〉一读》，载《中央公论》2014年10月号。

⑤ 关于新型大国关系，参见[日]高木诚一郎:《中国的大国化与美国:恢复平衡与“新型大国关系论”的应对》，http://www2.jiia.or.jp/pdf/research_pj/h25rpj05/140129_takagi_report.pdf(2015/8/20阅览).

此“丝绸之路经济带”与上海合作组织成员国有所重叠。中国、俄罗斯、乌兹别克斯坦、哈萨克斯坦、吉尔吉斯斯坦、塔吉克斯坦都是成员国，印度、巴基斯坦是由2015年7月理事会决定成为正式成员国。[①] 伊朗、蒙古、白俄罗斯、阿富汗是观察员国。土耳其、斯里兰卡、阿塞拜疆、亚美尼亚、柬埔寨、尼泊尔为对话伙伴国。在日本看来，上海合作组织是为了加强成员国之间的信赖关系以及打击恐怖组织而设立的可实现有限目标的组织。[②] 但是，由于乌克兰危机，俄罗斯提升了对上海合作组织的依存度，再从中东的IS问题促进了欧亚各国合作角度看，上海合作组织有可能成为相较致力于欧洲更加注重东方各国安全保障和经济层面广泛合作的财产。“丝绸之路经济带”如果能强化发挥上海合作组织的向心作用，那么其政治上所具有的含义就变得更重要了。

“21世纪海上丝绸之路”（“一路”）是一个以东中国海、南中国海、印度洋、波斯湾、红海·东非的数条航路为中心，以发展沿岸各国的合作关系为目标的构想。

与“陆上”丝绸之路相比，“海上”丝绸之路作为全体事业支柱的计划并不明确。此构想的中心在于中国与东盟各国的关系，以及中国—东盟自由贸易协定（ACFTA）。[③] 加上中国在港湾与铁路等基础建设投资方面的合作，重点将被放置在中国—东盟自贸区的贸易、投资规则的形成，以及人与人的交流的扩大等软性的基础形成上（互联互通）。[④] 在2014年的APEC首脑会谈上，中国主张限期完成推进亚洲太平洋自由贸易区（FTAAP）的协商进程，在建立通商规则的

---

① 参见2015年7月10日《日本经济新闻》。

② 参见[日]石川一洋：《“指向欧美的对抗轴”普京的战略上海合作组织、BRICS首脑会议》，http://www.nhk.or.jp/kaisetsu-blog/100/222772.html（2015/8/25阅览）。

③ 关于ACFTA与21世纪海上丝绸之路构想的关系，参见[日]江原规由《21世纪海上丝绸之路建设的意义与亚洲太平洋区域的共同发展》，载《国际贸易与投资》2015年春季号（No.99）。

④ 关于这点，参见前面提到的江原的论文。

方面,中国表现出想要取得主导权的姿态,与美国形成对立。[①] 聚焦于这样的软性基础建设的理由是,比起“陆上”丝绸之路,在此地域已经存在的例如东盟与印度这样的经济成长中心本身,以及与各国的之间的合作这两点,对于实现“海上”丝绸之路都是有必要的。

成为结合“陆上”“海上”这两条丝绸之路构想的“支线”的是,孟加拉国—中国—印度—缅甸经济走廊(BCIM 经济走廊)以及中国—巴基斯坦经济走廊。BCIM 经济走廊于 2013 年 12 月中国与印度的首脑会议上发表的“中国印度共同声明”中被提出,该经济走廊以贸易投资合作、旅游文化合作、交通合作这三方面的合作为中心。中国—巴基斯坦经济走廊是于 2013 年 5 月举行的中国巴基斯坦首脑会议上由两国首脑签署协定而起步的。此经济走廊包含了促进开设中国喀什和巴基斯坦瓜德尔港之间的铁路、道路、石油天然气、通信方面的内容。如果以上“支线”的开发得以顺利进行,“陆上”和“海上”丝绸之路将有可能得以有机地进行结合,中国西部、南部至印度洋的交通路线便可得以确保。

中国拥有数个推进“一带一路”构想的理由。经济层面上,将经济已经得到高度发展的亚洲沿海地区的发展成果投入到发展相对迟缓的欧亚内陆地区,并以此谋求沿海地区和内陆地区的相互发展显得很重要。这种沿海地区和内陆地区的联结不止是国家关系,并且将中国内部的西部地区和中亚、孟加拉国、印度、缅甸、巴基斯坦的内陆地区相结合,包含了将发展重心转移的内容,以此可把国内开发和多国间的经济合作联动起来。

亚洲基础设施投资银行(AIIB)与丝路基金被作为促进实现“一带一路”构想的金融手段。现存的世界银行(IBRD)和亚洲开发银行

① 关于 FTAAP 的内容,参见[日]马田启一:《APEC 的新争论点:围绕 FTAAP 构想的中美对立》,原文见国际贸易投资研究所 Flash 2015,http://www.iti.or.jp/flash215.htm.

(ADB)并没有充足的融资能力满足“一带一路”地区的资金需求。[①]因此，将中国国内与多国之间的资金投入到“一带一路”地区是有充分合理性的。

另外，为实现此构想的至少一部分资金应该是人民币。中国可以利用“一带一路”构想，达到提升人民币的便利性、形成人民币的流通市场、扩大其使用范围、提升人民币的国际价值的目的。[②]

正如前文所述，中国拥有主导权、扩大自由贸易区(FTA)对实现“一带一路”构想也是有益的。如果FTA得以扩大，中国内陆地区及ASEAN、南亚这类发展较为缓慢的地区的经济将得以加速成长。这种不以美国等区域外大国为主导，而是由中国自身和各国之间的协议推动的事情，对中国高层来说是极具吸引力的。[③]

“一带一路”对中国促进其对外投资促进战略“走出去”具有重要意义。得到中国政府及他国政府支持的项目的推动与可以根据情况使用人民币进行支付这两点，对中国企业来说，都将得以改善其投资环境。

此外，与政治、安全保障相关的理由也很重要。虽说中国一直想要实现以中国为中心包括中亚、东南亚、南亚在内的经济圈的商业构想，但与中国自身的意图无关，如果这个计划能够成功，那么中国将很可能在欧亚圈确立自己的领袖地位。重要的是，中国为了推进这个计划，反复强调“相关国家的相互联系、相互通行、双赢关系、互不干涉内政”的原则。[④] 中国也能够充分理解“一带一路”的相关国家所抱有的中国或以贸易投资项目为基础谋求扩大政治影响力的担忧。在中国的立场上，没必要强调“一带一路”构想的政治含义，为了

---

① 瑞穗综合研究所:《揭露中国智囊团“新丝绸之路”构想的全貌——受2014年度中国商务部国际贸易经济合作研究院的委托调查》，2014年7月22日。http://www.mizuho-ri.co.jp/publication/research/pdf/report/report15-0722.pdf(2015/8/24阅览)。

② 瑞穗综合研究所，参考前述论文。

③ 瑞穗综合研究所，参考前述论文。

④ 瑞穗综合研究所，参考前述论文。

实现此构想，更多地应该强调其可能带来的经济层面上的互惠互利。以中国巨大的生产力和市场为中心的经济圈如果能够形成，获得政治影响力也就不遥远了。经济圈（中国虽然强调“一带一路”对外部开放，并不是保护主义）的形成是最优先的，如果无法实现的话，其他的效果也就无从谈起。

对于安全保障的考虑，重要的是，中国的安全并非来自于“一带一路”的外部，而是来自于内部，即中国的伊斯兰民族问题。① 中国西部的分离独立运动对中国来说虽说是一个严重的问题，但其与国外势力相结合将会使问题更加复杂化。中国政府应该明白为了应对此问题，止步于中国国内的努力是不够的，仅仅是对分离独立运动施加压力是无法达到目的的。解决问题真正需要的是开发中国西部地区与中亚、巴基斯坦相连接的地区经济，以此安定民心。在“一带一路”构想与安全保障的关系上，这一方面尤为重要。

二、日本对此的评价

关于“一带一路”构想，日本政府最初的公开见解发表于 2015 年 4 月 22 日，是在印度尼西亚的雅加达举办的安倍晋三首相与习近平国家主席的首脑会议上由安倍首相表明的。② 安倍首相对习近平国家主席表示，“将会继续关注‘一带一路’具体实施的情况”。

日本并未对“一带一路”表示出明确的态度，这意味着日本对此既不肯定也不否定，而是抱着“未定”的态度。在此次首脑会议上，安倍首相对于中国提出的亚投行（AIIB）表示“关于亚投行，我们对亚

---

① 关于“一带一路”与中国的国内安全保障问题的关联，可参见［日］三船惠美：《中国与中东》，http://www2.jiia.or.jp/pdf/research_pj/h25rpj04/20150114-mifune_report.pdf（2015/8/28 阅览）.

② 日本外务省：《日中首脑会谈》，http://www.mofa.go.jp/mofaj/a_o/c_m1/cn/page4_001136.html（2015/8/30 阅览）.

洲地区有很大的基础设施建设需求的事实具有共识，但希望中国方面能明确地说明如何确保公正的管理和借入国的债务持续可能性"[①]。此番对于亚投行的发言也意味着日本"态度未定"。但是，与对于亚投行的发言中对中国谈到了具体的要求相比，对于"一带一路"的发言则完全没有谈及具体事项，仅仅是表明已认识到"一带一路"构想的存在。

对"一带一路"和亚投行，日本态度有所不同：对于亚投行，如果能满足一定的条件（确保管理和项目的合算性），日本是有可能加入其中的。但是，不对"一带一路"表明具体态度，说明日本目前只是认识到其存在而已。

在日本国内，关于是否加入亚投行这件事，争议一直存在于"认为应该加入"和"认为不应该加入"等各种各样的态度的人群之间。[②]但是，关于"一带一路"，只是有较多介绍这个构想的报道，但大家并不认为日本需要立即决定是否参与进去。

日本政府的选择和日本舆论态度背后的理由是：第一，因为"一带一路"被认为是由中国出资、中国担责而进行的计划，日本并不被认为是直接的当事国。"一带一路"的"陆上"及"海上"两条路线都是伴随着巨大投资金额的计划。同时，这并非是中国单方面提供的援助，而是需要考虑将来能否回收利益的一项投资。虽然有好几个具体的计划，但计划的整体是怎么样的，合算与否，像这样的问题都是不甚明了的。虽说"高投资高回报"，但要不要加入这样一个连成功与否都无法得知的投资计划，实在不是轻易能够判断得了的。

第二，因为"一带一路"的政治影响不甚明了。中国的习近平主席和李克强总理频繁地访问"一带一路"构想的相关国家，对这个构

① 日本外务省：《日中首脑会谈》，http://www.mofa.go.jp/mofaj/a_o/c_m1/cn/page4_001136.html（2015/8/30 阅览）。

② 参见《在设立准备路上的"AIIB"日本如何是好？》，载 2015 年 5 月 22 日《日本经济新闻》

想的支持可谓是倾注了全力。可以说在中亚、南亚、东南亚集中了各地对“一带一路”构想的支持。各国都期待来自中国的巨额投资，因此这个结果也是自然而然的事情。对于这个中国和相关各国都同意的计划，不属于直接当事国的日本没有任何理由表示反对。但是，如果日本无法知道“一带一路”在除经济层面的结果以外是否还有其他含义的话，也无法对此轻易表示赞同。

特别引起日本注意的是，反复被强调的与“一带一路”相关的“新型大国关系”和最近主张的“亚洲安全观”。虽然“新型大国关系”是中美反复提出的外交关系，但日本认为其中的“互相尊重核心利益”包含的内容为问题所在。① 对日本来说，一个重要的利益问题是，美国与中国都在不与日本协商的情况下签订协议本身并不是好事。另外，2014 年 5 月在上海召开的“亚洲相互协作与信任措施会议”(CICA)上，习近平国家主席阐明了“亚洲安全观”，其中包含了②“亚洲事务由亚洲人主导”这样的语句。这是否意味着否定区域外国家(也就是美国)与亚洲的安全保障之间的关系，这一点也让人担忧。

归根结底，对日本来说“一带一路”构想既不能赞成也无法反对，变成对日本来说极其难以处理的一个概念。前文所举的两个理由包含了“一带一路”构想能否成功并不明了以及即便成功了又会对日本产生怎样的政治影响并不明了这样两个不确定性。

三、建议与结论

日本对于“一带一路”构想，表现出前文已经阐述过的“因为不确定性过大导致其不断延期表态”的立场。恐怕日本这样的一种态度

① 关于新型大国关系参见[日]川桥洋一、北冈伸一:《围绕〈积极的和平主义与安静的抑制力〉》，载《外交》2014 年第 25 期。

② 关于“亚洲安全观”，参见[日]川岛真:《中国的〈亚洲安全观〉一读》，载《中央公论》2014 年 10 月号。

还会持续一段时间(两年或者三年以上)。判断“一带一路”这样一个巨大的计划的性质,花费一定的时间是必要的。此外,日本对于亚投行的态度一样有所保留,日本政府有延迟作危险性较高的决定的倾向。仅仅是纯粹的经济层面的利益都无法判断,更何况是与安全保障问题相关的事务呢?

但是,延迟作决定并不意味着无期限地不作决定。在亚投行加盟问题上,日本的一部分人认为是“外交的失败”。[①] 关于亚投行加盟问题,日本已经无法赶在银行开始运营的2015年末决定其态度。但到2016年或者2017年为止日本还是不得不决定对其的态度。

对日本来说,妨碍其参与到“一带一路”构想的是“一带一路”构想的不确定性。虽然时间会或多或少地减少这种不确定性,但如果要到知晓了一切再开始行动的话,也许就不得不付出为时已晚的代价。

对日本来说,现在重要的利益是,修复残破不堪的中日关系。2014年11月及2015年4月的中日首脑会议,也许会成为迈出修复关系的第一步,但仅仅如此是不够的。另外,在中日间的问题中,虽然领土问题和历史问题非常突出,但对双方来说都很难妥协。中日关系的改善从解决这些问题出发的话,政治成本太高,因此并不现实。相较之下,中日关系的改善从成本较小的问题开始会更加现实。

对“一带一路”构想表明“赞否”本身也是“成本巨大”的行为。“否定”在现实中是做不到的,但是全面“赞成”也是一件很困难的事情。能够想得出来的办法大概也只能是,就这样不表明对“一带一路”的态度,只参与“一带一路”的个别项目。

例如,在基础设施建设方面,2015年,印度、印度尼西亚、泰国、越南、马来西亚都有高速铁路建设计划,日本的新干线和中国的高速铁路在这方面形成了竞争关系。在这个问题上,可以看见日本和中

---

① 参见《在设立筹备路上的“AIIB”日本如何是好?》,载2015年5月22日《日本经济新闻》。

国在这个有限的输出铁路获得铁路建设的计划中展开的竞争。但是,铁路建设需要花费巨额的资金,决定能否输出的重要因素又是借贷建设费用的条件。日本和中国如果独揽所有的高速铁路计划的话,都不会有充足的资金用于贷款。到最后,高速铁路计划将不得不被中日两国共享。

铁路建设以外的其他基础设施建设也是同样的道理,"一带一路"相关国家的基础设施建设事业的必要费用全部由中国来负担是不现实的。当然日本也无法以一国之力来负担所有费用。从实际出发,只能将计划进行分割。由此中日两国间也许能达成某种协议。

另外,在"低级政治"的领域,例如,在环境保护方面,"一带一路"的好几个计划日本都可以出力协助。日本也可以为了环境保护利用政府开发援助。日本和中国在环境保护的基准和优先次序方面都虽然有所不同,但正因如此,在环境保护方面中日间有可能不发生竞争,从而实现相互协调。[①]

基本上日本是希望看到中国经济发展的。日本无法轻易赞成"一带一路"构想的理由并不是"这样会让中国受益",而是"结果无法预料"。"什么都不做,交给时间"去减少这种不确定性的想法是不现实的。为了减少不确定性,必要的是"将巨大的不确定性进行分割"。

2015 年 6 月在北京召开的第五届中日财政对话的共同声明明确了中日两国在金融合作方面的扩大以及在经济、贸易、投资领域上推进亚洲基础设施建设的共同意愿。[②] 笔者认为,中日两国政府在这一个基本的方针上已经做到了相互理解。

---

① ADB、ADBI:《无缝亚洲的基础设施 2009》显示,2010～2020 年在亚洲有 8000 亿美元的基础设施建设需要。参见 IBRD、ADB、AIIB:《'丝路基金'的资金加在一起也无法满足此需求》,http://adb.org/sites/default/files/pub/2009/2009.08.31.book.infrastructure.seamless.asia.pdf (2015/9/1 阅览)

② 日本财务省:《第五回日中财务对话共同声明》,http://www.mof.go.jp/international_policy/convention/dialogue/20150606press_release.htm (2015/8/29 阅览)。

Southeast Asia and China's Maritime Silk Road

[新加坡]曾艾玲　李明江*

It is an understatement to say that Southeast Asia is important to China since ancient times. Besides straddling some of the most crucial maritime trade routes in the world, the region is a source of raw materials, and a market for China's goods and services. It is also home to the intractable South China Sea disputes. In order to maintain peace on China's periphery and create a favourable environment for domestic growth, Beijing has made Southeast Asia an integral part of its new proactive Silk Road diplomacy.

China's President Xi Jinping put forth the Maritime Silk Road of the 21st Century (MSR) proposal for Southeast Asia in his speech to the Indonesian parliament during his official visit in October 2013. At the 17th China-ASEAN Summit in November 2013, Chinese prime minister Li Keqiang put forward a "2+7 Cooperation Framework" for building a community of shared destiny, as an addition to the Maritime Silk Road. It comprises a two-point political consensus on building strategic trust, and promoting mutually

* 曾艾玲，南洋理工大学拉惹勒南国际关系研究院高级研究员；李明江，南洋理工大学拉惹勒南国际关系研究院中国项目主任教授。

beneficial economic development as well as seven priority areas for cooperation that include maritime cooperation, finance, security, environmental protection and people-to-people exchange. ① In addition, China has also done a successful showcase of the MSR during the 11th China-ASEAN Expo in Nanning, the capital of the Guangxi Province in September 2014.

In the Chinese discourse regarding the MSR, it is not entirely clear which countries are included or not included in the scheme. It is commonly understood that the MSR initiative would embrace countries from Southeast Asia, South Asia, the Middle East, and Europe. In some Chinese expositions, countries in South Pacific and North Africa are also part of the plan. Regardless of the vague coverage of the MSR's geographic coverage, one thing is certain: the MSR will have to start from Southeast Asia. In this sense, it is extremely important to examine Southeast Asian countries' perceptions and responses to the MSR initiative.

What are ASEAN countries' responses?

The existence of the Association of Southeast Asian Nations (ASEAN) should not prejudice one into thinking that there is, or should be, a uniform response by each member country towards the MSR. One should not be surprised that there are very different responses towards China, its influence and its regional initiatives. In fact, such differences, compounded with the South China Sea disputes, threaten to divide ASEAN. To date, there is no official endorsement from ASEAN to the MSR even though ASEAN has offi-

---

① Chairman's Statement of the 17th ASEAN-China Summit, Nay Pyi Taw, Myanmar, 13 November 2014, Paragraph 6.

cially acknowledged, or noted, China's attempts to promote it at the various multilateral meetings in 2014. ① As ASEAN works on a consensus basis, there can be no official endorsement for the MSR unless all the ten member countries come to a unanimous agreement on it. The responses from the ten member countries towards the MSR are varied and can be summarised in three broad categories—enthusiastic, cautiously positive and sceptical (See Table 1).

Table 1 Responses from individual ASEAN member countries

Enthusiastic	Cautiously Positive	Sceptical
Cambodia Laos Thailand	Indonesia Malaysia Singapore Brunei	The Philippines Vietnam Myanmar

Source: Compiled by authors using official statements, media reports and interviews from the Southeast Asian region.

Table 1 requires some explanations. The first group of countries that are enthusiastic about the MSR include Cambodia, Laos, and Thailand. These countries have had fairly strong economic ties with China and have benefited tremendously from their trade and investment relations with China. They do not have any territorial and security disputes with China. In fact, these countries may be concerned about being left out of the MSR initiative.

The second group of countries, including Indonesia, Malaysia, Singapore, and Brunei, are cautiously positive about the MSR.

---

① Chairman's Statement of the 17th ASEAN-China Summit, Paragraph 4; Joint Media Statement of the 13th AEM-MOFCOM Consultations, May Pyi Taw, Myanmar, 26 August 2014, Paragraph 5.

These countries are largely willing to support the MSR and work with China to implement many MSR projects. But on the other hand, these countries would be concerned about over-dependence on China and the dramatic increase of China's regional influence. They are not certain yet that they could accept a China-centred regional order. They are also concerned about the possibility that excessive dependence may result in reduced strategic autonomy in their external affairs. Because of these concerns, very likely, these countries will also try to encourage other external powers to take an active role in regional affairs in Southeast Asia, including infrastructure projects. They are likely to balance China's MSR initiative by bringing in other external powers. These countries, especially Indonesia and Malaysia, may be concerned about the MSR's implications for their national security. In Indonesia, for instance, the view that Jakarta should be on alert for its national security while accepting China's financial support for Indonesian infrastructure projects is fairly common and strong.

The third group of ASEAN member states that are sceptical about the MSR include the Philippines, Vietnam, and Myanmar. For the Philippines and Vietnam, it is largely due to the South China Sea disputes with China in the past few years. Many officials and analysts in Vietnam tend to believe that accepting China's MSR initiative would entail a few negative consequences for Vietnam. In the Philippines, many elites remain suspicious of the MSR because of the unpleasant experience of working with Chinese companies on some infrastructure projects in the past. The political leaders in Myanmar seem to be supportive of the MSR, but the society, especially many civil society leaders, does not seem to share the government's view. Negative sentiment towards major Chinese investments, especially in the infrastructure arena, remains high. This essentially means that even if the Myanmar government is willing to embrace the MSR it would be very difficult for Myanmar to work with China to carry out some major infrastructure connectivity projects.

In the context of the 2+7 Cooperation Framework, which overlaps with the MSR initiative in many respects, China proposed to improve upon the China-ASEAN Free Trade Agreement; establish the Asian Infrastructure Investment Bank; and enhance China-ASEAN financial cooperation. ASEAN countries' responses to the economic components of the 2+7 Cooperation Framework was generally positive. However, they were more cautious on the security and political components of the framework. ①

Prior to the 26th ASEAN Summit in Malaysia, the Chinese Ambassador to Brunei was quoted in a news report saying that ASEAN was wise to have made the collective decision to join the Asian Infrastructure Investment Bank (AIIB). ② Although all ten ASEAN member countries are approved founding members of the AIIB, each country made its own decision to join and the decision was more likely driven by its own self interests than the result of a multilateral consultation based on regional consensus. In fact, a Singapore-based former ASEAN adviser pointed out that there was no mention of the AIIB in the Chairman's Statement for the 26th

---

① http://www.jamestown.org/single/? tx_ttnews%5Btt_news%5D=41526&no_cache=1#.VXAgomCJgdU

② Quratul-Ain Bandial (2015). Good relations crucial to maritime silk road: Yang Jian. *The Brunei Times*. Retrieved on 3 May 2015, from http://www.bt.com.bn/news-national/2015/04/25/good-relations-crucial-maritime-silk-road-yang-jian.

Summit regarding the discussion of the Initiative for ASEAN Integration, which deals with the economic development gaps in the region. ① This is good evidence to show that ASEAN countries are unlikely to respond in a collective manner to any mega cross-regional proposal made by China.

Regardless of China's economic overtures using the MSR and the AIIB, the South China Sea disputes, particularly the issue of land reclamation on Chinese-controlled features, remained as one of the top priorities on the agenda. ② Without mentioning China by name, the Chairman's Statement of the 26th ASEAN Summit in Kuala Lumpur in April 2015 stated that land reclamation activities in the South China Sea "has eroded trust and confidence and may undermine peace, security and stability in the South China Sea". With tensions in the South China Sea remaining unabated, it is unlikely that ASEAN will issue an official endorsement of the MSR as it is difficult to gain a unanimous support for it. Vietnam and the Philippines are very likely prepared to oppose any effort that aims to produce a collective ASEAN endorsement of the MSR. China seems to be aware of the unlikelihood of getting an official ASEAN endorsement and has made clear in the Belt and Road Initiative (BARI) vision and action plan that the implementation of the MSR will be predominantly in the form of bilateral cooperation with re-

---

① Edmund Sim (2015). AEC Blog: Wrap-up of the 26th ASEAN Summit. Aseanec. blogspot. sg. Retrieved on 10 May 2015, from http://aseanec.blogspot.sg/2015/04/wrap-up-of-26th-asean-summit.html.

② See Chairman's Statement of the 26th ASEAN Summit, Kuala Lumpur & Langkawi, 27 April 2015, Paragraphs 59-62, from http://www.asean.org/images/2015/april/26th_asean_summit/Chairman%20Statement%2026th%20ASEAN%20Summit_final.pdf.

gional countries. Although Beijing has identified ASEAN as a cooperation mechanism for the MSR, Beijing seems to imply that it is likely to be used as a platform for promotional and communication purposes.[①] It should be stressed that Beijing does not exclude any possibilities of working on the MSR in a multilateral context but the current focus is mainly on bilateral cooperation. In addition, China has also proposed to establish an international summit forum for the "B & R" Initiative.

There could be two major consequences because of a lack of collective support from ASEAN for the MSR initiative. First, it will significantly reduce the potential positive impact on the growth of China's regional influence that a successful implementation of the MSR would generate. Ideally, a multilateral approach to the implementation of the MSR would help China maximize the amount of regional influence in Southeast Asia. Bilateral cooperation on the MSR would still help China increase its regional clout, but a multilateral approach would allow China to harvest a lot more political benefits. Second, country-by-country implementation of the MSR would significantly compromise the effectiveness of many connectivity projects and thus would not be able to bring about maximum economic benefits for all regional countries including China itself in the long run. In the current MSR plan, an ideal scenario would be all countries willing to participate and join in detailed and comprehensive discussions on major connectivity issues. A bilateral approach with China being the centre may likely end up having miss-

① News. xinhuanet. com (2015). Full Text: Vision and actions on jointly building Belt and Road. Xinhua English. news. cn. Retrieved on 30 March 2015, from http://news. xinhuanet. com/english/china/2015-03/28/c_134105858. htm.

ing links between some roads, railways, energy pipelines, power grids, and telecommunication facilities.

A Bigger MSR Role for ASEAN: Areas for Possible Cooperation

What is new about the MSR, apart from the AIIB? What can ASEAN and its member countries contribute in the grand MSR "symphony"?① Such questions have been raised by officials and researchers in the region. Calls for boosting regional connectivity have been echoed for many years in Southeast Asia. The collective wish to sustain the economic competitiveness of the region and to provide a foundation for continued peace and prosperity in Asia resulted in the endorsement of the ASEAN Connectivity initiative in October 2009 and the adoption of the Master Plan on ASEAN Connectivity (MPAC) a year later. The MPAC has identified 15 priority projects for physical, institutional and people-to-people connectivity. It also reviewed the achievements made and challenges encountered to build up the linkages in the region. ②

The 15 priority projects (See Table 2) were chosen on the basis of high likelihood of success and substantial impact upon completion. The projects were also chosen to create balanced synergies between the three pillars of connectivity, and to link mainland and archipelagic member

---

① Chinese Foreign Minister Wang Yi commented that the BARI should be seen as a metaphoric symphony rather than a solo performance by China. See http://news.xinhuanet.com/english/2015-03/08/c_134048116.htm

② Sanchita Basu Das (Ed.), *Enhancing ASEAN's Connectivity* (Singapore: Institute of Southeast Asian Studies, 2013).

countries. According to the ADB, the complete realization of ASEAN connectivity requires approximately US$ 596 billion. ①

Table 2　　Source: MPAC, ASEAN Secretariat, June 2011

Physical Connectivity (6 Projects)	Institutional Connectivity (5 Projects)	People-to-People Connectivity (4 Projects)
Completion of missing links in the ASEAN highway Network (AHN) and upgrade of Transit Transport Routes (TTRs) Completion of the Singapore-Kunming Rail Link (SKRL) missing links Establish an ASEAN Broadband Corridor (ABC) Melaka-Pekan Baru Interconnection West Kalimantan-Sawarak Interconnection Study on the Roll-on/Roll-off (RoRo) network and short-sea shipping	Developing and operationalizing mutual recognition arrangements (MRAs) for prioritized and selected industries Establishing common rules for standards and conformity assessment procedures Operationalize all National Single Windows (NSWs) by 2012 Options for a framework/modality towards the phased reduction and elimination of scheduled investment restrictions/impediments Operationalization of ASEAN Agreements on transport facilitation	Easing visa requirements for ASEAN nationals Development of ASEAN Virtual Learning Resources Centres Develop ICT Skill standards ASEAN Community Building Programme

① Sanchita Basu Das, "Understanding the MPAC" in *Enhancing ASEAN's Connectivity*" (Singapore: Institute of Southeast Asian Studies, 2013), p. 8.

It is quite obvious that Southeast Asian countries have been strongly interested in enhancing regional connectivity. These regional countries had started to work on regional connectivity a few years before China proposed the "Belt and Road Initiative". But, surprisingly, it appears that the Chinese government has not paid sufficient attention to all the existing regional connectivity plans including the MPAC. The Vision and Action document about the "Belt and Road Initiative" that was released by the National Development and Reform Commission, together with the Ministry of Commerce and Ministry of Foreign Affairs, did not even discuss the possibility of merging the MPAC with the MSR. From an ASEAN regional perspective, it would be wise for China and Southeast Asian countries to seriously consider how the MPAC and MSR plans could be synergized in order to implement the MSR more smoothly and effectively. The AIIB and the Silk Road Fund initiated by China will undoubtedly boost funding for infrastructure development projects in Southeast Asia. With the MSR initiative, ASEAN member states may be able to skip the hassle of reconciling different mindsets and focus on their own infrastructural development priorities by working bilaterally with China.

On the other hand, it should be noted that although the MSR initiative dovetails with ASEAN's ongoing effort to enhance physical connectivity across the region, not all initiatives under the MPAC will be applicable in the MSR initiative. While it is still in the early stages, there are some valid questions that Beijing may wish to address: Will the MSR focus mainly on physical connectivity in the MSR? On what basis will China prioritise the MSR projects? It is still unclear if China will seek to link existing ASEAN connectivity initiatives, where and if applicable, into the MSR.

Nevertheless, the message ASEAN member countries want to send to China is that ASEAN should still play an important role as a partner in the MSR initiative, rather than just a communication and promotional platform for China. Southeast Asian countries' experiences and struggles in building the ASEAN Economic Community and enhancing regional connectivity through ASEAN is something China can tap on in the implementation of the "B & R" Initiative.

But here, we will encounter a dilemma. As we noted earlier, ASEAN is unlikely to endorse the MSR as a grouping. This will make it problematic for China to work with ASEAN to discuss the convergence of the MSR and the MPAC and to implement them simultaneously, even though integrating the MPAC into the MSR may be preferred by many ASEAN countries and perhaps China as well. This leaves the option for ASEAN countries to rely on other external powers such as Japan. Indeed, Japan may have a chance to pick up the MPAC and work with ASEAN countries to carry out some of the projects. If this happens, it will further enhance Japan's influence in Southeast Asia and further reduce ASEAN's incentive to wholeheartedly support China's MSR initiative. For now, this appears to be a quite plausible scenario as the Japanese government has recently announced its intention to invest US$110 billion to help Asian countries develop infrastructure.

Even if China eventually realizes the necessity of working with ASEAN countries on the MPAC, there may be other challenges. One of the main challenges in implementing the MPAC lies in reconciling different mindsets and priorities across the member countries. The other major challenge is the ability to mobilize the necessary resources to sustain its implementation. There is no guarantee that even the AIIB and the Silk Road Fund could marshal enough funding for all the MPAC projects.

Meanwhile, ASEAN can still play an important role in harmonizing frameworks and goals across member countries and under the ASEAN plus One framework. In the long run, the MSR may allow ASEAN to focus on other aspects such as improving institutional connectivity between China and its member countries, and addressing other details that were missed out in the MPAC. For instance, it was noted that the MPAC did not discuss rural connectivity and the issue of rural-urban divide in physical architecture. ①

It has been pointed out that a key feature of China's current domestic economic reforms and external economic initiatives is ensuring prosperity within and without its borders in a sustainable way. ② Although China has almost $4 trillion in foreign exchange reserves, Beijing should not be seen as the "money tree" for Southeast Asian countries. Therefore, it will benefit China and ASEAN member countries to cooperate on promoting public-private partnership (PPP) to address and sustain physical infrastructure needs across the region. Therefore, China and ASEAN could establish a common facilitation office to assist private sector participants from both sides who will be interested in collaborating with the governments on infrastructure projects across ASEAN and China. China can also work with ASEAN in establishing a regional coordinating

---

① Michael Yeo, et al. "Building Greater Connectivity Across ASEAN" in *Enhancing ASEAN's Connectivity* (Singapore: Institute of Southeast Asian Studies, 2013), p. 31.

② Meng Liu and Jeremy Balkin (2015). What is the next step in China's economic leadership? World Economic Forum Agenda. Retrieved on 20 May 2015 from https://agenda.weforum.org/2015/04/what-is-the-next-step-in-chinas-economic-leadership.

body for PPP to harmonize regulations and best practices, and look into corporate social responsibility issues.

Another area for cooperation can come in the regional integration of energy infrastructure. Like China, ASEAN has a fast growing energy demand that is driven by economic and demographic growth. In 1997, ASEAN mandated two flagship programmes—the ASEAN Power Grid (APG) and the Trans-ASEAN Gas Pipeline (TAGP) under the ASEAN Vision 2020 in order to ensure regional energy security through the promotion of efficient utilization and resource-sharing. It has also developed the ASEAN Plan of Action for Energy Cooperation (APAEC), which aims to "enhance sustainable energy supply through accelerated implementation of interconnecting arrangements for electricity and natural gas, judicious utilization of coal and renewable energy sources, and promotion of energy efficiency and conservation to stimulate regional economic growth and protection."① However, it should be noted that the regional integration of energy infrastructure has not made much progress over the years due to a myriad of economic and political reasons. For instance, the APG has fallen short of the APAEC targets through the years because many of its projects lack economic viability and it is faced with many institutional barriers such as licensing requirements, expropriation of assets, and contractual confidentiality.②

① Nguyen Manh Hung and Ben Suryadi (2015). "Integration of Energy Infrastructure towards ASEAN's Connectivity", in *Enhancing ASEAN's Connectivity* (Singapore: Institute of Southeast Asian Studies, 2013), p. 124.

② Shi Xunpeng (2014). ASEAN Power Grid, Trans-ASEAN Gas Pipeline and ASEAN Economic Community: Vision, Plan and the Reality, *Global Review*, Fall 2014.

ASEAN worries: Issues of Strategic Concerns and Asymmetric Relations

In a commentary, Bilahari Kausikan, the former Permanent Secretary of the Ministry of Foreign Affairs of Singapore, pointed out that "The asymmetry of the relationship [between China and ASEAN countries] can only become more salient as China grows. The various projects under the '2+7 Cooperation Framework', burgeoning ASEAN-China trade, and Chinese investments in infrastructure are binding South-western China and Southeast Asia into one economic and hence one strategic and political space. The benefits are clear and to be welcomed. But at the same time, fundamental concepts of inter-state relations are being modified. ... The forces of globalization, the many planned ASEAN-China projects, and initiatives like the new maritime silk route are re-establishing historical patterns in new ways and adding new layers of complexity to even the most positive of relationships."①

In a region where autonomy is highly valued, ASEAN's asymmetric relationship with China is a rising concern. ② The question of

① Bilahari Kausikan (2014). ASEAN-China Relations: Building a Common Destiny? *The American Interest*. Retrieved on 1 February 2015, from http://www.the-american-interest.com/2014/09/23/asean-china-relations-building-a-common-destiny.

② Simon Tay (2015). China, ASEAN at Crossroads. *The Japan Times*. Retrieved on 1 May 2015, from http://www.japantimes.co.jp/opinion/2013/08/15/commentary/world-commentary/china-asean-at-crossroads. Cited in Beijing Unveils New Strategy for ASEAN-China Relations, China Brief Volume: 13 Issue: 21, by Prashanth Parameswaran. Retrieved on 1 May 2015, from http://www.jamestown.org/programs/chinabrief/single/?cHash=402b2503bf1b13b47209b28edc1bcc34&tx_ttnews%5Btt_news%5D=41526#.VW7XykaJjmK.

finding a balance of autonomy in the evolving ASEAN-China relationship has to be addressed eventually.① In particular, ASEAN member countries fear that economic overdependence on China will erode their autonomy in making foreign policies.② This fear was realised in 2012 when Cambodia was deemed to have been pressured by its biggest investor and trading partner to shape the agenda in its favour.③ It resulted in ASEAN's unprecedented failure to issue a joint communiqué.④ There is also a fear of China's arbitrary style as the dominant power. Rule of law is hardly China's strong suit. It has been pointed out that China's approach to regional integration through the "B & R" Initiative is different from ASEAN-style

---

① Bilahari Kausikan (2014). ASEAN-China Relations: Building a Common Destiny? *The American Interest*. Retrieved on 1 February 2015, from http://www.the-american-interest.com/2014/09/23/asean-china-relations-building-a-common-destiny/

② Prashanth Parameswaran (2013). Beijing Unveils New Strategy for ASEAN-China Relations, China Brief Volume: 13 Issue: 21. Retrieved on 1 May 2015, from http://www.jamestown.org/programs/chinabrief/single/? cHash = 402b2503bf1b13b47209b28edc1bcc34&tx _ tt-news%5Btt_news%5D=41526#.VW7XykaJjmK.

③ Ernest Z Bower (2012). China Reveals Its Hand on ASEAN in Phnom Penh. Center for Strategic and International Studies. Retrieved on 1 May 2015, from http://csis.org/publication/china-reveals-its-hand-asean-phnom-penh; Donald K Emmerson (2012). ASEAN stumbles in Phnom Penh. *East Asian Forum*. Retrieved on 1 May 2015, from http://www.eastasiaforum.org/2012/07/23/asean-stumbles-in-phnom-penh-2.

④ Bagus BT Saragih (2012). ASEAN's communiqué failure disappoints SBY. *The Jakarta Post*. Retrieved on 1 May 2015, from http://www.thejakartapost.com/news/2012/07/16/asean-s-communiqu-failure-disappoints-sby.html; Ministry of Foreign Affairs, Singapore (2012). MFA Press Release: Transcript of Minister for Foreign Affairs K Shanmugam's Reply to Parliamentary Questions and Supplementary Questions, 13 August 2012) Permanent Mission of the Republic of Singapore, ASEAN | Jakarta. Retrieved on 1 May 2015, from. http://www.mfa.gov.sg/content/mfa/overseasmission/asean/press_statements_speeches/2012/201208/press_20120813.html.

regionalism and that smaller countries around China will likely face its power and authority without the protection of the full range of international legal norms and institutions when they have a dispute with China. ①

While this should not be taken literally to mean that China will behave with utter disregard to international law, it is a valid concern on regional countries' part, which China has to consider. For instance, in August 2013 after the Philippines filed its arbitration case against China, Beijing allegedly cancelled President Benigno Aquino's invitation to the 10th China-ASEAN Expo in Nanning, even though the country was designated as the country of honour for the year. ② Again, in November 2014, a *Wall Street Journal* report speculated that the Philippines would be excluded from the MSR because of its legal challenge to China's South China Sea claims. The Philippines' Foreign Undersecretary for Economic Relations, Ms Laura del Rosario, was quoted saying that the Philippines felt it was left out of the plan. ③

With regards to ASEAN's strategic concerns, China should not be surprised to find that the MSR will arouse such concerns from regional countries, even though most of them have acknowledged the benefits of enhancing regional connectivity. Railways, roads and ports have historical importance as integrative, political

---

① David Arase(2015). China's Two Silk Roads: Implications for Southeast Asia, *ISEAS Perspectives*, Volume 2.

② The Philippine Star (2015). Editorial-Disinvited. Retrieved on 20 May 2015 from http://www.philstar.com/opinion/2013/09/05/1173771/editorial-disinvited.

③ http://www.wsj.com/articles/china-bypasses-philippines-in-its-proposed-maritime-silk-road-1415636066 and strategic forces. It has been long argued that control of sea lines and strategic egress is increasingly pertinent to China's strategic designs on Southeast Asia. Critics of China's MSR have raised the following questions on regional security—what are China's deeper motivations behind the initiative? What roles will the Chinese navy and maritime law enforcement agencies eventually play in the MSR?①

It should be noted that the South China Sea disputes were not mentioned in the political and security components in the 2+7 Cooperation Framework, to which the MSR is related. Any lack of clarity in communication on the MSR will continue to raise doubts of China's claim that it would to separate a purely economic initiative from its political and security motivations. ASEAN's lack of strategic trust in China is played up by incidences such as its deployment of the Haiyang Shiyou 982 oil rig in disputed waters off the Paracels Islands in May 2014 and its large-scale land reclamation in the Spratly Islands. The latter is a particularly sensitive issue as the construction of landing strips across the disputed waters could easily be used for military purposes.

Conclusion

The MSR appears to be an ambitious and mutually beneficial initiative. Indeed, if it is well implemented, it would no doubt produce a lot of positive outcomes for all participating countries, especially for their long-term economic development. Numerous Chi-

---

① Author's interviews with regional scholars; Irene Chan(2015). China's Maritime Silk Road: The Politics of Routes. *RSIS Commentary*, No. 051, 12 March.

nese statements have described the initiative as a purely economic and regional integration plan, but unfortunately many countries that are potential participants in the initiative also regard it as a strategic instrument that Beijing intends to utilize for the expansion of China's influence in Asia. What further complicates regional countries' perception and attitude towards the MSR is insufficient trust in these countries towards China.

So far, most countries in Southeast Asia have expressed positive views on the MSR. Unsurprisingly, the countries that are most supportive and enthusiastic about the MSR are those that have had very positive and strong relations with China, including Thailand, Cambodia, and Laos. A few countries are cautiously positive, including Indonesia, Singapore, Malaysia and Brunei. On one hand, they are willing to support the MSR but on the other hand they harbour various concerns. Vietnam and the Philippines may not be prepared to endorse the MSR concept largely because of the South China Sea disputes with China and also the domestic socio-political problems in these two countries. Anti-China nationalism in Vietnam and the Philippines is likely to remain high in the coming years and consequently will hamper their cooperation with China regarding the MSR initiative. Simply because there are these different responses among Southeast Asian states it is almost impossible for ASEAN as a grouping to embrace the MSR scheme any time soon. In actuality, China may have to end up working with ASEAN countries bilaterally.

The difficulties and challenges notwithstanding, China should not feel hopeless or frustrated in pushing for the MSR. Most countries in Southeast Asia are prepared to join in the initiative after all. The second best choice for China is to work with those supportive countries one by one. And there are possible ways through which the MSR could be fairly well implemented. For instance, it would be good if China could pay more attention to the MPAC and find ways to integrate the MSR and the MPAC. There is also the possibility that China could work with Japan, another major power that is keen to take a lead in helping regional countries with infrastructure improvement, to implement various major connectivity projects in Southeast Asia. For this to happen, China will need to take a very different view about Japan's role in regional integration and the two major powers will need to significantly improve their bilateral relations.

Lastly, to achieve a successful implementation of the MSR, it is desirable to significantly reduce the tensions in the South China Sea. Chinese officials may be right in saying that the MSR would not be linked to the South China Sea disputes. But the matter of the fact is that some claimant countries may insist stability in the South China Sea as a precondition for their acceptance of the MSR initiative. Furthermore, tensions in the South China Sea help create a regional atmosphere that does not foster cordial discussions for a successful implementation of the MSR. And worse, such negative regional atmosphere provides other external powers to intervene and even disrupt the MSR initiative. Given all these possible challenges, Beijing may be advised to think carefully about these questions: can China achieve the goals of expanding its influence through the MSR initiative and safeguarding its territorial and maritime interests in the South China Sea disputes at the same time? Should China better prioritize its policies and objectives?

“一带一路”建设中的非传统安全合作策略

The Non-Traditional Security Cooperative Strategy for Constructing the “Belt and Road Initiative”

张　竞*

[**Abstract**]　The “Belt and Road Initiative” is the core element of the contemporary Mainland China political strategy towards the international community. It is also the vital foreign policy baseline with economic significance. The “Belt and Road Initiative” was personally initiated by Xi Jinpin in September and October, 2013, as an economic development strategy composed by the “Silk Road Economic Belt” and the “21st Century Maritime Silk Road” corresponding. This development strategy is programmed by integrating the following two dimensions that may not only reflect the transition and development of the politico-economic framework of the international society but also to foresee the requirements for future development according to the present socio-economic performances in the Mainland China.

The “Belt and Road Initiative” holds mutual connection and mutual communication as its core ideal. It goes through the two dimensions known as the “Silk Road Economic Belt” and the “21st Century Maritime Silk Road” and utilizing those bilateral and multilateral mechanisms already existed between Mainland

* 张竞，台湾“中华”战略学会研究员。

China and other various nations. It takes those already existing and effective regional cooperation platforms and raising the banner of peaceful development to establishing economic cooperation partnership with nations along these two tracks with initiatives to build a community with sharing interests, fates and obligations through political mutual trust, economic integration and cultural accommodation together.

For the substantial contents of the "Belt and Road Initiative", it aims at the versatility of resources owned by the nations along these two tracks thus with relatively favorable economic mutually complementary condition thus containing significant potentials and spaces for cooperation. Its main content therefore signifies five major goals of policy coordination, facilities connectivity, unimpeded trade, financial integration and people-to-people bonds. Yet, as considering conducting the "Belt and Road Initiative", it may meanwhile promote the circulations of five categories in personnel, merchandise, service, capital and information qualitatively and quantitatively so that creating considerable impacts and threats in the non-traditional security aspect.

For excluding the non traditional security threats attached to the "Belt and Road Initiative", this study proposed the responding directives that should be attached to the "Belt and Road Initiative". It argues that sharing resources and shouldering cost as well as coordination and cooperation in the jurisdictions should be the basic policy directing principles for managing the non-traditional security threats together with the alliance states. Also, as substantiating in detail, it should coordinate with the modern international systems, establishing formal cooperation mechanism and following the megatrend case by case as the essential element thus effectively preventing defects but appropriately securing leverages.

This study will firstly introducing the necessary basic understandings to the "Belt and Road Initiative". Then, it will introduce the definition of the non-traditional security and the threats. Later, by connecting these two elements, it may further the possible security impacts brought by the "Belt and Road Initiative" towards the security of environment. The directing strategy for responding and processing these non-traditional security threats will be subsequently elaborated in order to provide those who serve in the public sector, academic community and private enterprises involved with the "Belt and Road Initiative" as the references for further utilizations.

[**Key words**] the "Belt and Road Initiative", non-traditional security, five circulations, threat analysis, international cooperation

一、对"一带一路"之基本认识

"一带一路"为目前中国大陆对外最为核心之政治策略,其亦为具有经济意涵之重要外交政策基调。"一带一路"发展战略始自2013年9月与10月,是习近平所亲自倡议、由"丝绸之路经济带"与"21世纪海上丝绸之路"两者所构成之"一带一路"发展战略。其系应对国际社会政治经济格局变化发展,依据当前中国大陆社会经济现况,前瞻未来发展需求,将两面向予以统筹整合后所策定之发展战略。

"一带一路"发展战略秉持互联互通为其核心理念,分就"丝绸之路经济带"与"21世纪海上丝绸之路"两大面向,依据大陆与他国既有双边与多边机制,借助既有与有效之区域合作平台,高举和平发展旗帜,主动建构发展沿线各国经济合作伙伴关系,共同打造政治互信、经济融合、文化包容之利益共同体、命运共同体和责任共同体。

就"一带一路"战略实际内容来说,其系针对沿线各国资源禀赋各异、经济互补性较强、彼此合作潜力和空间极大予以考虑;因此其主要内容置重点于政策沟通、设施联通、贸易畅通、资金融通与民心相通等五个方面。① 考虑落实"一带一路"战略后,必将同时促成人员、货品、劳务、资金及信息五大面向在质与量之流通上有所提升,因此亦势必会在非传统安全层面上造成相当程度的冲击与威胁。

依据前述基本架构,再考虑本文所将探讨之非传统安全威胁与对策,我们更应有下列数项基本认识:首先须理解"一带一路"所追求之政治目标,基本上皆非以军事与安全为主轴。观察国务院作为"一

---

① 参见百度百科,http://baike.baidu.com/view/12241799.htm,数据采集时间:2015年7月20日。

带一路”主政部门，下发相关部委与省级政府文件不知凡几，但中央军委或是与解放军相关的部门却未就此施政主轴如何配套积极作出论述，由此即可理解“一带一路”发展战略原则上不致引发传统安全威胁，因此不必以传统军事的积极作为加以支撑。对此项施政的主要威胁，仍是来自非传统安全层面。

其次是须理解“一带一路”发展战略基本上是依靠大陆与他国或地区既有双边与多边机制，以既有与有效之区域合作平台作为基础，再主动建构、发展沿线各国经济合作伙伴关系。所以更不须运用军事安全手段予以达成，亦不会在传统安全层面引起他国疑虑。但因落实该项发展战略后，涉外交往关系必将更为密切，此时自然就会在非传统安全层面上面临更大挑战。与目前相比，产生新种类威胁几率有限，但在数量方面预期将有所成长，因此必须妥善应对。

再者亦须指出，目前就“一带一路”发展战略所涉及区域来看，应对非传统安全威胁之国际合作机制确实业已存在，但就其涵盖范围与实施作为上，确实仍然存在诸多努力空间。由于“一带一路”发展战略将会提升诸多面向在流通质量方面之提升，如何将此等应对机制提升能量，以期与“一带一路”发展战略配套运作，实有深入探讨的价值。

最后要强调，“一带一路”发展战略之主要着眼点在于政治合作、经济往来与文化交流，但这并不意味着军事作为就与其毫无关涉。就目前“一带一路”发展战略所需军事支撑来看，诸如反海盗护航、撤侨、搜救与疏困任务，原则上都在解放军既有任务架构与勤务支持范围内，依据解放军目前既有的军队建设蓝图与军事发展构想，就可支持“一带一路”发展战略。多说不如多做，实无必要轻率对外宣扬，敲锣打鼓引人侧目，反而招惹不必要的军事对抗，另生枝节，破坏大局，影响他方观感。①

---

① 关于前述各项基本认识，参见张竞：《“一带一路”，做而不说》，载 2015 年 6 月 15 日《旺报》，http://www.chinatimes.com/newspapers/20150615000846-260310，数据采集时间为 2015 年 6 月 20 日。

二、非传统安全定义与威胁

非传统安全威胁(non-traditional threat)有时亦称"非正规安全威胁"(non-conventional threat),为冷战后国际社会所逐渐关注之安全课题。此等理念系针对安全威胁将其分别以"软"与"硬"加以区分所致,而此等区分方式业已逐渐受到各国政府机构、情报圈以及学术界所接受。不过,在不同安全威胁形式间,有时确实是缺乏明确分界;因此在诸多案例中,各类威胁将不仅会有所纠葛,并会相互影响。①

非传统安全威胁通常系被界定为非直接源自军事、政治与外交行动所产生之其他威胁。凡是源自其他源头,以各个不同形式出现,但仍能对主权国家与社会以及人类群体之生存发展产生危害之安全威胁皆属此类。我们可就此定义列出极长之窗体,其中包括恐怖主义、传染疫病、跨国犯罪、非法移民以及任何形式之预谋性或并非故意、但对我们所处环境、经济福祉、财政稳定以及信息基础设施与交换流通所造成之损害。②

为能有效预估此等威胁所能产生之冲击,以及提出对策以便因应处理此等威胁,我们必须充分掌握其与传统威胁间之联系与不同。我们可以预期投注于应对非传统安全威胁之资源,相较配置于处理传统安全威胁的部分必然较少,但这并不意味着非传统安全威胁所

---

① Traditional and Non-traditional Security, The Institute for Security and Development Policy, http://www.isdp.eu/issues/traditional-and-non-traditional-security.html,数据采集时间为 2015 年 6 月 22 日。

② Dr. Q, What are Non traditional security threats?, Wiki. Answers. com, http://wiki.answers.com/Q/What_are_Non_traditional_security_threats,数据采集时间为 2015 年 6 月 22 日。

能产生之损伤或冲击必将低于传统安全威胁。[①] 平心而论，非传统安全威胁本身并无明确之定义；同时，诸多源自军事、政治及外交作为所产生之传统安全威胁亦有可能触发非传统安全危机。若将传统与非传统安全威胁相比，两者有可能互为因果。传统安全威胁可能系非传统威胁所滋生之附带产物；从另一方面来看，非传统威胁亦可能与传统安全威胁相伴发生。

当政府施政效能不彰时，将会加剧非传统安全威胁并使情况更加恶化；尤其是诸多非传统安全威胁通常皆须仰赖完善之执法手段加以应对。对于领土边疆划界不清之处，此等边境区域最易成为跨国犯罪与非法移民活动之温床。特别是当邻近国家缺乏适切之相互通报管道与合作关系时，此等非传统安全威胁就会沿着边境到处蔓延。

不过确有数个案例显示，当政治对立与军事对峙时，亦有可能因此消弭非传统安全威胁。冷战期间之两德边境，以及到目前为止仍然高度紧张之朝韩边界，由于在军事对峙线旁，民众活动相对稀少，因此反而使得诸如环境污染等非传统安全威胁几率大大降低。[②]

因此，我们尽管可以认为传统安全威胁与非传统安全威胁相互间并不存在必然之因果关系，但是两者间确实具有未对外显现之联结关系。特定安全威胁是否将触发另种安全威胁，端视当时实际状况而定。但是估算是否会引发其他安全威胁，不论其为传统抑或非传统安全威胁，确实是合理之考虑要项。尤其是当近年来某些像地震般的自然灾害，都曾导致过诸如海啸、基础设施系统瓦解乃至社会

---

① Traditional and Non-traditional Security, The Institute for Security and Development Policy, http://www.isdp.eu/issues/traditional-and-non-traditional-security.html，数据采集时间为 2015 年 6 月 22 日。

② Schwägerl, Christian, Along Scar from Iron Curtain, A Green Belt Rises in Germany, April 04, 2011, *Yale Environment* 360, http://e360.yale.edu/feature/along_scar_from_iron_curtain_a_green_belt_rises_in_germany/2390/，数据采集时间为 2015 年 6 月 22 日。

体系失序或者是国家统治失能等其他灾难性后果。

但若从另一角度来看，专门建构与训练作为因应传统安全威胁之兵力，以及就此所设计及制造之资材设备，是否能够被有效转移作因应非传统威胁的资源，确实是值得深入探讨之课题。原则上军队、执法单位及急难应变机构，不论其原始属性系针对传统还是非传统安全威胁，皆为国家因应安全威胁之核心单元。所以像原来用于军事侦察与战场监控之无人机，就可不经改装直接运用于自然灾害后之搜索与救难任务。

平心而论，目前全球已有趋势显示，各界皆有意倡议将军力投入灾难救助作业，指派军事医疗设施参与传染疫病控制与医疗任务。但是否可要求军事单位参与执法作业，却仍然充满争议，因为军事人员显然不具适切之执法专业资格；而且通常此等专业资格都被各界视为具有正当司法管辖权之基本要求。此外，非传统安全之威胁究竟应被归类为对国家安全威胁，抑或是寻常司法犯罪行为，两者间本质上之分野并不明确。诚如前述，对于此等事务来说，确实并未具有清楚之分界线。

依据传统安全威胁与非传统安全威胁所共同具有之不确定性，所有政府部门其实应通力合作，致力解决本文业已论及之各项难题。

正是由于传统与非传统安全威胁间之分野不明，我们甚至应当认定两者原则上会在诸多面向上以不同程度相伴发生。尽管如此，两者间还是存在某项明显差异；诚如我们所知，传统安全威胁系因军事、政治及外交作为而产生，因此显然此等作为在本质上都是预先规划，并且刻意所为的。因此，我们可将传统安全威胁界定为各个刻意预谋作为所获致之结果。若与此等经过选取之作为相对比的话，非传统安全威胁就不必然是经过算计后所采取措施造成之后果；不过仍然有些特定形式之组织性犯罪行为，实际上仍是犯罪集团精心策划所产生的非传统安全威胁。

某些非传统安全威胁被归诸天意，此因其将产生不可抗力之情境；此等非传统安全威胁之最具体例证，就是各种天然灾害。有时传染疫病亦会被人视为未经预先图谋之安全威胁，此因疫病爆发通常都无法事先加以预测。除此之外，传统安全威胁通常都会指向特定目标，并被限制在特定之地理疆域内。换句话说，传统安全威胁所造成损伤之范围，原则上或多或少都可以加以管控，但对于非传统安全威胁来说，就绝非能够如此简单地予以管控。

如果说传统安全威胁能够被限制在特定地理疆域，那么非传统安全威胁实能扩及我们所不能预期之境域，或是不受拘于预先推估的发展模式。非传统安全威胁通常都会跨越国境散布，而且即便人们刻意运用特定措施，亦未见得能够限制非传统安全所能够产生之损伤。基于此项因素，我们更可认定非传统安全威胁，不可被作为国家用来对付特定目标国之合理政策工具，此因其在本质上就充满各种不确定性。就算是由非法组织所故意启动之非传统安全威胁，都不能因此获得政府政策工具之合法地位；而且参与此等活动者亦无法因此获得合法战斗员之身份。

除前述业已列举出之各项属性外，非传统安全威胁尚有另一项值得一提之特性，就是其将有可能对多国共同利益造成负面冲击，此因非传统安全威胁并未有一定规范并指向特定国家。比方说，环境恶化无疑将会损害所有被影响国家之共同福祉，污染物会经由各种不同介质扩散至其他国家境内。借由边境管制或许能够阻止人员或货品入境，但对于经过自然传播管道之任何负面冲击，人们其实都无力拦阻。相对来说，非传统安全威胁将可提供国际社会更高之合作诱因，此因其并未直接挑战任何国家之主权。此外各国协同解决可能损害共同利益之非传统安全威胁，本质上也符合各自的利益。

总而言之，本段在特别针对非传统威胁之本质加以研究分析后，确认传统安全威胁与非传统安全威胁之间并无明确分野，而且诸多事还表明两者实为相互交缠关系。此外，用于应对此等安全威胁之手段，必须具有弹性并且形式多样方能奏功。当我们组织人员并购置资产器材，以便处理此等安全威胁时，必须遵奉相互转用原则，作为筹建兵力之基本特性。尽管有诸多资产器材可适用于特定任务与安全威胁，但这并不意味其此等资材仅可用于此等功能与任务，而毫无调整运用的弹性。

基于对非传统安全威胁与传统威胁之关系，再加深对于应变处理手段之理解，我们将更好地认知“一带一路”对安全环境之冲击，并谋划出最合宜之应对处理指导策略。

三、“一带一路”对安全环境之冲击

依据目前“一带一路”发展战略推动现况推估，中国大陆与丝绸之路经济带以及 21 世纪海上丝绸之路周边各国积极发展经济合作关系后，随着商贸往来之质量成长，必然会带动其他关系之成长，从而产生五大流通之现象。就中国大陆倡议“一带一路”发展战略来说，针对非传统安全威胁，最关键因素就是能否妥善因应五大流通所导致之各项安全环境冲击。

所谓“五大流通”，是指人员、货品、劳务、资金及信息，随着各个不同政治实体或经贸体系之往来日益密切后，所产生的质量上的流通成长现象。但是由于国际社会中各成员间之互动模式不尽相同，我们针对五大流通必须要有下述多项认识，方能确切掌握此等国际关系上的重要社会现象：

首先，五大流通各个面向未见得能够同时提升成长；各国对于人员出入境、货品通关出入、劳务输出引入、资金导出流入及信息传入送出都有不同取舍之标准，因此某些面向放宽管制，未见得能够带动其他面向同时作出调整。所以有时对特定国家之商品贸易大量成长，但这并不意味着到该国商务旅行就会容易通关。同样，有些国家会大量进口技术工人参与其国家建设，但其资本市场就严格管制他国进入参与贷放集资活动。因此各个对象之不同面向，虽有某些牵连互动，但彼此之间并无相互影响、绝对连动关系。

其次，五大流通必然会受到市场规则约制，官方之导引鼓励抑或禁止约制仅能产生助力与阻力，最后能够决定流通质量的，还是市场供需，而非官方主观之意愿与政策。尽管中国大陆推动“一带一路”发展战略，确实获得某些盟友之主动响应与实质配合，但此等政策并无法消弭各项实质之风险；[①]实际上五大面向之流通状况最终还是要由市场机制所决定。仅仅是供应端或需求端“一头热”，开放货品或劳务输入却缺乏商机，都将无法产生流通。

再者，五大流通本身虽有可能附带有非传统安全危机之风险，但两者之间并无绝对比例关系。比方说开放观光带来了入境旅游人潮，疫病进入之可能性会随旅客流量上升而增加，但并无任何学理证明，在超过一定数值后，就必然会爆发由境外传染之疫病。同样，因为交通往来增加，非法物品之进口管道确实增多，但是就诸如毒品之特定非法物质，其具有一定走私入关模式与分销管道，未见得因为旅运增长而改变此等作业方式。另如在海盗为患之特定海域，航运量增长并不意味着必然会让海盗获得更多下手机会，也是同理。

此外，随着五大流通在质量上之成长，非传统安全威胁确实有可能因为信息流通以及其他环境条件的逐渐成熟而逐渐扩散至以往从未出现之地域。因此各个经贸与政治实体原本并未预期、或是根本就未曾处理过之非传统安全威胁，将是各方面对五大流通成长时所必须面对之重要课题。尽管随着五大流通的成长，非传统安全威胁之实际质量未见得必然会增长，但发生非传统安全威胁之可能性获得增长，却是不容争辩之事实。

最后，要提醒一点：由于五大流通致使非传统安全威胁增加虽是客观事实，但是五大流通未见得都是负面效应，甚至就应对处理非传统安全威胁来说，都有可能因为五大流通而产生遏止或是防范非传统安全威胁之正面效应。对外开放是强国之重要基础，但是对外开放在增强与他国之经济伙伴关系的同时确实也有其风险存在，但不可以此作为保守政策之托辞。尽管五大流通会因案而异，在掌握管

① 人民网:《一带一路的投资风险》，http://big5.ce.cn/gate/big5/wap.ce.cn/intl/201502/09/t20150209_4544791.html.数据采集时间:2015年6月25日。

理上有其计量与质化分析之不确定性，但只要加以合理掌握，必可除弊兴利。

基于前述对五大流通现象之基本分析，再考察其所可能导致程度加剧之非传统安全威胁，会发现：原则上首推跨境犯罪，其中包括洗钱、吸金、赌博、走私、贩毒、人口运送与贩卖，以及涉及色情、邪教、恐怖活动思想之精神污染；此外还要考虑到海盗、疫病扩散、越境污染以及包括动植物物种扩散之生态危害。针对前述所列威胁，我们应有下列数项基本认识，方能在下一节中继续讨论应对处理指导策略：

首先，诸多跨境犯罪系附属于越境商贸活动之上，但特定跨境犯罪具有特定之地缘条件，比方说贩毒必定源生于产地，并借由特定路径送交消费对象；依此原则，走私亦要考虑销售对象以及供应货源。能够完成洗钱或跨境赌博签注活动，就必须具有相当之金融交易与汇兑管道。海盗仅能在对其活动有利之海域活动，同时又受到航运通航海域所在地之左右。疫病爆发与传播必须具有相当之气象或社会活动条件，动植物物种扩散亦必须仰赖特定之自然条件。所以掌握地缘关系与自然条件，将是应付处理非传统安全威胁之必要条件。

其次，基于此种非传统威胁之地缘关系与自然条件，在应对上就必须具有专门智能与信息，此等智能系由长时间之经验所累积，单纯依靠学习亦无法在短时间内予以掌握。同时，亦须建构在地缘关系基础上之情报信息网，才有可能掌握人为不法活动抑或自然环境所引发之非传统安全威胁。因此，跨越国境与威胁来源地的政府机关合作，就成为处理此等威胁之必要条件。

最后，在应对处理时应分辨出哪些是正常商贸伙伴关系所产生之跨国商贸以及金融活动，哪些是影响国家安全利益之非传统安全威胁。同时，应适切地区分非传统安全威胁为影响国家根本生存或重大利益之国家安全威胁，抑或是影响社会公平正义与常态运作之犯罪活动，并运用执法机制或动用其他国家权力机构应处此等威胁。

四、应对处理指导策略

为落实“一带一路”发展战略，在针对非传统安全威胁所必须采取之应对处理指导策略上，首先必须遵循“在资源成本上分享与承担”以及“在管辖权限上协调与合作”两项基本原则。由于非传统安全威胁多半为“一带一路”所涉区域内各个经贸与政治实体所须面对之共同威胁，因此各方必须合作应对。只要对此能够达成共识，共享资源，分担成本，应当是最为合理之安排与处理方式。

不过，由于各方综合国力高低不同，因此在承担成本之配比上，自然强者就必须展现大国风范，不与扈从其政策目标之友邦加以计较。同样，对于有助于盟邦支持政策目标之资源，亦应不吝于与其分享。待人宽厚系中国历代对友邦表达善意时的回敬之道，因此，若能借此使盟友贡献其力，化解共同面对之非传统安全威胁，自然就应遵循此等基本原则，如此才有可能共同打造政治互信、经济融合、文化包容之利益共同体、命运共同体和责任共同体，落实“一带一路”的战略政策并达成相应目标。

此外，在管辖权限上协调与合作，亦是在应对共同威胁时之常态模式。比方说中国大陆、泰国、老挝及缅甸对于湄公河流域水道航运安全维护，就以此项原则建构出经常性之共同巡逻编组。[①] 此项机制系因此前发生了不幸事件，使各国感受到不可为水资源争议所困，应当建立因应共同威胁之合作机制。[②] 马六甲海峡周边各国包括马

---

① Xinhua, “18th joint Mekong Patrol concludes, January 18,” 2014, People's Daily Online, http://english. peopledaily. com. cn/90883/8516248. html，数据采集时间：2015年7月17日。

② Wong, Edward, “China and Neighbors Begin Joint Mekong River Patrols,” December 10, 2011, *The New York Times*, http://www. nytimes. com/2011/12/11/world/asia/china-and-neighbors-begin-joint-mekong-river-patrols. html? _r=0，数据采集时间：2015年7月14日。

来西亚、新加坡、泰国及印度尼西亚捐弃成见以及对管辖海域执法权限之坚持，建立马六甲海峡巡逻（MSP：Malacca Strait Patrols）机制，共同应付恶名昭彰之猖獗海盗，更是证明管辖权限上协调与合作之必要性。①

其实前述机制亦可针对相关海域，反制恐怖主义活动等其他非传统安全威胁。就资源和成本之分享或承担来说，只要观察该机制下所包含之马六甲海峡海上巡逻（MSSP：Malacca Strait Sea Patrol）、空中巡逻（EiS：Eyes-in-the-Sky）及情报交换组（IEG：Intelligence Exchange Group）等复杂作业体系，就可理解各国不吝贡献本身资源，承担必要作业成本，期能达成应处非传统安全威胁之共同目标。② 菲律宾与马来西亚在苏禄海域（Sulu Sea）虽然存在领土与海域争议，甚至涉及不同派系独立运动，但双方仍能建立共同海上巡逻机制，以期共同对抗非传统安全威胁。③

印度尼西亚与文莱两国在苏禄及苏拉威西海域（Sulu-Sulawesi Seas）合作执行反制恐怖主义任务④，中国大陆与越南双方在北部湾

---

① Official Release, "Factsheet: Milestones of Malacca Strait Patrols," *Ministry of Defense*, Singapore Government, March 28, 2008, http://www.mindef.gov.sg/imindef/press_room/official_releases/nr/2008/mar/28mar08_nr/28mar08_fs.html，数据采集时间：2015 年 7 月 17 日。

② "Oceans Beyond Piracy, Malacca Strait Patrols," *One Earth Future Foundation*, http://oceansbeyondpiracy.org/matrix/malacca-strait-patrols，数据采集时间：2015 年 7 月 24 日。

③ Free Malaysia Today, *Philippine navy blocks Sulu Sea*, February 22, 2013, http://www.freemalaysiatoday.com/category/nation/2013/02/22/philippine-navy-blocks-sulu-sea/，数据采集时间：2015 年 7 月 25 日。

④ Febrica, Senia, "Securing the Sulu-Sulawesi Seas: a Troublesome Cooperation?," Volume 8, No. 3, 2014, *Perspectives on Terrorism*, *the Terrorism Research Initiative and the Center for Terrorism and Security Studies*, http://www.terrorismanalysts.com/pt/index.php/pot/article/view/347/html，数据采集时间：2015 年 7 月 26 日。

海域执行联合巡逻任务[①]，这些都证明，只要具有合作价值，就算西沙群岛海域存有领土争议，仍可本诸前述“在资源成本上分享与承担”以及“在管辖权限上协调与合作”两项基本原则，认真执行相关治安协议，共同对抗非传统安全威胁。[②] 因此，最后必须提醒，此两项基本原则系在强调以合作精神、集各方之力应付处理共同威胁，为确保此类机制运作正常，综合国力较强之大国必须保持风范，不与共同合作对象计较小节，才有可能达成政策目标。

就落实共同应对非传统安全威胁之具体作为上，必须重视下列各个要点：首先是必须配合现行国际体系，如此不但能够获得各项资源与协助，更能与国际社会接轨，获得最新信息及技能，对于共同消弭非传统安全威胁来说，在节约成本、增加效益上具有实质之帮助。比方说针对跨国组织性犯罪之国际刑警组织(Interpol)，打击国际洗钱活动之埃格蒙德防制洗钱组织(The Egmont Group of Financial Intelligence Units)或是通报国际传染疫情之世界卫生组织(World Health Organization)，都是对抗非传统安全威胁之重要国际体系。

同时，若欲落实“一带一路”发展战略，排除各项非传统安全威胁，除前述之全球性国际组织外，更必须参与在其所涉及区域中，并与各个有助于对抗非传统安全威胁之区域性组织进行合作。比方说前述之马六甲海峡巡逻机制，就进行合作得与其合作，并借由提供资源或信息，争取此等区域性对抗非传统安全威胁组织成员之正面响应，以便共同应对处理非传统安全威胁。

假若在“一带一路”所涉特定区域中，现有之全球性国际组织无

---

① Xinhua, “Vietnamese, Chinese coast guard police undertake joint patrol on fishery cooperation in Tonkin Gulf,” July 25, 2013, *Global Times*, http://www.globaltimes.cn/content/799118.shtml，数据采集时间：2015 年 7 月 26 日。

② Associated Press, “China, Vietnam conduct joint sea patrol amid tension,” *Philippine Daily Inquirer*, June 22, 2011, http://newsinfo.inquirer.net/16994/china-vietnam-conduct-joint-sea-patrol-amid-tension#ixzz3A7mDaEml，数据采集时间：2015 年 7 月 26 日。

法有效应付或处理某些非传统安全威胁，同时又无区域性合作架构足以让周边国家携手合作共同对抗此等威胁时，就应当考虑出面号召，建构正式合作机制。就建构正式合作机制而言，应尊重区域内各国间之互动关系；假若确实无法克服区域内各个政治或商贸实体间之矛盾关系，亦应与个别经贸或政治实体建立合作关系，然后运用各个合作关系形成对抗非传统安全威胁之运作网络，以便积极运作、有所作为。

之所以强调建构正式合作机制，就是希望借由正规体制来避免人事兴替带来的对稳定合作关系的影响。“一带一路”跨越诸多不同文化，各个文化体系处理事务都有其特定模式，有些更是充满人治色彩，与其不断地借助经营人脉巩固合作关系，不如尽量借由体制化之合作关系来维护共同对抗非传统安全威胁之互动支持体系。

但是，最后必须承认客观现实之无奈，有时主观之期待或意愿，未见得都能够获得理想的响应，因此，就共同合作对抗非传统安全威胁来说，有时仍然必须顺势而为、因事制宜。面对特定非传统安全威胁时，有时合作关系伙伴因为考虑到其国家形象或是对外合作利益，会刻意隐匿特定信息，对实际情况加以淡化或是根本回避通报；有时出于其国内政情之考虑，不愿依约执行司法合作，甚至刻意扩大解释管辖权限，以便包庇其国人。因此，各当事方必须权衡整体利益，顺势而为，因事制宜，以免因枝节上的分歧而影响合作大局。

五、结语

本文依据对“一带一路”战略构想之基本认识，以及非传统安全威胁之基本特性，推估推动与落实“一带一路”战略后所可能产生之五大流通现象。然后依据五大流通现象所作分析，探讨其所可能导致程度加剧之各种非传统安全威胁，并就各种威胁的特性加以研析，最后列举出在推动“一带一路”发展战略、应对非传统安全威胁时所应遵循之两项基本原则，以及实际执行时所应注意之数项要点。

在落实“一带一路”发展战略时究竟会遭遇多严重之非传统安全威胁，确实是有其不确定性的，同时其发生与“一带一路”沿线各国经济合作伙伴关系是否将存在比例关系，会不会随着五大流通之质量提高而增多，其实都尚待真正实践来证明。

此外，必须在此提醒：军队是国家的重要政策工具，可有效转用其军事资产来应对非传统安全威胁。但是，军队海外部署与用兵又具有相当程度之国际政治敏感性。未来要运用武力，远赴海外应对“一带一路”沿线之非传统安全威胁时，面对国际社会可预期之置疑，应预拟合宜之声明论述，以便适当排除不必要之阻力。

最后还要强调：不论未来真正实践“一带一路”发展战略后所遭遇之非传统安全威胁程度如何，主政机关及参与“一带一路”建设各公私部门，总当秉持《孙子兵法》所谓“无恃其不来，恃吾有以待也；无恃其不攻，恃吾有所不可攻也”之精神，预先布局，加强对外合作关系，方能有效地应付变故，约制损害。

“一带一路”建设与人民币国际化

The “Belt and Road Initiative” Construction and the Renmibi Internationalization

陈玉珍*

[**Abstract**] The strategic thinking of the “Belt and Road Initiative” is directed by the State Council of the People's Republic of China. The orientation, mission, argument and content of its overall configuration have already been publicized in detail in May 2015 by the “Vision and Actions on Jointly Building Silk Road Economic Belt and 21st-Century Maritime Silk Road”. It was confirmed that the “Belt and Road Initiative” will be integrated with the Thirteenth Five-Year National Economic Program thus moves into the comprehensive activation stage. Nonetheless, the “Belt and Road Initiative” is merely a framework so far. Many details for future enforcement are still unexplored yet. Further discussions with more than sixty nations along the program coverage route are still needed. It is by no means a program that can be decided by China unilaterally. This program needs to coordinate contributions provided by various sources. Many uncertainties will be contained within this process.

For providing funds to support the numerous infrastructure construction projects planned by the “Belt and Road Initiative”, Mainland China has promo-

* 陈玉珍，台湾文藻外语大学国际事务系主任、教授。

ted a series of associated financial strategies including the fund pool formed by establishing the Asian Infrastructure Investment Bank, New Development Bank BRICS, Development Bank of the Shanghai Cooperation organization, and Silk Road Fund, as well as encouraging to issue the Renmibi-denominated international bond. Renmibi is recognized as the strongest currency in the region. To promote further widely utilize Renmibi within the region by acquiring the acceptance by nations covered by the "Belt and Road Initiative" will be favorable for the internationalization of Renmibi, and thus facilitating it becoming an international currency.

This study aims at understanding the development and level of the Renmibi internationalization in the "Belt and Road Initiative" coverage area. It may also observe the various perspectives and responses towards the "Belt and Road Initiative" and the measures for Renmibi internationalization at the moment. By so doing, it may exploit the progress for promoting Renmibi internationalization by the model of the "Belt and Road Initiative" together with the Asian Infrastructure Investment Bank, Silk Road Fund and Renmibi that is defined by the Mainland China.

[**Key words**] the "Belt and Road Initiative", Renmibi internationalization, Asian Infrastructure Investment Bank, Renmibi

一、前言

2013年中国大陆提出"一带一路"战略构想，并于2015年3月由国务院授权国家发展改革委员会、外交部、商务部联合发布《推动共建丝绸之路经济带和21世纪海上丝绸之路的愿景与行动》，进一步将"一带一路"的方向、任务、主张和内涵进行详尽阐述，自此"一带一路"发展战略正式进入全面推动阶段。

依据中国大陆之总体发展五年规划，"一带一路"已被作为即将推动的"十三五"规划之重要发展战略之一(中国政府网，2015/04/28;《联合报》，2015/07/29)，亦是中国大陆从"大国"转为"强国"的关键作为。[①] 综观“一带一路”战略规划全局，以互联互通为手段，协调东西、统筹陆海，内外兼修，既顾及中国大陆内部区域发展，也升级对外开放程度。规划中以全面性配套方式进行推动，安排以金融合作为前导，激发市场活力，推进对发展中国家与沿线国家之政策、设施、贸易、资金、民心等各方面进行多元通联发展之规划。

根据国务院授权发布之“一带一路”愿景，预计随着本战略计划的实施，“一带一路”将有可能成为世界上跨域最长的经济大走廊，这当中将带动的庞大经济活动及利益值得期待。未来当计划推动时，随着货物量增加、货物来源地及配送的覆盖范围扩大，整体计划沿线国家及地区层面的物流服务以及相关的贸易配套服务（如金融和保险）将会大幅提升。伴随而生的金融业务合作需求规模亦将扩大。因此，沿线国家双边货币互换机制、货币结算的范围和规模均需逐步扩大。

同时，计划中的众多基础建设投资项目需要庞大资金的支持。根据中国国家开发银行估计，“一带一路”涉及投资金额约 8900 亿美元（商务部中国国际经济合作会，2015/06/01）。基于此，为配合“一带一路”的整体规划，中国大陆推动相关系列金融策略，包括筹建亚洲基础设施投资银行（亚投行）及金砖国家开发银行（金砖银行）、与上海合作组织各国展开有关上海合作组织融资机构磋商、宣布丝路基金组建、支持沿线国家政府和信用等级较高的企业以及金融机构在中国境内发行人民币债券、鼓励符合条件的中国境内金融机构和企业在境外发行人民币债券和外币债券等，以解决建设资金需求。据亚洲开发银行报告，在 2020 年之前，亚洲基础设施的资金缺口将达 7300 亿美元，无论是亚投行还是丝路基金，都是为了解决“一带一路”建设的资金问题。

中国大陆面对着庞大的商贸机会，虽然目前正历经三十年高速经济成长后的经济走缓期，然而中国大陆却积极地采取“一带一路”

---

① 此论述为中国（海南）改革发展研究院院长迟福林提出。

策略因应，通过加大对中亚国家的投资和金融信贷，推动经济外交战略。预计随着大量中国企业和投资走出去，在投资输出产能及资本加深跨国经济联系下，人民币在“一带一路”区域的认可度会提升，对人民币国际化推进会有正面帮助。

人民币国际化是中国大陆在2009年所宣示推动金融改革政策的目标之一，其动态发展受到国际各方的注视。主要是因为当前全球经济萎靡不振，中国大陆作为世界上最大的出口国、世界第二大经济体，拥有全球最多的外汇储备，而人民币作为价值储藏工具的地位也逐步上升，因此，人民币的国际化受到国际各界的关注。[①]

在2015国际货币论坛上中国进出口银行李若谷行长表示，人民币国际化与“一带一路”建设是中国大陆构建全方位对外发展的两大战略，二者相辅相成(王永雪 & 王秀中，2015/07/21)。他指出，“一带一路”连通与计划周边国家的各项合作，而货币流通是计划的重要组成部分。对人民币这一区内一直最坚挺的货币，推动其在区域间更广泛地使用，能在大宗商品贸易、丝路基金、亚投行、基础设施建设、产业建设等方面发挥重大作用。

本研究针对中国大陆推动“一带一路”战略计划之作为，了解计划区域内最活跃之货币——人民币之国际化发展及进程，同时观察当前各方对于“一带一路”战略计划及人民币国际化之作为及响应，以便探究中国大陆框定的“一带一路＋亚投行＋丝路基金＋人民币”模式，推动人民币国际化之程度。

---

① 例如，中国人民大学国际货币研究所自2012年连续四年提出《人民币国际化报告》；又如，中国人民银行发布《人民币国际化业务白皮书》。在国际上，SWIFT于2011年发布《人民币国际化白皮书》，亦从2011年9月开始定时推出《SWIFT人民币追踪》，又于2012提出《SWIFT MT和ISO15022离岸人民币指南》。

二、"一带一路"建设基本认识

2015 年 3 月份国务院授权发布《推动共建丝绸之路经济带和 21 世纪海上丝绸之路的愿景与行动》后，"一带一路"正式成为中国大陆国家发展策略。该文件详尽阐述"一带一路"战略规划全局，整体计划分成陆上及海上两条；陆上以沿线中心城市为合作开发支撑，以经贸产业园区为合作平台，目标在建立国际经济合作走廊，称为"丝绸之路经济带"("一带")；海上以重点海港为节点，建设运输大通道为目的，称为"21 世纪海上丝绸之路"("一路")(国家发展改革委员会、外交部、商务部，2015/03/29)。

"一带"的重点为畅通中国到周边各国之瓶颈路段，包括三条路线：其一为中国经中亚、俄罗斯至欧洲波罗的海；其二为中国经中亚、西亚至波斯湾、地中海；第三为中国至东南亚、南亚、印度洋等国际大通道。共同打造新亚欧大陆桥、中蒙俄、中国—中亚—西亚、中国—中南半岛等国际经济合作走廊。

"一路"从中国沿海港口出发，经南海到印度洋，延伸至欧洲；从中国沿海港口穿过南海到南太平洋。以港口为节点，共同建设畅通安全、高效率的运输大通道。推动周边国家与地区密切合作，共同建设发展，紧密联系陆上及海上经济走廊。

整体架构上，"一带一路"东接亚太经济圈，西进欧洲经济圈，沿途连通中亚、东南亚、南亚、东非等地，当中涵盖 60 多个国家及地区，覆盖全球 44 亿人口(国务院新闻办公室，2015/04/24)。预计此经济战略将会为中国大陆开拓十分庞大发展空间和机遇，同时也有利于供应其国内中西部市场，并有利于"一带一路"沿线国家及地区开拓物流业务及消费市场。

"一带一路"规划涵盖交通、能源、通信、投资贸易便利化等投资项目，所需的庞大资金规划由丝路基金、亚投行、金砖银行和上海合作组织开发银行等提供，将为"一带一路"沿线的国家和地区的基础设施建设、资源开发、产业合作等有关项目提供融资支持，有助于补救亚洲发展中国家在基础设施建设等领域的巨大资金缺口。此四大资金池之筹备工作自2014年起推动，在2015年已经开始建立初始运作框架，而人民币将在其中扮演重要角色。

除此之外，在资金融通方面，中国大陆规划透过引导商业性股权投资基金和社会资金共同参与重点项目建设，包括协助沿线国家政府和信用等级较高的企业以及金融机构在中国大陆境内发行人民币债券，同时鼓励国内符合条件的金融机构和企业到境外发行人民币债券和外币债券。

三、人民币国际化发展与概况

现行货币体系是20世纪70年代布雷顿森林体系（Bretton Woods System）崩溃后逐渐演化而成的，虽然美元的国际本位和国际储备货币地位相对于20世纪已经相对削弱许多，但是由于美元及目前常用的其他国际货币如欧元、日元、英镑等都是国际货币组织（IMF）一篮子货币，因此美元仍广泛地被世界各地采用为交易货币，其在国际货币体系中的领导地位和国际储备货币之职能仍得以延续。

基本上说来，货币国际化是指随着国际贸易的发展，一国货币因为经常账、资本账以及与其他外国货币自由兑换而流出国境，并逐渐在国外执行货币的三大功能。[①] 换言之，货币国际化是一国货币越过该国国界，在世界各地自由兑换、交流和流通。

当然，各国的货币国际化会因其特殊的国情及政策目标不同，而有不同的国际化进程及发展策略；但国家强大的政治经济实力，却是一国货币成为国际货币不可或缺的后盾。基本上，一国货币要成为国际化货币，必须要进行交易媒介功能国际化、计价标准功能国际

① 货币的四大基本功能为交易媒介、价值单位或价值标准、递延支付的标准、储藏价值的工具。

化、价值储藏功能国际化(黄志典，2014)。要达成上述作为的先决条件有二:首先，该货币国至少应是全球主要贸易国;再者，该货币在全球金融交易中被广泛使用。前者意味着贸易阶段的国际化，中国目前的贸易总量已无可争议地达到此标准，而后者正是人民币尚需要努力的方向。目前人民币的国际货币地位，还远远落后于其他大型经济体(IMF，2015/8/4)。

(一)人民币国际化之路径分析

在全球经济不振、美元贬值、欧元区多个国家受到严重金融危机之际，反观中国大陆，目前已成世界最大的出口方，排名世界第二大经济体，随着综合经济实力增长，在国际上的影响力亦日益增强;其企业的生产与人民的消费行为直接或间接地影响国际经济的发展，因此人民币国际化发展动向更加引起各界注目。有许多专家认为，人民币国际化将有助于中国大陆国际贸易发展以及金融市场的深化改革，进而协助建立更平衡的全球金融体系(Campanella，2014)。另一方面，也有学者对中国大陆金融制度的开放程度仍不乐观，认为中国大陆金融发展程度仍低，人民币利率、汇率市场化及资本管制仍有放松之空间，认为人民币国际化成为国际货币仍有漫漫长路要走(Cohen，2013；Eswar & Ye，2012；黄志典，2013)。还有学者认为，虽然中国是一个庞大的经济体，但就国际标准而言，其金融市场仍然很小，且中国大陆投资法规不完善，因此金融投资人对于投资中国大陆的安全性存有相当的疑虑，所以人民币要成为国际准备货币，仍有一大段差距(Eichengreen，2012)。

一国货币要成为国际货币，首先要受到持有人的信赖，因为在国境外各国持有之本国币，是该国中央银行所发行，可视为该国政府之负债。相同地，人民币国际化意味着人民币能在境外被各国所持有，这是中国政府对各国负债的广泛增加。同时，在担任发行或保管单位的角色上，中国大陆的金融机构需要与世界各国之金融机构或法人订定广泛之交换契约;同时，为支撑人民币作为价值储藏的国际货币工具，各种以人民币计价之金融商品或信托契约也会在国际市场上发行(孙孝孔，2011/03/22)。上述各项目都需要中国大陆金融体系的深化改革，以及商业法律的立法配合，以符合国际商业标准。

有学者在研究中提及，人民币国际化路径可按短、中、长期三种规划推进(孙孝孔，2011/03/22)。短期目标是建立人民币区域化阶段，借由与周边对人民币情有独钟的国家，包括东盟国家中的菲律宾、马来西亚、印度尼西亚、新加坡、老挝、缅甸和越南以及中亚5国、蒙古及朝鲜等，以人民币作为经贸交易的计价主导货币，进而成为上述各国的储备货币。中期则是形成货币网络效应，扩大与周边经济较好之国家与地区，如马来西亚、韩国、新加坡，进行密切经贸往来，使人民币成为与上述各国贸易的结算货币、金融商品计价交易货币。长期则与日元合作，主导亚洲区域货币合作发展方向。

其具体实现措施包括与各国签订双边本币互换协议、与各国央行建立换汇及以人民币直接清算协议，开放贸易本币结算及账户通汇，供给人民币以提升人民币流动性；同时允许中国银行与上述国家之银行进行人民币资金拆放，开放人民币存款及发行以人民币计价之债券，增加人民币债券市场的深度和流动性，以降低后期人民币债券的融资成本。在逐渐提升人民币在区域间金融市场发展程度后，发挥其在亚洲地区的国际货币功能。

(二)人民币国际化程度现状

人民币国际化的重要基础是由中国大陆的综合经济实力所奠定的，但人民币国际化目标的落实，有以下5个检验标准需要观察，包括：(1)在国际贸易用途方面的使用量；(2)与各国中央银行签署双边货币互换协议数量；(3)成为国际存款货币；(4)成为国际投资货币；(5)成为全球认可的储备货币(颜安生，2015/ 06/ 08)。兹就上述五项，逐一检验人民币国际化推动之目前成绩。

1. 在国际贸易用途方面的使用量：以人民币结算之跨境贸易

作为推动人民币国际化的第一步骤，首先要让人民币能自由流通，建立与其他国家进行互换配额与额度的机制。越多国家使用人民币支付，建立更多的人民币结算中心，人民币就会得到越广泛的应用，在全球金融的重要性才会越来越提升，才能落实人民币国际化及其全球交易机制。

依据2014年中国人民银行统计，人民币在中国大陆境外收付国家及地区已达189个，唯其中有52.7％之金额发生在香港地区（中国人民大学国际货币研究所主编，2015，pp. 3-5）。2014年跨境人民币结算总金额达人民币9.95兆元，与2013年相比增长60％（闫力 & 孙勇，2015/07/13）。在经常项目中货物贸易及服务贸易，2014全年以人民币结算之规模呈增长态势，均有40％以上增长（中国人民大学国际货币研究所主编，2015，p. 3）。另外，跨境贸易以人民币结算，范围已涵盖全球174个国家（颜安生，2015/06/08）。截至2014年底，全球贸易中人民币计价结算比率，已达全球贸易的2.96％，如表1所示。

表1　　2012～2013人民币国际化相关数据

	2012年底	2013年底	2014年底
人民币国际化指数(RII)	0.87％	1.69％	2.47％
全球贸易中人民币计价结算比率	1.50％	2.50％	2.96％
全球资本和金融交易中人民币比率	n/a	2.08％	2.80％

数据来源：笔者汇编；参见《人民币国际化报告2013》《人民币国际化报告2014》《人民币国际化报告2015》（中国人民大学国际货币研究所主编，2013，2014，2015）。

使用人民币作为与中国大陆及香港直接支付之金融机构的数目，是人民币国际化之关键指标（SWIFT，2015/06/25）。2015年1月，环球银行金融电信协会（SWIFT）发布的数据显示，人民币从全球国际支付货币第七名晋升为第五名，名列美元、欧元、英镑、日元之后（SWIFT，2015/01/28）。截至2015年5月，已经有1081家金融机构用人民币作为支付中国大陆及香港之商业活动，较前一年增加22％。在金额方面，占上述金融机构与中国大陆及香港整体支付之35％，较前一年增加6％（SWIFT，2015/06/25）。以价值计算，2015

年 6 月以人民币支付占全球支付之 2.09%；以整体国际支付价值而言，以人民币支付上升 9.26%（SWIFT，2015/07/29）。

从许多统计资料可以观察到，人民币被许多国家采用为直接支付货币，且呈现增长趋势。例如，2015 年 6 月，南非支付中国大陆及香港之金额，其中有 33%系以人民币直接支付，此数据与前一年相比增长 33%，若与前 2 年相比，则有 191%之增长（SWIFT，2015/07/29）。又如，从 2012 年 4 月至 2015 年 4 月 3 年间，亚太地区国家与中国境内及香港之间使用人民币的直接支付总量共增加 3.27 倍，同时人民币在亚太地区内作为支付货币的排名，亦由原本的第五位升至首位（颜安生，2015/ 06/ 08）。

2. 与各国中央银行签署双边货币互换协议数量

人民币自 2004 年在香港成立人民币离岸中心后，迄今已在全球建立 14 个中心（殷乃平，2015/6/17）。至于人民币境外清算业务，中国大陆于 2009 年先在国内试点跨境人民币结算业务，又于 2010 起开始推动境外结算并与周边国家开始签订双边货币清算协议；目前已经与 15 个国家建立人民币货币清算机制，约定合作金融监督管理、信息交换、持续评估及政策完善等相关业务。①

截至 2015 年 5 月，中国人民银行与 32 个境外中央银行或货币当局签署双边本币互换协议，总额度超过 3.1 兆元；尽管实际动用协议额度仍偏低，但有逐渐上升的趋势（中国人民银行，2015，p.9）。至于人民币与主要贸易伙伴货币直接交易部分，已经与包括欧元、日元和英镑等主要货币以及俄罗斯卢布、马来西亚林吉特、澳洲元、新西兰元、新加坡元、泰铢、韩元、越南盾、老挝基普、哈萨克斯坦坚戈和中国台湾地区新台币等货币实现直接交易业务（颜安生，2015/ 06/ 08）。

---

① 包括中国香港、中国澳门、中国台湾、新加坡、英国、德国、韩国、法国、卢森堡、卡塔尔、加拿大、澳洲、马来西亚、泰国、智利等 15 个国家与地区，详细参见中国人民银行：《人民币国际化报告 2015》。

3. 成为国际存款货币

此项可由非居民持有人民币资产探讨，在此，“非居民”指的是外国机构及个人。截至2015年4月，据中国人民银行统计，非居民持有人民币金融资产余额超过8.8兆元，详如表3所示。

表3 非居民持有人民币金融资产余额

资产项目	金额（人民币:亿元）
持有境内人民币金融资产	44,065
股票市值	6,444
债券托管	7,352
外国机构对境内机构贷款	8,739
非居民在境内银行的人民币存款（包括同业往来账户存款及一般存款）	21,530

数据来源：（中国人民银行，2015，p.10）。

4. 成为国际投资货币

依据中国人民银行统计，截至2015年4月，全球超过30家央行开始投资中国境内以人民币计价之债券、股票、存款约6667亿元（中国人民银行，2015，p.9）。另外，依据国际清算银行统计，截至2014年底，以人民币计价的国际债券余额达5351.18亿元，包括在中国境内发行的人民币债券46.3亿元，以及外国机构在离岸市场发行的人民币债券5304.8亿元（中国人民银行，2015，p.10）。

5. 成为全球认可的储备货币

日前全球最大金属交易所伦敦金属交易所（LME）进行了技术上的调整，将人民币与美元、欧元、英镑与日元共同作为银行与经纪商在LME平台交易的质押货币，此举也已得到英格兰银行的同意，这是人民币国际化逐渐成为全球广泛使用货币的重要里程碑（LME，2015/07/28）。另外，国际货币基金组织（IMF）已经于2015年11月底宣布人民币将于2016年10月1日起成为全球第五个被纳入特别提款权（Special Drawing Rights，SDR）一篮子货币中的货币(IMF,2015/11/30)。这对于人民币成为国际储备货币,以及推动国际化进程有重大意义。

(三)人民币国际化还有进步空间

综上所述,可以发现随着全球各地对于中国制商品需求日增,中国大陆在全球市场的影响力愈来愈大,自2013年起已成为亚洲第一支付货币,人民币国际化进程已见到初步成效。基本上,人民币的经济规模、经济的稳定性以及对外贸易数量,大致已符合货币国际化的初始条件。然而,从使用量来说,跟其他国际货币相比,人民币的国际使用量仍然太低。虽然中国政府也在推动周边国家使用人民币直接支付业务,逐年可见大幅成长,官方外汇储备亦受到许多国家之青睐,人民币计价国际债券发行也逐步增长,以人民币计价之外汇衍生性商品交易也有相当高的增幅,人民币外汇交易量也有所上升,但是在全球外汇市场中,人民币的地位仍并不重要("中华"经济研究院,2012, p.16)。

其中很重要的原因是中国大陆资本账开放程度落后,许多人民币资本账兑换相关管理政策仍在建构中,金融部门改革和资本账户自由化还有很大的改革空间。另一方面,在国际化的进程中,一国货币除了要符合作为国际交易媒介、计价标准、价值储藏等功能外,更要承担国际化所可能面临的国内外金融风险及责任。一个开放的金融市场,常常会面临短线投资客的金融投机活动,若没有健全的金融体制及健康的金融管理,一旦面临如1997年8月亚洲金融风暴那样的危机,很可能措手不及、无法应对。

为因应人民币国际化,中国大陆正在推进金融开放,但从一个封闭金融体制转变为完全开放,需要进行整体金融市场宽度、广度的同步调整,以及对于利率、汇率等货币政策的全盘政策配套。以中国大陆如此庞大的经济体及架构,与全球经济直接接触所要面临的风险会更大,因此在规划执行上,就更要小心谨慎。未来在面对流窜迅速的金融投机客及游资,则更需有灵巧的应对及防备机制,以避免金融危机发生(殷乃平, 2015/6/17)。

四、"一带一路"建设与人民币国际化

中国大陆推动"一带一路"及人民币国际化有其政治经济的考量:一方面希望能进行国内整体经济、金融、社会转型;另一方面也希望能在既有经济发展的成绩下,降低对美元的依赖程度,减少因为美国政府债务而产生之金融危机的牵累(夏斌、陈道富, 2011; 黄志典, 2013)。从一连串释出的发展战略计划,可以看出中国大陆对于未来新的五年规划所进行的全面性配套计划,希望能为正陷入经济成长减缓的状况找出新契机,同时也将过去的引进外资的做法转变成将中国企业推出去的做法。透过投资额超过 8900 亿美元的"一带一路"战略计划,消化产能过剩及引导产业走出去;以提供资金,推进亚欧地区在产业、经贸、资金上的互联互通(赖湘茹, 2015/05/29)。

中国大陆以贷款方式进行互通互联协助周边国家进行基础设施建设,被媒体称为"中国版马歇尔计划"(大越匡洋, 2014/11/10)。虽然中国大陆外交部长王毅在回答媒体时指出,"一带一路"的内涵比"马歇尔计划"丰富,且为参与国家间双向合作共享共赢(王义桅, 2015/06/16),然而从其操作方式看来,中国以"一带一路"战略推动基础设施外交,增进在亚洲贸易和投资中人民币的使用,推动人民币国际化进程,进而推动人民币成为国际货币……这些做法与二次大战后美国借助"马歇尔计划"对西欧国家的复兴提供援助,让西欧国家使用流入的美元,向美国购买物资,进而推动美元流向全世界,加快美元成为基础货币的进程方式,似有异曲同工之处。

同时,为了落实"一带一路"战略,中国大陆倡议建立亚洲基础设施投资银行(亚投行),解决"一带一路"基础设施建设所需资金需求(李沃墙, 2015/05/29)。"亚投行"是与"一带一路"齐头并进的金融机制,其对于"一带一路"沿线国家的基础设施建设提供资金支持的重要性不言而喻,但其对于人民币的重要性就如同世界银行、IMF对于美国,以及亚银对于日本的重要性(徐梦溪, 2015/07/15)。美

国透过世银、IMF 的各种经济援助计划主导全球经济与金融市场；日本透过亚银进行亚洲区经济援助计划，稳固日本企业攻占亚洲开发中国家市场，成就其亚洲主导地位[①]；相类似地，亚投行将会成为中国大陆主导区域经济与金融市场、打造一个新国际经济与金融秩序的工具与平台。另外，中国大陆亦在 2014 年 APEC 会议中宣布出资 400 亿美元成立丝路基金投资公司（简称“丝路基金”）（李沃墙，2015/03/20）。从一波一波推出的计划，可以看到中国建立周边经济影响力的作为及雄心。这些作为都会带动中国经济影响力的成长，同时也进一步加速人民币国际化的程度。

从“一带一路”计划，亚投行，对蒙古、老挝、柬埔寨、孟加拉国、缅甸、巴基斯坦、塔吉克等 7 国展开 163 亿美元援助的“东道主伙伴对话会”计划（赖湘茹，2014/11/16），成立 400 亿美元丝路基金投资公司等[②]，可以看出中国大陆准备透过强大的国家经济，以雄厚的资金实力为武器，强化对周边地区的影响力。从周边区域国家开始，以充足的外汇银弹推动与周边国家的金融外交，瞄准发展中国家的基础建设投资计划，逐步推动人民币跨境使用，以使人民币确立并逐步站稳于国际货币交易体系。

从目前的发展趋势，可以看出以人民币作为“一带一路”建设主导货币之战略布局，然而未来实际的执行需要获得“一带一路”周边国家对人民币的认同，也需要推动人民币成为国际货币的一系列相关配套措施。未来若能通过加强与“一带一路”沿线国家金融合作促进货币流通，进行本币兑换和结算，以人民币为目标货币，将十分有

---

① 美国在 1945 年主导成立了国际货币基金，1944 年成立了世界银行。当时二战刚结束，美国国力强盛而意图主导全球经济，并透过经援贫困国家进行政治拉拢，因此就算这些穷国还不起也无所谓。日本在 1966 年主导成立了亚洲开发银行，也是因国力日强，想借由经援改善二战时期侵略他国的负面印象。

② 中国国家主席习近平于 2014 年 11 月 8 日的讲话稿全文参见：http://big5.cri.cn/gate/big5/gb.cri.cn/42071/2014/11/09/3245s4759149.htm.

利于人民币国际化。

依据规模效应以及外部效应，如果某货币被广泛用于贸易结算，就有被广泛用作金融交易结算的可能；如果某货币被广泛用于金融交易结算，就有可能被用于外汇市场交易和清算；如果某货币被广泛用作外汇市场交易和清算，则有可能被用作外汇计价和干预货币；如果某货币被广泛用作外汇计价货币，则有可能被中央银行用作储备货币（中国人民大学国际货币研究所主编，2013，p.262）。但从目前情况看，虽然中国大陆与大部分的“一带一路”沿线国家都已经建立起密切的经贸往来关系，且周边多个国家，包括俄罗斯、蒙古、中亚五国已经有以人民币计价并支付贸易商品的行为，但在目前已经建立人民币离岸金融业务与签订双边本币交换协议的国家中，只有部分是“一带一路”沿线国家。这说明目前人民币国际化的范围尚未普及于这些国家。中国大陆与这些国家还有许多金融监管及法规需要磋商协调，以便建立金融互信，获得人民币国际化业务开拓的诸般支持。

未来假如“一带一路”建设能顺利推动，通过加强区域国家往来，中国大陆影响力将更直接地影响沿线国家；由于中国整体主导“一带一路”计划，因此在贸易上人民币有机会成为主导计价货币商业往来的支付货币。透过亚投行、丝路基金对基础建设的贷款，人民币成为结算货币的地位会越来越稳固，如此则人民币国际化的推动将更迅速；此时所造成的国际政治与经济战略意涵，将影响全球金融秩序的重新洗牌。

五、结论

目前，可以确定的是“一带一路”战略规划由中国政府主导且已被纳入“十三五规划”中，势在必行，尽管目前的战略规划仍只是一个架构，实施的细节仍旧需要与计划施行的周边国家商讨，未来实际会实施的计划项目也仍在讨论中。虽不至于是空中楼阁，但目前确实只看到所谓蓝图，未来是否真能实际施行，或者施行到达何种程度，仍是未定之数。

“一带一路”所涉及的地域非常广，国家非常多，建设过程非常复杂；在资金、人力投入方面非比寻常；政策规划方面亦是非常复杂，需要沿线各国共同参与。综观各种面向，都不是中国一方可以主观认定即能完成，要充分调动各方力量配合，这其中的变量也很多；只能说大饼已经画好，要看烘焙师如何将各种配料调好，将大饼烤出。

美国透过“世银＋IMF＋美元”模式，成功地促进了以美国为中心的全球经济发展；如今中国展现出新意，拟打造“一带一路＋亚投行＋丝路基金＋人民币”模式，若能成功执行，将可建立亚洲区域经济共同体（徐梦溪，2015/07/15）。

然而亚投行其实只是中国“一带一路”战略构想的一个环节，执行细节仍未明朗，仍处于摸索阶段，未来发展会如何，目前尚无定见。但是，可以预见中国在亚洲事务中的影响力将更大，地位亦将提高。如此，国际社会对于人民币的国际地位和被接受度定然会有所增长。

参考文献

[1]Campanella, M., 2014. "The Internationalization of the Renminbi and the Rise of a Multipolar Currency System," (EFIPE Working paper) *ECIPE*. http://news.cts.com.tw/crntt/money/201507/201507191638159.html#.VcGaMnkVgSk.

[2]Cohen, B. J., 2013. "The Coming Global Monetary Dis(order)," In D. Held and C. Rogers (Eds.), *Global Governance at Risk*. Malden, MA: Polity Press, pp. 31-50.

[3]Eichengreen, B., 2012. *Exorbitant Privilege: The Rise and Fall of the Dollar and the Future of the International Monetary System*. New York: Oxford University Press.

[4]Eswar Prasad and Lei Ye, 2012/03 (accessed). "Will the Renminbi Rule?" *IMF Finance & Development*, *49*(1), http://www.imf.org/external/pubs/ft/fandd/2012/03/prasad.htm.

[5]IMF, 2015/8/4 (accessed). Transcript of a Conference Call by Senior IMF Officials on the IMF Staff Report: "Review of the Method of the Valuation of the SDR-Initial Considerations," http://www. imf. org/external/np/tr/2015/tr080415a. htm.

[6]IMF, 2015/11/30 (accessed). Press Release No. 15/540: "Review of the Method of the Valuation of the SDR — Initial Considerations", https://www. imf. org/external/np/sec/pr/2015/pr15540. htm.

[7]LME, 2015/07/28 (accessed). "LME Clear launches new renminbi initiative", http://www. lme. com/en-gb/news-and-events/press-releases/press-releases/2015/07/lme-clear-launches-new-renminbi-initiative/.

[8]SWIFT, 2015/01/28 (accessed). "RMB breaks into the top five as a world payments currency", http://www. swift. com/about_swift/shownews? param_dcr=news. data/en/swift_com/2015/PR_RMB_into_the_top_five. xml#sthash. fyRe6Ds3. dpuf.

[9]SWIFT, 2015/06/25 (accessed). "Over 1,000 banks across the world use RMB for payments with China and Hong Kong. Retrieved from", http://www. swift. com/about_swift/shownews? param_dcr=news. data/en/swift_com/2015/PR_RMB_Tracker_June15. xml#sthash. 6iL0xXE6. dpuf.

[10]SWIFT, 2015/07/29 (accessed). "Renminbi adoption is on the rise in South Africa", http://www. swift. com/about_swift/shownews? param_dcr=news. data/en/swift_com/2015/PR_renminbi_south_africa. xml.

[11][日]大越匡洋:《中国借雄厚资金构筑广域经济圈》,日经中文网,http://zh. cn. nikkei. com/china/cpolicssociety/11783-20141110. html.

[12]中国人民大学国际货币研究所主编:《人民币国际化报告 2013:世界贸易格局变迁与人民币国际化》,中国人民大学出版社 2013 年版。

[13]中国人民大学国际货币研究所主编:《人民币国际化报告 2014:人民币离岸市场建设与发展》,中国人民大学出版社 2014 年版。

[14]中国人民大学国际货币研究所主编:《人民币国际化报告 2015:"一带一路"建设中的货币战略》,中国人民大学出版社 2015 年版。

[15]中国人民银行:《人民币国际化报告 2015》。

[16]中国政府网:《研究制定国家口岸发展"十三五"规划配合"一带一路"等国家发展战略,》, http://big5. gov. cn/gate/big5/www. gov. cn/wenzheng/

2015-04/28/content_2854373. htm.

[17]王永雪、王秀中:《李若谷:人民币国际化与“一带一路”相得益彰》,中评社, http://hk. crntt. com/doc/1038/5/2/4/103852484. html? coluid = 93&kindid=15350&docid=103852484.

[18]王义桅:《“一带一路”绝非中国版“马歇尔计划”》,http://world. people. com. cn/n/2015/0616/c1002-27163312. html.

[19]文汇网:《央视发布“一带一路”权威版图》,http://news. wenweipo. com/2015/04/14/IN1504140012. htm.

[20]李沃墙:《与其苦等 RCEP 不如优先参与「一带一路」投资建设》,载《工商时报》,http://www. chinatimes. com/newspapers/20150320000078-260202.

[21]李沃墙:《加入亚投行助宝岛债发展》,http://www. chinatimes. com/newspapers/20150529001078-260310.

[22]夏斌、陈道富:《中国金融战略 2020》,(台北)财信出版社 2011 年版。

[23]孙孝孔:《人民币国际化的路径与措施》,http://www. npf. org. tw/1/8927.

[24]徐梦溪:《许振明:亚投行是台湾打亚洲杯最佳顺风车》。http://hk. crntt. com/doc/1038/4/4/4/103844490. html? coluid = 7&kindid = 0&docid =103844490.

[25]殷乃平:《人民币国际化要小心车祸》,载《苹果日报》,http://www. appledaily. com. tw/realtimenews/article/new/20150617/630197/.

[26]商务部中国国际经济合作会:《金融支持力度加大“一带一路”基建提速》,http://cafiec. mofcom. gov. cn/article/tongjipeixun/201506/20150600998292. shtml.

[27]国家发展改革委员会、外交部、商务部:《推动共建丝绸之路经济带和 21 世纪海上丝绸之路的愿景与行动》,http://sc. people. com. cn/BIG5/n/2015/0329/c345167-24312466. html.

[28]国务院新闻办公室:《一带一路,“摸得着”的红利》,http://www. scio. gov. cn/ztk/wh/slxy/31200/Document/1431913/1431913. htm.

[29]闫力、孙勇:《人民币国际化之国际经验借鉴》,载《金融时报》,http://www. chinabond. com. cn/Info/21328737.

[30]黄志典:《谁在乎人民币》,载《中国大陆研究》56(4),第 67～96 页,2013。

[31]黄志典:《人民币国际化的现况、路径与策略分析》,载《问题与研究》53(3),第1~3页,2014。

[32]蔡敏姿:《大陆“十三五”大国变强国关键》,载《经济日报》,http://udn.com/news/story/7333/1081114-%E5%A4%A7%E9%99%B8%E5%8D%81%E4%B8%89%E4%BA%94-%E5%A4%A7%E5%9C%8B%E8%AE%8A%E5%BC%B7%E5%9C%8B%E9%97%9C%E9%8D%B5.

[33]赖湘茹:《陆版马歇尔计划的挑战》,载2014年11月16日《工商时报》。

[34]赖湘茹:《国开行砸8900亿美元挺“一带一路”》,载2015年5月29日《工商时报》,http://ctee.com.tw/News/Content.aspx?id=621966&yyyymmdd=20150529&f=04caafae3b981147e2e23ca3d9f53666&h=d6028da47532c8f9bb1f6db3375ef8ce&t=tpp.

[35]《“十三五”规划、“一带一路”成北戴河会议重点》,载2015年7月29日《联合报》。

[36]颜安生,2015/06/08(accessed):《人民币成亚洲第一支付货币》,载《香港商报》,http://www.hkcd.com.hk/content/2015-06/08/content_3459560.htm.

中国外交新理念与“一带一路”合作新格局

The New Concept of Chinese Diplomacy and the New Cooperation Pattern of the “Belt and Road Initiative”

杨鲁慧　叶晓宁*

[**Abstract**]　Pursuing a foreign policy of friendship towards neighboring countries, China's development is peaceful and cooperative. In recent years, China's “neighboring security dilemma” rise of emerging powers has brounght about the adjustment and transformation of international pattern and order in East Asia, the territorial disputes and disputes over maritime rights surrounding China have become increasingly prominent, and generated the security dilemma following China's rising. How to build a peaceful, harmonious, stable and cooperated neighboring development environment will be a strategy for the neighboring diplomacy, which could be manifested in four ideas as amity, sincerity, mutual benefit and inclusiveness, and then proposed an new initiative of the “Belt and Road Initiative” to drive the collaborative development of neighboring economic cooperation.

[**Key words**]　the rise of China, transformation of international configuration, Chinese neighboring diplomacy, new ideas and new pattern

---

* 杨鲁慧，山东大学政治学与公共管理学院、教授、山东大学亚太研究所所长；叶晓宁，聊城市河道工程管理处经济师。

中国的崛起已是不争事实，其对国际体系和国际政治格局产生的影响也备受世界广泛关注和期待，今天的中国已站在世界聚光灯下，成为世人目光的焦点和争论的国际议题。人们普遍预期未来的中国究竟会给人类社会带来何种结局：是繁荣和平的世界秩序，还是国强必霸的紧张国际格局？其中既有质疑，也有担忧，更多的是期待。“在中国崛起过程中，周边环境和态势对中国实力的增长与国家利益的实现具有至关重要的影响。由于崛起需要一个相对宽松与缓和的地区环境，而其他大国以及周边国家的互动在很大程度上制约着大国崛起的平稳性与持续性。”[①]在这样的国际环境中，中国外交政策就需要化解世界对中国崛起产生的各种忧虑，以特殊的方式及路径传递崛起的中国必将为世界注入和平发展的正能量。

和平崛起的进程始自周边，近年来中国对外关系中的“周边环境”“周边外交”已成为重要的关键词和基本考量。中国周边隐患和周边安全问题日趋凸显，中国周边既充满未来预期的光明前景，也存有安全稳定方面的不确定性。未来中国的可持续安全战略，无论是重大的发展机遇，还是严峻的安全困境，都定位于周边，因此，中国能否营造一个和平、和睦、合作发展的周边关系，不仅涉及中华民族的崛起进程，而且关系到坚持和平发展道路之中国对世界的承诺。近年来中央召开的“周边外交工作座谈会”层次高、范围广，是研究中国周边外交问题的“顶层设计”。会议从多层次、立体化、跨时空的视角对中国周边局势作出了基本判断，把中国的周边外交新理念浓缩为“亲、诚、惠、容”四字箴言，提出了建设“一带一路”即“丝绸之路经济带”和“21 世纪海上丝绸之路”的合作新思路与新格局，以及中国—东盟命运共同体、中国与东盟自贸区升级版。中国政府对周边外交目标有了明确的界定，对周边外交政策做出了深刻的解读，对周边战略有了清晰的思路。

① 刘丰：《中国周边战略的目标、手段及其匹配》，载《当代亚太》2013 年第 5 期。

一、国际格局转型：中国崛起面临的周边战略环境

冷战后国际格局迎来转型期。国际格局是由国际力量对比和国际关系组合所构成的国家战略态势和国际关系结构，国际格局的变革及调整是判断国际局势未来趋向的重要视角。“国家制定对外战略，运用自身的实力、资源与政策手段实现对外政策目标，总是在一定的国际背景与条件下进行的，这种背景或条件就是一国面临的国际战略环境。”①后冷战时期，国际政治经济格局发生了前所未有的大变革、大调整，各种政治力量面临重新分化组合。特别是全球经济危机以来，国际局势又进一步显露乱象纷呈的征兆。新兴大国与坚守大国围绕国家实力提升及政治权力转移而展开角逐和博弈，展现的是国际政治力量的对比和彼此较量。新兴经济体的高速增长已走向终结，这意味着将进入经济与社会动荡的高风险期。从地缘战略态势上看，东亚和西太平洋正在生成新的地区秩序的调整与平衡，这些动荡中蕴育着引发武力冲突的隐患和变数，西亚和中亚及南亚次大陆的动荡不宁日趋加剧。乱象丛生不仅限于地区局部，而且向更辽阔的地域延伸拓展。这一切意味着由国际力量和国际格局失衡引发的动荡，力量的失衡将导致利益格局的再分配，围绕格局失衡和再平衡秩序的重新构建，必将展示出一场大国权力博弈的政治角逐。这种世界乱局滋生蔓延的大背景恰好又与中国崛起的国际摩擦期在时间轨道上相互交叉重合，这就预示着中国的和平崛起及其外交政策必将面临更为复杂严峻的国际环境。中国成为世界第二大经济体以来，中国在国际战略格局中虽然还未面对直接重大的军事威胁，但是地区的冲突矛盾和潜在的战略风险逐步走向前台，并日渐公开化，

---

① 李少军：《国际战略学》，中国社会科学出版社 2009 年版，第 48 页。

呈现出矛盾累积和风险增大的趋势。中国周边存有东海、黄海和南海的海上领土及海洋权益之争，在西北边陲有“三股势力”的威胁，尤其是暴力恐怖犯罪甚嚣尘上，周边紧张关系对中国外交的消极影响依然存在，周边的安全环境非常严峻。

2010 年以来，在重塑“亚太世纪”的背景下，美国“向东看”的全球战略重心转向东亚，这是美国对外关系中做出的重大调整转变。美国作为当今世界唯一的超级大国，而中国作为崛起的新兴大国，中美这两个具有世界影响力的大国关系，在实质性影响人们对未来国际政治和大国关系性质的预期，并且左右着世界未来的动态和走向。“美国对外战略开始两个重点转移：一是战略布局重点转向传统的大国战略格局较量；二是军事部署重点从朝鲜半岛转向印度的海上弧线地带，针对中国的一面上升。”[①]美国战略重心东移是其国家政治精英的“顶层设计”。历届美国政府都会根据国际政治经济格局的考量对全球战略进行不同程度的调整。虽然各届政府都在战略调整的侧重程度和力度、深度上有所不同，但他们在战略目标上是一致的，即美国的国家利益至高无上，把继续维持美国对全球的领导权、规制权及话语权作为己任。美国“重返亚太”的“再平衡”战略，其性质是美国把中国定位为最重要的挑战对手后，集中政治、军事和经济战略资源对中国进行“再平衡”。美国“再平衡”战略对中国周边安全格局带来了复杂影响，并造成中美两国共识与互信的缺失，并使中国的周边大国关系紧张乃至恶化。

第一，美国咄咄逼人的东亚外交攻势造成中美双方陷入战略猜疑和相互认知的困境，导致各种张力彰显的东亚国际体系的实力对比、政治秩序、观念规范都在经历着历史性的变革与调整。尤其是传统大国政治力量的介入，不仅导致东亚政治格局的变革，而且对中美大国关系以及亚太国际关系的走势产生了深刻影响。东亚将成为新兴大国和传统大国利益博弈高度汇聚的地区，造成区域大国格局的

① 刘江永：《国际格局与中国周边安全》，载《世界经济与政治》2013 年第 6 期。

政治版图重塑，并成为21世纪国际体系发展变革的前沿地带。[①] 美国亚太“再平衡”战略一方面迎合了东亚某些国家对中国崛起的担忧，另一方面也反映了美国借重返东亚之机谋求自身战略利益的企图。美国扮演“平衡中国”的角色符合地缘政治规律，这种战略博弈不仅给中国带来心理上的压力，而且为中国周边安全带来实质性的困扰。这就佐证了中美两国政界和学界基本形成的一个共识，即中美之间缺乏战略共识。由此，中美双方陷入战略猜疑和相互认知的困境，造成中美两国相互间战略信任进一步缺失，彼此戒心加重，忧虑增多，使两国在东亚地区的政治安全领域的利害分歧呈紧张趋势。

第二，自美国把战略重心转向亚洲以来，东亚地区合作进程中产生了一个悖论，即东亚经济合作与安全体系相互分离的二元结构格局。“在安全领域，美国本身处于实力优势地位，有一个稳定的以它为中心的同盟体系，本身是其在军事安全领域所具有的力量优势的结果。另一方面，中国在本地区的经济地位得到了实质性的提升，中国在周边国家和地区的投资迅速上升，在地区经济秩序中，中国将具有越来越大的影响力和重要性。”[②]不难看出，一个双层领导体制架构在东亚地区悄然浮出水面，即以中国为中心的经济秩序和以美国为中心的安全秩序，这两个权力结构体系在不同领域各领风骚。政治与经济两个权力体系的对立与分裂，产生日益无法相容的“两个亚洲”，即经济走向一体化的“经济亚洲”和安全与政治矛盾日益尖锐的“安全亚洲”。[③] 最终带来的是亚洲秩序的“结构性紧张”。美国从政界到媒体明显存在中国崛起是在挑战美国的权力、削弱美国全球领导地位的戒备与焦虑。中国的政界和学界也感到，中国的周边地缘安全环境并未随着自身的崛起与实力的增强而日趋稳定和改善，中

---

① 参见杨鲁慧：《美国战略重心东移与中美关系》，载《理论探讨》2012年第5期。

② 周方银：《周边环境走向与中国的周边战略选择》，载《外交评论》2014年第1期。

③ Evan A. Feigenbaum, Robert A. Manning, "The Problem with Two Asias," *World Politics Review*, 18 Jan 2013.

国对摩擦冲突纷起的地缘政治也备感困扰和焦虑。中美双方存在的紧张和焦虑心态恰恰反映了两国战略互信的缺失。[①] 中国对东亚地区的影响是由地缘战略优势决定的,其与东亚国家的合作也主要是集中于经济合作领域。这一战略选择的基本考量是:安全合作和主权争议事关国家利益的敏感议题,因此,现阶段适宜集中精力从低政治的经济合作领域入手。东亚区域的安全框架主要是冷战时期遗留下来的美国同盟体系,在美国重返东亚的背景下,美国在安全上强化军事同盟关系,在军事上进行轮流部署和军事演习,这些双边同盟体系经过新的调整及战略转型不断强化职能,并被视为东亚地区安全合作的基石。因此,东亚地区的安全隐患反映了整个区域在安全领域的根本缺陷,也暴露了东亚合作的战略安全短板。

第三,中国周边主要矛盾的策源地来自东海钓鱼岛争端。日本政治右倾势力试图摆脱战后国际秩序,这严重影响着东亚政治格局的未来。近年来,在美国战略重心转向东亚的大背景下,日本试图搭乘美国"再平衡"战略顺风车,在领土纠纷和军事对抗领域,日本主动积极地利用美国制衡中国的心态,在钓鱼岛问题上形成对抗中国的战略态势。日本在领土争端、历史问题以及地缘战略方面频频展示强硬态度,在中国周边日本正扮演冷战时期美国所充当的角色,从而导致中日矛盾更为尖锐复杂并日趋演变为亚太地区大国间的主要矛盾。中日关系的趋好与恶化折射的是美日同盟关系的走向。二战结束的初期,美国对日关系是以"防范与管制"为主体的同盟,目的是建立美国为主导的战后国际秩序;冷战期间,在两大阵营对峙的格局中,美日同盟的关系主要以美国"利用与借力"为手段,把日本作为防止共产主义扩张的前沿军事阵地;后冷战时期,特别是在中国崛起的背景下,美国对日本关系调整为以战略"纵容与放任"为导向,让日本充当美国重返亚洲战略的"垫脚石"和急先锋。为配合美国亚太"再

① 参见杨鲁慧:《中国崛起背景下的中美新型大国关系》,载《山东大学学报》2013 年第 6 期。

平衡"战略，日本安倍晋三提出遏制中国的"菱形"战略布局(Democratic Security Diamond)[①]，他主张："由澳大利亚、印度、日本和美国的夏威夷共同构成'民主安全之菱'的战略防御格局，以确保从印度洋到西太平洋的共同的海洋利益。我已经做好投资的准备，从而为这个可能的伟大的'安全之菱'贡献日本最大的能力。"[②]这就表明日本企图突破日美双边同盟范畴，形成扩展至整个亚太地区的牵制和包围中国的战略布局。其后果是增加他国军事介入中日之间冲突的可行性，并加大日本肆无忌惮挑战中国国家安全底线的风险性。由此可见，安倍具有强烈的"复兴日本"的使命感，为实现"国家正常化"极力突破"战后体制"框架，以政治军事大国为目标寻求合法性。一个未来不确定性的日本必将对中国的周边安全环境构成战略威胁。中日之间的较量实质上是围绕维护还是颠覆二战后国际体系与东亚秩序展开的战略博弈。如果日本突破战后和平发展道路的宪法约束和国际秩序，必将成为东亚地区新的不稳定因素，导致未来的中国周边地区充满风险和动荡。

二、"亲诚惠容"：中国周边新型的外交理念

"中国的周边安全环境出现了复杂而重大的变化，受到三个新因素的影响和制约。第一个因素是中国的快速崛起；第二个因素是美国的战略重心东移；第三个因素是周边国家'外部反应综合征'。"[③]中国在崛起中处理周边国家外交关系时，积极拓展在"利益共同体"

---

① "Japan's 'democratic security diamond'," *East Asia Forum*, http://www.eastasiaforum.org/2013/02/15/japans-democratic-security-diamond.

② "Asia's Democratic Security Diamond", *Project Syndicate*, http://www.project-syndicate.org/commentary/a-strategic-alliance-for-japan-and-india-by-shinzo-abe.

③ 祁怀高、石源华：《中国的周边安全挑战与大周边外交战略》，载《世界经济与政治》2013年第6期。

和“利益汇合点”基础上，打造区域利益交融的“命运共同体”，体现了时代潮流及发展趋势，集中反映了国际政治格局的核心特性。“当代中国与外部世界的关系正在发生前所未有的变化，双方在更深程度上相互依存、在更广范围内相互影响。中国的发展越来越离不开世界，世界的发展也越来越离不开中国。”[①]在由经济大国转变为具有全球影响力的地区性强国的进程中，中国将面临三大课题：一是在周边国家的纠纷磨合中崛起；二是需要直面崛起中周边安全困境的现实；三是世界及周边国家如何接纳日趋崛起的中国。当下世人普遍关注未来的中国将给世界带来什么。奉行和平对外政策，传递和平发展理念，维系和平安全格局，这既是中国对国际社会迫切期待的解答，也是当代中国履行的国际责任。中共十八大报告指出：“中国将继续高举和平、发展、合作、共赢的旗帜，坚定不移致力于维护世界和平、促进共同发展。……坚持把中国人民利益同各国人民共同利益结合起来，以更加积极的姿态参与国际事务，发挥负责任大国作用，共同应对全球性挑战。……坚持与邻为善、以邻为伴，巩固睦邻友好，深化互利合作，努力使自身发展更好地惠及周边国家。”[②]一个强盛的中国也会让世界更加发展繁荣，这就是崛起的中国对世界的承诺和大国责任。

作为拥有 13 亿人口、经济又持续快速增长的国家，对外应奉行什么样的周边外交政策？在亚太地区事务中如何发挥大国的作用和影响？如何塑造一个更加和平稳定及发展繁荣的周边关系？对这一系列命题的现实解答和理论解读，世界在关注，周边国家在注视和期待，中国也在思考并探索对外关系的新政和新理念。众所周知，中国的和平发展始自周边，中国与世界关系的走向动态，也首先反映在与邻国多边关系的变量程度上。中国能否处理好与周边国家的关系，

---

① 王毅：《探索中国特色大国外交之路》，载《世界知识》2013 年第 15 期。

② 胡锦涛：《坚定不移沿着中国特色社会主义道路前进，为全面建成小康社会而奋斗》，载 2012 年 11 月 9 日《人民日报》第 2 版。

奉行守望相助、和睦相处，其对中国立足亚太、走向世界具有至关重要的基础作用。因此，中国政府以全球视野和开创精神以及进取意识，在对外政策上不断开拓新思维，推出新理念，展示外交新政，积极探索一条具有当代中国特色的周边外交之路。

从历史发展的角度看，中国的繁荣发展曾为周边国家带来了重要的机遇，这也是中国与东亚地区谋求睦邻友好、共同发展、互利双赢的最基本逻辑起点与基础资源。其一，中国全面深化改革的机遇。中国改革开放三十多年来，不仅创造了持续快速增长的经济奇迹，而且为亚太经济繁荣提供了驱动力和市场平台，为周边国家和民众带来实实在在的产业利益链条。当今，由于中国市场经济的潜能和中国经济的转型，又将启动新一轮的深化改革开放，为全世界带来发展新机遇。周边国家必然成为中国新一轮改革发展快车的首享利益乘客，并且是首批受益群体。其二，中国全面深化开放新思维的机遇。新一届中国政府从亚太地区的长远利益与共同发展进行战略考量，2013 年推出打造丝绸之路经济带和海上丝绸之路、中印缅孟经济走廊、中国—东盟自贸区升级版、中国与东盟“2＋7”合作、亚洲基础设施投资银行等一系列开放格局新思路。这些新思维必将为东亚地区和中国周边国家的经济注入强劲动力和生机活力。其三，中国为主场导向的战略机遇。2014 年中国同时主办 APEC 和亚信两大峰会。作为主场地和东道主的中国将凝聚中国智慧，提出中国方案，承担大国责任，为亚太地区的两大主题即经济发展与安全合作发挥积极作用。①

中国与周边的关系是邻里关系、地缘连接、利益相关，周边国家的和平稳定与中国崛起的大国战略目标息息相关、密切相联。因此，有必要对中国周边政治经济局势做出一个准确的价值判断，对周边外交的指导思想有一个明确解读和综合凝练概括，积极构建基于“共享利益”的特殊关系。中国政府把周边外交的新政、新理念浓缩为

① 参见王毅:《中国为周边国家带来三个重要机遇》，载《求是》杂志 2014 年第 5 期。

"亲诚惠容"四字箴言,正是基于这样的认知。

"亲"蕴含着中国与周边以邻为善、以邻为伴的亲情厚意,体现了山水相连、血脉相通的邻邦情谊。一个"亲"字强调了以亲和、亲情、亲力为纽带,用将心比心、相互信任及相互理解的方式与周边国家进行友好往来。坚持睦邻友好和守望相助;重感情,讲平等;常来往,多沟通;处理关系要理解、体谅和赢得人心。中国崛起不仅是强大的经济政治军事综合实力的集中体现,更重要的是让周边国家对我们更友善、更亲近、更认同、更支持,增强中国的亲和力、感召力、影响力。"诚"即是坦诚守信的道德感召力,用自己的真诚实意付出,积极争取更多朋友和伙伴,去赢得周边国家的尊重、信任和支持。在五千年的中华文明历史长河中,昭示着中华民族是讲诚信的民族,是将心比心、以诚相待的族群。国之交同人之交同一道理,国家不分大小、强弱、贫富一律平等,应诚心诚意地对待周边国家,在和平共处五项原则基础上全面发展同周边国家关系。"惠"则体现了更高的人文境界,即本着"互惠互利共赢"的原则深化国家之间的合作交流,让中国的经济发展红利更好更多地惠及周边国家。通过构建紧密的共同利益体系,把双方利益融合提升到更高水平,同时也使我国从周边国家共同发展中获得裨益和助力。中华民族是崇尚道义、讲情重义、先义后利的民族,数千年来形成了一以贯之的道德准则和行为规范,即"民胞物与、仁者爱人的人本精神,为政以德、执两用中的政治思想。兼爱非攻、亲仁善邻的和平志向,以和为贵、和而不同的和谐理念。这些独具特色的东方传统价值观,源源不断地为中国外交提供着宝贵精神财富"①。"容"是指具有包容性特质和海纳百川、有容乃大的宽广胸怀。中华民族是有胸怀的民族,历来倡导开放包容的思想,主张和而不同、兼容并蓄,鼓励不同文明彼此包容互鉴、博采众长。以深厚文化传统为积淀的中国外交政策,积极推动不同文明之间的交流对话,包容文明的多样性,尊重发展道路的多元化,积极倡导求同

① 王毅:《探索中国特色大国外交之路》,载《世界知识》2013 年第 15 期。

存异、和而不同、理解尊重，消除种种政治偏见和障碍，以更加开放的胸襟和更加积极的态度促进地区合作。亚太之大容得下各国共享机遇、共迎挑战、共创繁荣、共同发展。中国与周边东亚国家友好交往的历史源远流长，我们曾在反殖民斗争和争取独立的民族解放运动中彼此认同、相互支持，在东亚金融危机和重大自然灾害中携手互助、共度时艰。由此可见，东亚各国共同的过去、现在与未来，将中国与周边国家连成休戚与共的命运共同体。“亲诚惠容”四字箴言是命运共同体应遵循和秉持的共同理念和行为准则。

三、“一带一路”：中国周边经济发展合作新格局

随着经济实力的崛起，中国应采取更加积极主动的外交政策。中国新一届政府执政以来，不断开创有声有色的周边外交新局面。习近平主席分别出访周边国家和东南亚地区，提出建设“丝绸之路经济带”和“21 世纪海上丝绸之路”的合作新思路。“一带一路”对推进和保障中国周边国家的经济合作不可或缺，是实现中国与周边地区“利益共同体”和“命运共同体”的长远战略目标。其深化了中国与周边国家的战略互信关系，传递了中国与周边国家建立命运共同体的新思维及合作意愿，是坚持睦邻安邻的中国为东亚和平稳定所提供的正能量。中国与周边的关系得益于它的地缘政治前沿和战略优势，对周边国家的经济政治影响首先是地缘性的。周边是中国对外关系的安身立命之地、发展繁荣之基、走向世界之根。在全球化时代，“国内发展与国外环境之间的边界越来越模糊，相互交织，国际问题国内化、国内问题国际化的趋势有增无减”①。在中国周边外交关系中，东盟在全球地缘政治中的地位影响始终是中国战略布局的重点。东南亚是连接东北亚与西亚、太平洋与印度洋、印度与中国的

---

① 阮宗泽：《赢得下一个十年：中国塑造多支点外交》，载《国际问题研究》2013 年第 4 期。

地区要塞,必然成为大国关系对立与竞争的角逐战场。在这一区域,作为域外大国的美国和日本、印度纷纷关注,尤其是美国,为实施“再平衡”战略而高调、强硬地介入南海问题。这些国家在安全领域构建军事同盟体系,在军事上部署军事演习,并趋向规模化与常态化。美国把东南亚作为在西太平洋牵制中国的主战场,并展开大国政治的战略博弈,由此导致中美两国陷入战略互疑的困境中,使中国对东南亚周边外交显得异常多变复杂。“历史告诉我们,当一个全新的大国崛起时,周边小国便将面临一个艰难的选择:与新的大国拉近还是疏远距离。选择拉近距离意味着接受新兴大国的实力和领导,选择疏远则意味着抵制新兴大国并对其进行平衡和遏制。两个选择都存在风险性。选择接近可能会丧失独立性,而选择疏远则会给自己制造一个新敌人。”[①]因此,中国外交政策有必要确立地区命运共同体意识,以互信、互助、互利为基点,营造周边和谐和睦的实质性举措,打造中国—东盟命运共同体,实现中国与周边的良性互动。

随着经济全球化的深入发展,世界多极化、文化多样化和社会信息化趋势日益明显,国际舞台上的行为主体增多,国内利益格局也在不断调整,各个国家间形成彼此利益交融的格局。国家乃至个体拥有多元身份和扮演多样化角色,并具有多个共同体属性。区域各国的相互依赖、责任共担、利益分享、一荣俱荣、一损俱损已成为命运共同体的真实体现。中国的陆、海邻国达 20 个,陆地边境线达 2.2 万公里,是世界上邻国最多的国家。以邻为善、以邻为伴、以邻为友是我国长期坚持的周边外交政策。东南亚既是中国周边外交的重中之重,也是中国地缘前沿的屏障。东盟国家多半与中国利益息息相关,历史纠纷和现实摩擦也盘根错节、异常复杂。中国尽管与某些东盟国家存有南沙岛礁争端,但中国不以大国自居,也不采取以实力对抗

---

① Hugh White, “Australia's Choice: Will the Land Down Under Pick the United States or China?”, *Foreign Affairs*, http://www.foreignaffairs.com/articles/139902/hugh-white/australias-choice.

的强硬姿态，始终坚持合作开发、共生共赢，积极发展中国与东盟的海洋合作伙伴关系，并构建“21世纪海上丝绸之路”，这些都是保证在处理南海海洋权益纠纷时不走向武力冲突的基础原则。从东盟主导作用的角度说，东盟“周围”大国林立，国际关系错综复杂，东盟之所以能在大国强国竞争中脱颖而出，在亚太经济合作格局中长期发挥领导作用并居于主导性角色，与中国的一贯支持密不可分。如果没有中国的积极支持和协调配合，就不可能有当今东盟领导作为的局面。“中国与东盟的新伙伴关系有两个突出特征：一是着眼于未来，即面向21世纪；二是以发展睦邻友好与建立互信为基础。”[①]中国与俄罗斯在长达4300多公里边境线上实现了世代友好和平。从丹东（中朝边境）到满洲里，从霍尔果斯（中哈边境）到东兴口岸（中越边境），50多个中国边境口岸贸易繁荣，车水马龙。这就有力地证明，“和平、和睦、合作”是中国周边外交的主旋律。而“一带一路”的丝绸之路将成为通往亚洲“命运共同体”之路。

和平稳定的周边环境是涉及周边所有国家的宏大系统工程，不论是“亚太利益共同体”还是“中国—东盟命运共同体”乃至东盟“2+7合作框架”，特别是建设“21世纪海上丝绸之路”，都向东亚国家展示了中国周边经济合作的新格局，以及中国“亲诚惠容”的周边关系新理念。建设“21世纪海上丝绸之路”是中国政府站在中国与东盟建立战略伙伴十周年这一新的历史起点上的新战略，将进一步深化中国与东盟的合作，构建更加紧密的命运共同体，加强中国与东盟的海上互联互通，促进中国-东盟合作共赢。这也将是构建和平稳定繁荣共进的周边环境、推进中国与周边国家增强互信和缓解紧张局势的关键所在。打造中国—东盟自贸区升级版，拓展中国与东盟的开放合作新格局具有重要意义。经由“海上丝绸之路”这条道路，激发周边国家经济发展的生机活力，将不仅为相关国家带来经济利益，还将构建更广阔领域的共赢关系，为地区长久稳定与繁荣创造新的机

① 张蕴岭：《中国与东盟战略伙伴关系：回顾与前瞻》，载《东南亚纵横》2013年第9期。

遇。中国与周边的合作将实现由量到质的飞跃以及由单一性到全方位的转化，货物贸易与投资将更多地发展为包括信息流、人员流等现代科技建设的多维、多向、多功能的互联互通网络，最终形成一个幅员辽阔的海上丝绸之路经济带。

在建设"21 世纪海上丝绸之路"上，中国具有独特的优势。东南亚地区自古以来就是"海上丝绸之路"的重要枢纽。两千年前，我们的祖先就开辟了陆地、海上两条丝绸之路。其中海上丝绸之路从中国南海途经越南等东南亚国家，到达印度、斯里兰卡等南亚国家和地区，被联合国教科文组织誉为"东西方文明的对话之路"。"21 世纪海上丝绸之路"传承了古代"海上丝绸之路"商贸互通、文明交融、和谐相处的价值理念，"古丝绸之路"所体现的友好交往特征在当今世界仍然充满生命力，而且被赋予了新的时代内涵。中国政府设立中国—东盟海上合作基金，力求发展好海洋合作伙伴关系，使当代"海上丝绸之路"的合作层次更高、覆盖范围更广、参与国家更多，将串起连通东盟、南亚、西亚、北非、欧洲等各大经济板块的市场链。

构建"21 世纪海上丝绸之路"，将成为中国与周边国家经济合作的新格局。这一新合作格局的特征表现为：政治上释放和平、和睦、合作及共赢的正能量信息。在周边地区着眼建设政局发展与稳定、关系和顺、和睦相处之路，在建设海洋强国的地缘战略纵深中塑造新型大国形象和发挥负责任大国作用。经济上崛起的中国应成为区域一体化的"领头羊"，在拓展经济发展的空间中，实现与地区国家经济发展的战略对接，寻求彼此利益的契合点，树立互利共赢新观念。在建设海上丝绸之路的同时，中国积极打造中国—东盟自贸区的升级版，维护巩固中国—东盟命运共同体，在中国与东盟关系"黄金十年"的基础上再创"钻石十年"。"海上丝绸之路"显然和陆地上的"新丝绸之路"具有相似之处，这两个概念体现了中国作为主要经济强国的历史渊源。中国对陆上和海上丝绸之路的投资将给所有涉及的国家带来经济上的收益。”[①]文化上体现为“人文”的海上丝绸之路。中华文化是中华民族世代传承的血脉，凝练了和平、和合、包容、亲仁善邻的中华精神，是增强各国民族国家向心力和凝聚力的思想源泉。通过“海上丝绸之路”的文化交流，传播和提升中国文化的软实力外交。以相互尊重、求同存异、开放包容为基础，以相互信任、相互借鉴、共同发展为宗旨，积极拓展中国周边外交的发展空间，提高中国崛起的国际影响力和文化软实力。

---

① Shannon Tiezzi, “The Maritime Silk Road Vs. The String of Pearls”, *The Diplomat*, http://thediplomat.com/2014/02/the-maritime-silk-road-vs-the-string-of-pearls.

中国“一带一路”倡议的国际反响*

The International Repercussions of China the "Belt and Road Initiative"

刘昌明　孙云飞**

[**Abstract**]　The "Belt and Road Initiative" is the strategic choice of China when its interactions with international system enter a new stage. Through the "Belt and Road Initiative", China seeks to transform its economic strength into international influence, gain more discourse power and construct responsible national image of peaceful rise actively. BARI has aroused tremendous repercussions from international community. Based on different reactions, China should assess risks, put forth its clear perspective and take targeted countermeasures.

[**Key words**]　the "Belt and Road Initiative", the rise of China, international repercussions

2013 年 9 月和 10 月，中国国家主席习近平在访问哈萨克斯坦

---

* 2015 年度国家社科基金项目“国际公共产品供求体系的新变化与中国的战略选择研究”(15BGJ001)；2013 年度山东省社会科学规划研究项目《“中国梦”与中国外交战略选择》(13CGMJ06)。

** 刘昌明，山东大学政治学与公共管理学院、教授、博士生导师；孙云飞，山东大学政治学与公共管理学院博士研究生。

和印度尼西亚时分别提出建设"新丝绸之路经济带"和"21世纪海上丝绸之路"的战略构想；2015年3月，国家发展改革委、外交部、商务部联合发布了《推动共建丝绸之路经济带和21世纪海上丝绸之路的愿景与行动》，将"一带一路"构想转化为具体的战略举措，并确定为2015年中国外交工作的重点。①

一、中国推进"一带一路"的多重战略目标

正如有学者所指出的，未来5～10年是中国崛起的关键时期，也是中国面临许多现实挑战和机遇的时期。② "一带一路"的提出正值中国崛起的关键时期，是将本国日益增长的经济实力，转化成国际影响力、争取国际话语权的重要一步；是崛起的中国在向世界彰显自己魅力和实力，更是中国在面临波诡云谲的周边安全环境时积极应对各种挑战、维护国家利益、实现"中国梦"的重大举措。

首先，通过"一带一路"倡议的实施为中国经济发展寻找新的机遇。"一带一路"首先是一个经济战略："新丝绸之路经济带"沿线国家和地区大都拥有丰富的自然资源，而"21世纪海上丝绸之路"的沿线国家和地区也与中国之间构成了一个巨大的贸易市场。通过"一带一路"的实施在经济上至少可以实现三个方面的目标：

一是"一带一路"建设将深化中国与周边国家间的经济合作，为中国寻找更为广阔的市场。如在东南亚，中国政府期望与东盟的双方贸易额2020年达到1万亿美元；在南亚，中国同印度已达成了5年的贸易和经济发展计划，希望在未来5年将双方贸易额提升至1500亿美元。在2013年，我国与丝路沿线国家的贸易额超过1万亿美元。未来5年，中国将进口10万亿美元的商品，对外投资将超

---

① 《2015年中国外交：一个重点两条主线》，人民网，http://world.people.com.cn/n/2015/0310/c1002-26666385.html。

② 周方银：《周边环境走向与中国的周边战略选择》，《外交评论》2014年第1期。

过5000亿美元。[①] 中国的“一带一路”建设规划十分重视与相关国家在基础设施方面的合作和投资，英国学者内森·比彻姆-穆斯塔法加(Nathan Beauchamp-Mustafaga)认为，尽管中国政府自20世纪中期以来就热衷出口铁路技术，但是新丝绸之路提供了一个很好的框架来促进中国北车(CNR)和中国南车(CSR)走出国门，同时也将沿线国家通过基础设施联系在一起，从而可以支持中国未来经济的发展，特别是中国贫穷落后的边境地区。[②]

二是中国与周边国家的合作可以带动中国内需的提升，刺激国内市场，创造新的经济增长点。在“一带一路”实施中，通过基础设施的建设、联通，搞活我国西部边疆等地区的经济，开拓中西部市场。“经济实力较为薄弱的西部地区，有望形成新的开放前沿。”[③]中国国家海洋局局长刘赐贵认为“海上丝绸之路”建设需要加强海洋经济和产业合作，此举可带动中国产业结构优化升级，是促进中国与沿线国家经济深度融合的重要途径，同时也将天津、山东、浙江、福建、广东海洋经济联合在一起，延伸产业链。[④]

三是减轻中国能源安全的压力，保证能源供应的多元化和稳定化。能源方面的合作是“一带一路”推进过程中的亮点之一。“一带

---

① 宋荣华、郝耀华：《“一带一路”战略引领中国企业“走出去”》，人民网，http://world.people.com.cn/n/2014/1227/c1002-26285988.html。

② Nathan Beauchamp-Mustafaga, “Rolling Out the New Silk Road: Railroads Undergird Beijing's Strategy,” *The Jamestown Foundation*, http://www.jamestown.org/single/?tx_ttnews%5Bswords%5D=8fd5893941d69d0be3f378576261ae3e&tx_ttnews%5Bany_of_the_words%5D=PKK&tx_ttnews%5Bpointer%5D=3&tx_ttnews%5Btt_news%5D=43799&tx_ttnews%5BbackPid%5D=7&cHash=e7c7be19da6c47df91b2b16101a5e4b4#.VZnnqdKl9KI.

③ 何茂春、张冀兵：《新丝绸之路经济带的国家战略分析——中国的历史机遇、潜在挑战与应对策略》，载《学术前沿》2013年第23期。

④ 刘赐贵：《发展海洋合作伙伴关系——推进21世纪海上丝绸之路建设的若干思考》，载《国际问题研究》2014年第4期。

一路"按照空间划分可以分为国内段和国际段,而国外段又可分为三个主要地段,即中亚地段、南亚地段、中东欧地段以及相关的俄罗斯和西欧、北欧地段。[①] 其中的中亚、中东、俄罗斯等都是能源极为丰富的地区。据国际原子能机构预测,2020 年中国石油对外依存度将达 68%,原油进口的 70%以上来自政治局势动荡的中东和非洲地区,80%的进口石油需通过马六甲海峡。[②] 在此情况下,中国急需在世界市场上寻求新的可靠的能源来源渠道,以保障能源运输的安全。"一带一路"的建设既能分散能源过度依赖的风险,又可以通过能源合作与相关国家互利互赢、各取所需。

其次,"一带一路"虽然主推经济外交,但是其效应将放大到地缘政治安全领域。

一方面,中国希望借助"一带一路"将各国的利益紧紧的捆绑在一起,将经济领域合作的成果外溢到政治安全领域。当行为者将它们的行为调整到适应其他行为者现行的或者可预料的偏好上时,合作就会出现。[③] "一带一路"的提出,正好契合了沿线国家的战略需求。如在中亚地区,如何促进本国经济发展、解决国内民生问题是摆在中亚国家面前的头等大事。同时,打击恐怖主义也是摆在中国和中亚诸国面前的重要课题。有国外学者认为,鉴于新疆不稳定形势,在很长的一段时期内中国的中亚政策在很多方面都是内部安全议程的投射。[④] "一带一路"在中亚地区的推进,以上海合作组织为依托的地区安全合作机制将会成为应对非传统安全的最重要工具之一,

① 冯宗宪:《中国向欧亚大陆延伸的战略动脉——丝绸之路经济带的区域、线路划分和功能详解》,载《学术前沿》2014 年第 4 期。

② 辜胜阻:《能源合作是丝绸之路经济带的重大引擎》,人民论坛网,http://www.rmlt.com.cn/2014/1224/363592.shtml。

③ [美]罗伯特·基欧汉:《霸权之后——世界政治经济中的合作与纷争》,苏长和等译,上海人民出版社 2006 年版,第 51 页。

④ Stephen J. Blank, "Dragon Rising: Chinese Policy in Central Asia," *American Foreign Policy Interests*, Vol. 33, Iss. 6, 2011, p. 264.

这不仅可以改善中亚地区的安全局势，也可以很好地保障我国边境省市的稳定。在东南亚，海上丝绸之路以“海上修路”为切入点，以“经济合作”为立足点[①]；在南亚，海上丝绸之路将“孟中印缅经济走廊”和“中巴经济走廊”连为一体，形成联动经济效益，促进中国与南亚地区的融合。这种伴随着共享利益而来的合作精神和友好认知，在增加政策空间密度的同时，使彼此可以在一定程度上预料到对方在其他领域中的行为方式和利益诉求，有利于深化政治安全领域的合作，从而可以改善地缘政治安全环境。

另一方面，中国希望借助“一带一路”的建设将国家的经济实力转化成国际影响力，在国际舞台上获取更多的话语权，夯实中国负责任大国的形象。中国现在是世界上最大的贸易国，外汇储备的最大持有者，世界第二大经济体，但中国仍然是一个地区性大国，而非世界大国。[②] 当前，中国手中最有力的“牌”就是经济，但强大的经济实力和数额庞大的外汇储备是把双刃剑，用得好将会成功地为中国争取到更多的合作伙伴，获得更大的话语权；用不好不仅会造成不必要的经济损失，甚至是会有损中国的国际形象。美国前国务卿希拉里曾提出，在一个变化了的世界中，“经济谋略”(Economic Statecraft)应当回到美国外交议程的中心位置，经济就是战略，战略就是经济。经济谋略包括两个方面，一是利用外交资源促进本国经济利益；二是利用本国经济资源推进政治、安全利益，两者相辅相成。[③] “一带一路”则正是这种经济谋略的最佳体现——将中国的经济实力通过对外投资、主导创立国际机制、加大与相关国家的经济合作，将经济实

① 《港媒：中国构建海上丝绸之路实现海洋强国》，环球网，http://oversea.huanqiu.com/article/2014-05/5005939.html.

② 金灿荣、段皓文：《周边国际环境的新特点及中国的应对》，载《现代国际关系》2013 年第 10 期；Shaun Breslin, "China and the Global Order: Signalling Threat or Friendship?" *International Affairs*, Vol. 89, Iss. 3, 2013, p. 617.

③ 牛新春：《中国外交需要战略转型》，载《现代国际关系》2013 年第 1 期。

力运用到外交战略上，谋求中国国家利益的最大化。

最后，"一带一路"的实施也将有助于回应西方国家对中国崛起的质疑之声。西方学者在研究中国时，尤为关注中国崛起的深远影响和用何种政策来回应中国的崛起，即中国崛起之后会发生什么？应该如何应对中国的崛起？① 对于现实主义的悲观派而言，中国的崛起很可能是非和平的，因为在当前亚洲无政府国际体系中，每个国家都期望在追求霸权地位中保持最大化的相对权力，以保证本国的生存和安全。② 甚至有学者对中国崛起持有更为极端的看法，认为中国的意图十分明显，即在最低限度上，中国寻求恢复到殖民时代之前在亚洲地缘政治中所享有的中心地位。③ "一带一路"的实施就是用行动向国际社会展示了中国崛起后的愿景，中国崛起之后希望如何与周边国家相处以及崛起的中国希望构建一个怎样的地缘政治环境。在命运共同体理念指导下，中国在"一带一路"的建设过程中与周边国家共同发展经济，友好协商解决国家间的领土争端问题，协力应对非传统安全威胁等问题，这本身就向国际社会回答了中国崛起的方式以及应当如何与崛起的中国相处的问题。也就是说，"一带一路"的提出和推进，表明了中国期盼与其他国家形成命运共同体，将中国的崛起与其他国家的发展捆绑在一趟列车上，从而传递出这样的信息：中国的崛起不会以牺牲他国利益为代价，中国欢迎世界各国搭乘中国发展快车，共享机遇，共同发展。④

---

① Kai He, Huiyun Feng, "China's Bargaining Strategies for a Peaceful Rise: Successes and Challenges ," *Asian Security*, Vol. 10, No. 2, 2014, p. 168.

② Sorpong Peou, "Why China's Rise May Not Cause Major Power-Transition War: A Review Essay," *Asian Politics & Policy*, Vol. 6, Iss. 1, 2014, p. 121.

③ Ashley J. Tellis, "Balancing without Containment: A U. S. Strategy for Confronting China's Rise," *The Washington Quarterly*, Vol. 36, Iss. 4, 2013, p. 109.

④ 《习近平在蒙古国国家大呼拉尔发表重要演讲》，人民网，http://politics.people.com.cn/n/2014/0822/c1024-25520881.html.

二、国际社会对“一带一路”倡议的回应

“一带一路”的实施首先需要进行风险评估。风险评估分为两类：针对具体国家与针对国际环境。前者主要涉及中国在具体国家的投资安全。“知己知彼，百战不殆。”这种风险评估针对该国的国内政治、经济运行情况、投资的收益率以及该国受国际环境左右的程度等。例如，在分析中国与哈萨克斯坦的合作时，政治风险来自阿富汗局势的影响，境外大国博弈以及地域集团利益冲突等。[①] 这些政治风险将会影响到中国的投资安全以及中哈合作的稳定性和长久性。若不进行风险评估、突出特殊性，而是统一而论，会使“一带一路”很难在周边国家落地生根，无法形成真正的利益共同体和命运共同体。后者则涉及“一带一路”推进的地区与国家环境，即主要地区大国对“一带一路”的反应，以此评估在某一地区中国与相关大国的博弈对“一带一路”实施的影响。2013 年，“一带一路”构想提出后，立即引起了国际社会的高度关注，根据对“一带一路”的不同反应，可以把相关国家分为以下四种类型：

（一）战略竞争派

巴里·布赞曾言，中美关系在两个层次上运转：一是在东亚这一区域层次，美国在该层次以干涉性力量的形式存在；二是在全球层次，这一层次关注整体权力结构和机制。[②] “一带一路”战略的推出已然扩展了中美两国在区域层次上的互动，从东亚延伸到了中亚以及南亚地区。

第一，“一带一路”建设在亚洲地区将与美国主导跨太平洋伙伴

---

① 储殷、柴平一：《一路一带投资政治风险研究之塔吉克斯坦》，http://www.china.com.cn/opinion/think/2015-03/27/content_35173715.htm.

② [英]巴里·布赞：《中国能和平崛起吗？》，载陈琪、刘丰主编：《中国崛起与世界秩序》，社会科学文献出版社 2011 年版，第 57 页。

关系协定(Trans-Pacific Partnership Agreement,TPP)展开竞争,从而在一定意义上冲击美国在亚太地区的战略利益。2013年10月,美国詹姆斯敦基金会发表《中国在两条战线上推动"丝绸之路"地区贸易》一文,指出"海上丝绸之路"是TPP的替代品,因为TPP的推进让中国备感不适,中国既不想满足美国提出的缔结TPP的要求,也不想被排斥在贸易区之外。① 美国力求通过加入并推动更多国家加入TPP,一方面可以整合亚太经济体系,扩大美国出口市场,带动国内经济复苏;另一方面,美国通过TPP把东亚经济体纳入美国的经济运行轨道,从而可以继续主导东亚乃至亚太市场。② 但是,中国通过推动海上丝绸之路与中国—东盟自由贸易区相映成辉,在美国看来,"一带一路"的推进不仅会挤压TPP在亚太地区的效益,而且也是中国自身应对美国主导亚太地区的战略反应。

第二,在中亚、南亚地区,2011年,美国前国务卿希拉里提出了旨在推动以阿富汗为核心的、连接南亚与中亚的经济一体化和跨地区贸易的"新丝绸之路"战略。③ 美国推出"新丝绸之路"战略除了获取中亚能源、加大对中亚地区的控制、稳定阿富汗局势、拉拢印度外,其中排斥、遏制中国势力在此地区的发展是重要目标之一。④ 但中

---

① David Cohen, "China Pushes 'Silk Road' Regional Trade on Two Fronts," *The Jamestown Foundation*, http://www.jamestown.org/programs/chinabrief/single/?tx_ttnews%5Btt_news%5D=41468&tx_ttnews%5BbackPid%5D=688&no_cache=1#.VRQkfPSl_ck

② 刘昌明、孙云飞:《美国推进"跨太平洋经济伙伴关系协定"的动因新论》,《山东大学学报(哲学社会科学版)》2013年第5期。

③ Robert O. Blake, Jr., "The New Silk Road and Regional Economic Integration," *US Department of State*, http://www.state.gov/p/sca/rls/rmks/2013/206167.htm;《美国务卿力推"新丝绸之路"计划》,2011年10月23日《人民日报》第3版。

④ 参见杨雷:《美国"新丝绸之路"计划的实施目标及其国际影响》,载《新疆社会科学》2012年第5期;赵华胜:《美国新丝绸之路战略探析》,载《新疆师范大学学报(哲学社会科学版)》2012年第6期。

国倡导的"一带一路"建设令美国人憧憬的"新丝绸之路"黯然失色[①],难有作为。日本《外交学者》网站刊文认为,美国的"新丝绸之路"战略存有很高的战略失败的风险[②];毛四维则直接指出美国的"新丝绸之路"由于可行性不强,现在几乎不再被人提及,付之东流。[③] 华盛顿战略与国际研究中心的克里斯·约翰逊(Chris Johnson)认为:"这是(中国新丝绸之路经济带)一个相当大胆的举动,习近平看到(中亚)在贸易和经济机遇上存在一个巨大的缺口而美国到目前为止未能加以利用。"[④]

第三,中美两国的竞争除了反应在市场和能源等经济利益的争夺上,更体现在美国对"一带一路"的防范和担忧上。在"海上之路"的建设上,中国希望通过海上丝绸之路的建设维护海上航道的通畅与安全,提升海洋权益的维护能力,带动中国的海上力量的发展。但对于西方国家,尤其是美国而言,中国发展海上力量是从所谓的第一岛链向第二岛链扩展力量,是中国作为一个谨慎的修正主义大国而非维持现状国家的重要表现之一。[⑤] 更为甚者,有学者在日本《外交

---

① Simon Denyer, "China envisions new 'Silk Roads' to West by land and by sea," *The Japan Times*, http://www.japantimes.co.jp/news/2013/11/01/asia-pacific/politics-diplomacy-asia-pacific/china-envisions-new-silk-roads-to-west-by-land-and-by-sea/#.VRVvOfSl_cl.

② Eugene Imas, "The New Silk Road to Nowhere U.S.," *The Diplomat*, http://thediplomat.com/2013/12/the-new-silk-road-to-nowhere/.

③ 毛四维:《印度在战略上向美国靠拢》,联合早报网, http://www.zaobao.com/forum/paradigm/story20141006-397166.

④ Simon Denyer, "China bypasses American 'New Silk Road' with two if its own," *The Washington Post*, http://www.washingtonpost.com/world/asia_pacific/china-bypasses-american-new-silk-road-with-two-if-its-own/2013/10/14/49f9f60c-3284-11e3-ad00-ec4c6b31cbed_story.html.

⑤ Kazuhiko Noguchi, "Bringing Realism Back In: Explaining China's Strategic Behavior in the Asia-Pacific," *Asia-Pacific Review*, Vol. 18, Iss. 2, 2011, p. 75.

学者》撰文，将中国的“一带一路”视为海上“珍珠链”的另一种称谓。[①] 中国在中亚、南亚地区的活动同样也招致了美国的提防，“美国认为仅仅依靠亚太国家已不足以制衡中国，有必要把南亚国家特别是印度也拉入，因此提出了‘印亚太’(Indo-Asia-Pacific)的概念，旨在构建规模更为宏大的‘印太再平衡’”[②]。中国的“一带一路”是中国对美国重返亚太战略的一种反应，以巧妙的方式减少政治敏感度，掩盖真实意图避免直接对抗美国。[③]

中日之间的战略竞争更多地体现在中亚地区资源争夺上。在东亚地区，中日之间的矛盾，尤其是历史问题、钓鱼岛争端以及日本对中国的战略防范等在短时间内难有解决的途径。早在 20 世纪，已有学者预测，面对中国崛起日本有可能重新武装、发展核武器，从而助长东亚地区回归混乱的多极冲突状态的趋势。[④] 在中亚地区，无独有偶，日本亦有一个“丝绸之路外交”。1997 年，桥本龙太郎内阁曾提出“丝绸之路外交”理念；1999 年，日本正式提出了“丝绸之路外交”政策。2006 年 11 月，时任日本首相麻生太郎在日本国际问题研究所做了题为《“自由和繁荣的彩虹”——开创日本外交新天地》的外交战略演讲，宣称“丝绸之路外交”应是“日美同盟”“近邻外交”以外的第三外交基轴。[⑤] 有学者认为“日本在中亚的能源外交行动从一

---

① Shannon Tiezzi, “The Maritime Silk Road Vs. The String of Pearls,” *The Diplomat*, http://thediplomat. com/2014/02/the-maritime-silk-road-vs-the-string-of-pearls/.

② 薛力：《“一带一路”折射的中国外交风险》，英国金融时报中文网，http://www.ftchinese. com/story/001059886? page=3.

③ Zheng Wang, “China's Alternative Diplomacy,” *The Diplomat*, http://thediplomat. com/2015/01/chinas-alternative-diplomacy/.

④ Evelyn Goh, “How Japan matters in the evolving East Asian security order,” *International Affairs*, Vol. 87, Iss. 4, 2011, p. 887.

⑤ 朱永彪、杨恕：《简论日本的中亚战略及其对中国的影响》，载《外交评论》2007 年第 6 期。

开始就是针对中国在中亚的行动而发起的。”[①]日本的中亚外交在启动之初就表现出与中国的竞争，从而获取中亚地区的能源，分散本国过度依赖中东能源以及解决国内对能源的巨大需求。对于中国的“丝绸之路经济带”建设，日本认为，中国的中亚政策旨在提高中国与欧洲和中东之间的联系以及更好地获取当地丰富的自然资源，同时也可以促进新疆发展因此确保新疆的长期稳定。[②]

（二）暧昧踟蹰派

暧昧踟蹰派的特点是对中国倡导的“一带一路”持有一种暧昧的保留态度。其与竞争派的最大不同是在政府层面上公开支持“一带一路”建设，但仍会以较为隐晦的方式防备中国所谓的“势力扩张”。俄罗斯、印度是暧昧踟蹰的代表国家。

根据美国《华尔街日报》网站的报道，印度在中国问题上正在推行“双轨”政策：一方面向中国的资金敞开大门，进一步融入中国的经济轨道；另一方面，加强军事准备和战略合作，以应对中国崛起。[③]2014 年 9 月中国国家主席习近平首访印度，同印度达成了 5 年的贸易和经济发展计划，希望在未来 5 年将双方贸易额提升至 1500 亿美元，印度总理莫迪称中印关系进入了“新时代”。而仅在半月之后莫迪访问美国之时，美印发布的联合声明中首次提及南海争端，[④]这被外界视为印度在美中两国间采取对冲战略的一种表现。[⑤] 美印“两

① 伍福佐：《试析日本能源战略中的中亚》，载《世界经济与政治论坛》2008 年第 5 期。

② Raffaello Pantucci，Alexandros Petersen，“Tightening the Silk Road Belt，” *The Diplomat*，http://thediplomat.com/2013/09/tightening-the-silk-road-belt/.

③ 《外媒：习近平访印或讨论边界等“实质问题”》，参考消息网，http://china.cankaoxiaoxi.com/2014/0917/499330.shtml。

④ 《印美联合声明称担忧南海争端中方对此发出警告》，人民网，http://military.people.com.cn/n/2014/1010/c1011-25804265.html。

⑤ Dan Steinbock，“China and India at the Dawn of the ‘Asian Century’，”*China-US Focus*，http://www.chinausfocus.com/foreign-policy/china-and-india-at-the-dawn-of-the-asian-century/.

国领导人还提出加快连接南亚、东南亚和中亚基础设施和经济发展通道的建设——以替代中国在印度洋地区的'海上丝绸之路'和对中亚国家摆出的军事和商业友好的姿态"①。由此可见，印度期望在中国与美国的战略竞争中左右逢源，对于"一带一路"，印度在两种自相矛盾的想法间左右为难：一是在海洋领域加强与中国之间的合作，另一个是坚持限制中国在印度洋上的影响力的长期坚定目标。②

导致印度对中国"一带一路"的倡议"骑墙"的原因主要有三个方面：首先，印度对中国的崛起一直怀有防范之心，尤其担心中国军力提升对其造成威胁。印度战略研究人员阿斯萨纳(S. B. Asthana)认为，中国日益增长的国家实力、军事能力、发展近海投送力量的计划以及核打击能力和军事现代化步伐，在不久的将来会对印度安全构成一种潜在的威胁。③ 其次，印度将南亚、印度洋视为其所谓的"势力范围"，而中国倡导的"海上丝绸之路"建设将加强与南亚的斯里兰卡、马尔代夫、巴基斯坦等国的关系，这些国家纷纷表示将积极参与中国的"海上丝绸之路"建设，这引起了印度的警觉与不安。《印度教徒报》撰文认为，中国和斯里兰卡同意共建"海上丝绸之路"无疑会增进两国的关系，印度担忧"海上丝绸之路是否挤压印度的战略空间"④，担心中国通过海上丝绸之路会将印度的影响力限制在其"后院"。⑤ 同样，印度政府对"一带一路"重要组成部分的中巴经济走廊

---

① 《莫媒：印美深化防务合作联合声明暗指中国》，环球网，http://mil.huanqiu.com/observation/2014-10/5158199.html。

② 杨思灵：《"一带一路"：印度的回应及对策》，载《亚非纵横》2014年第6期。

③ S. B. Asthana, "The People's Liberation Army of China: A Critical Analysis," *Combat Journal*, Vol. 30, No. 2, 2001, p. 38.

④ 《中国"海上丝绸之路"新提法引国际关注》，环球网，http://world.huanqiu.com/regions/2014-02/4832827.html。

⑤ Devesh Rasgotra, "India-China competition in the Indian Ocean," *IISS*, http://www.iiss.org/en/iiss%20voices/blogsections/iiss-voices-2014-b4d9/march-2013-cd5b/china-india-ocean-c0d6.

建设也表示反对，担心中国由中巴经济走廊直接进入印度洋，扩大自己在南亚的影响力，逐步将印度边缘化。再次，对印度莫迪政府而言，当前的首要任务是发展经济。印度著名战略分析家雷嘉·莫汉(C. Raja Mohan)认为，莫迪政府不应当回避中国的"一带一路"，新德里必须下定决心在接受北京的邀请，在亚洲内部和印度洋－太平洋沿岸共同构建新丝绸之路。如若不然，莫迪就是在为印度在该地区的边缘化"铺平道路"。[①] 印度的经济增长速度不断下滑，已经从2009年的8.5%急速降至2013年的4.9%。[②] 印度国内通货膨胀居高不下，消费者信心疲软。印度政府急需调整国内政策，刺激经济发展。鉴于印度国内经济发展的压力，在莫迪政府任期内，印度希望参与中国的"一带一路"建设，由此加强与中国的经济关系，推动国内经济的发展。但印度本国的大国战略定位，又使其担忧"一带一路"建设将进一步增强中国在南亚地区的影响力，由此造成了印度对中国的"一带一路"战略时而支持，时而担忧的模糊表态。

俄罗斯对"一带一路"的反应则更为微妙。俄罗斯一方面认可"一带一路"的提出对中俄两国来说是一件互惠互益的事情。莫斯科大学经济系亚太研究中心主任叶夫根尼·阿夫多库申认为："俄罗斯自然资源丰富、领土广阔，近来推进远东开发战略，十分希望加强在铁路和公路建设、能源供应等领域的对外合作。"[③]据俄罗斯经济发展部发布的数据，2014年，中国对俄罗斯直接投资额大约是2.5亿美元，而俄罗斯对华直接投资仅为3600万美元。俄罗斯对华投资的

---

① C. Raja Mohan, "Chinese Takeaway: One Belt, One Road," *The Indian Express*, http://indianexpress.com/article/opinion/columns/chinese-takeaway-one-belt-one-road/2/.

② 马加力：《莫迪新政府的内外政策及对华关系走向》，载《和平与发展》2014年第3期。

③ 《专家建议中俄印应加强"一带一路"框架下的合作》，新华网，http://news.xinhuanet.com/world/2015-02/04/c_1114257110.htm。

低水平也意味着双边合作的巨大潜力。[①] 不仅中俄两国之间存在合作的先天条件，而且借助丝绸之路经济带和上海合作组织成员之间的经济合作，俄罗斯也可以从相应的运输基础设施合作中获益。[②] 这也就不难理解，在 2014 年 2 月中俄国家首脑会见时，俄罗斯总统普京表示，俄方将积极响应中方建设丝绸之路经济带和海上丝绸之路的倡议，愿将俄方跨欧亚铁路与"一带一路"对接，创造出更大效益。[③] 在参加 2015 年 APEC 北京峰会时，普京更是高度评价了中国提出的"一带一路"路线图。[④] 另一方面，俄罗斯对中国的"一带一路"尤其是"丝绸之路经济带"的建设抱有一定的戒备，担心中国在中亚地区"扩张势力范围"，挤压其战略利益。自苏联解体之后，俄罗斯将中亚看成本国的势力范围，近十年来，一直致力于除中国之外的上海合作组织其他成员国推进"经济一体化"[⑤]，2014 年 5 月，俄罗斯、白俄罗斯和哈萨克斯坦三国总统在阿斯塔纳签署了《欧亚经济联盟条约》，宣布 2015 年 1 月 1 日正式启动欧亚经济联盟。但中国倡导的"一带一路"建设无疑将强化中国与中亚五国的合作，俄罗斯担心中国借助丝路基金、上海合作组织开发银行扩展影响力，排挤自己。因此，俄罗斯国内也出现了一些对中国的"一带一路"表示担忧的声音，如学者认为，"一带一路"的推出与中国的军队和年轻人当中民族

---

① 评论：《"一带一路"建设成中俄发展新平台》，中华网，http://news.china.com/2015lh/tx/11170080/20150312/19375476.html。

② 俄媒：《上合组织成员国同意复兴"丝绸之路"》，参考消息网，http://china.cankaoxiaoxi.com/2013/0916/272657.shtml#g272201=1。

③ 《习近平会见俄罗斯总统普京》，新华网，http://news.xinhuanet.com/world/2014-02/07/c_119220650.htm。

④ 《普京高度评价中方"一带一路"路线图提醒亚太勿分裂》，环球网，http://world.huanqiu.com/exclusive/2014-11/5198415.html。

⑤ 张屹峰：《俄罗斯中亚经济战略与上海合作组织经济合作的发展》，载上海社会科学院世界经济与政治研究所编：《地缘关系与区域秩序的建构》，时事出版社 2011 年版，第 146 页。

主义情绪的迅速滋长密切相关;也有学者则认为,中国已经"等到了时机",但并非战略进攻,而是积极的战略防御,以消除某些明显而直接的威胁。①

这样,一方面,因为乌克兰危机而导致的俄罗斯国际环境的恶化和国内经济增长的需求,都需要中国的有力支持,因而俄罗斯在外交层面上支持中国所倡导的"一带一路"建设,另一方面,俄罗斯对中国实力的增长也感到担忧,担心中国的崛起会导致俄罗斯在地区和全球事务的决策中处于日益边缘化的境地,②因而在一定程度上并不希望在本国周边一个过于强大的中国崛起。俄罗斯外交学院副院长巴扎诺夫说:"如果中国顺利发展自己的经济,将来成为超级经济大国,那么对俄罗斯是不利的,甚至是危险的——那时的俄罗斯将会沦为中国的资源附属国,充当中国'小弟弟'的角色。"③由此形成了俄罗斯对中国"一带一路"倡议的矛盾心态。

(三)积极响应派

积极响应派的国家对"一带一路"持有明确的欢迎态度,愿意与中国一同推进"一带一路"的建设,深化与中国的合作。这是因为中国提出的"一带一路"倡议符合这些国家的利益诉求,与这些国家已有的国家发展计划相切合,有助于这些国家更好地分享中国经济发展的"红利"。在南亚,马尔代夫总统亚明明确的表示,参与和支持海上丝绸之路建设将使马尔代夫受益,愿积极响应中方建设21世纪海上丝绸之路的重要倡议④;斯里兰卡投资促进部部长拉克什曼·阿贝瓦德纳说,建设海上丝绸之路将为斯里兰卡的经济腾飞带来历史

---

① 俄报:《中国为何提出海陆并举"双丝路"构想?》,参考消息网,http://china.cankaoxiaoxi.com/2014/0902/482583.shtml。

② 李颖:《俄罗斯对上海合作组织的认知及政策选择》,载上海社会科学院世界经济与政治研究所编:《地缘关系与区域秩序的建构》,时事出版社2011年版,第158页。

③ 于鑫:《俄罗斯的"中国威胁论":历史与现实》,载《西伯利亚研究》2010年第6期。

④ 《习近平会见马尔代夫总统亚明》,新华网,http://news.xinhuanet.com/politics/2014-08/16/c_1112103299.htm.

机遇，将使斯里兰卡崛起为新的世界航空、海运、能源、商贸和旅游中心。[①] 在中亚，2012 年，哈萨克斯坦总统纳扎尔巴耶夫总统提出“哈萨克斯坦—新丝绸之路”计划也与中国“丝绸之路经济带”战略不谋而合；[②] 2012 年底，吉总统阿坦巴耶夫提出“2017 年稳定发展战略”，在此战略中，吉尔吉斯斯坦明确表达与中国合作的意向。在东南亚，印度尼西亚、马来西亚和新加坡等国家均表达了对共建 21 世纪海上丝绸之路的期待和热情。

（四）抵触派

在国际社会中还存在另外一种对“一带一路”较为刺耳的回声，即担心“一带一路”会成为中国扩张势力、威胁本国安全的工具，可将此类国家划分为“抵触派”。这类国家主要是个别小国，与中国实力有较大差距，同时又存在领土争端。例如，菲律宾和越南等国认为海上丝绸之路只不过是为了加强中国对南中国海的主权。[③] 虽然这些国家并不是主流，数目也不多，但是中国在推进“一带一路”，特别是海上丝绸之路时，需要格外重视处理与此类国家之间的矛盾，因为这不仅关系到“一带一路”能否顺利开展，也关系到中国能否在国际舞台上牢固地树立起“负责任大国”及和平崛起的国家形象。

三、结语

“一带一路”的提出不啻于是中国面对国际体系压力调整本国战略的一次尝试，也是中国展现自身实力与责任担当的机会。作为一

---

① 《借力海上丝路实现发展愿景——访斯里兰卡投资促进部部长》，新华网，http://news.xinhuanet.com/world/2014-09/14/c_1112473099.htm。

② 《哈萨克斯坦—新丝绸之路》，中华人民共和国商务部，http://www.mofcom.gov.cn/aarticle/i/dxfw/jlyd/201208/20120808270748.htmll。

③ Rahul Mishra, “What China MUST do to get India on Silk Route,” *Rediff*, http://www.rediff.com/news/column/what-china-must-do-to-get-india-on-silk-route/20140917.htm.

个正在崛起的地区大国，中国仍在探索如何更好地协调好与国际体系中各行为体间的关系；在中国与国际体系的互动关系上，中国已经完成融入国际体系的第一阶段——学习各种游戏规则，下一步是如何改造那些不满意的地方。[①] 在国际体系中，中国正在尝试适应新的角色，承担更大的国际责任，提出符合自身利益的新主张，有选择地改造国际体系。美国中国问题专家沈大伟认为，中国显然并未为其新的国际地位做好准备，中国崛起的速度比预期快得多。而中国突然被迫面对关于其国际地位、角色和责任一系列全新的问题和外部要求，这对中国来说是相当刺耳的。[②] 通过"一带一路"战略的实施中国将从一个东亚国家，逐步转变成一个真正的"大亚太"国家。[③] 未来中国的外交未来将会继续向中亚、南亚地区倾斜，向海洋倾斜，使中国成为一个海陆并重的国家；将会使中国在一定程度上避开东亚这个大国力量充斥的"拥挤"地区，缓和中国紧张的周边形势。"一带一路"将会给中国外交带来扑面而来的清新之气，注入新的活力，将会带动整个中国外交局势的转变。

---

① Shaun Breslin, "China and the global order: signalling threat or friendship?," *International Affairs*, Vol. 89, No. 3, 2013, p. 634.

② David Shambaugh, "Coping with a Conflicted China," *The Washington Quarterly*, Vol. 34, No. 1, 2011, p. 9.

③ 国内外关于中国角色定位的研究成果一直层出不穷：Kazuhiko Noguchi, "Bringing Realism Back In: Explaining China's Strategic Behavior in the Asia-Pacific," *Asia-Pacific Review*, Vol. 18, No. 2, 2011, ; David Shambaugh, "China or America: Which is the Revisionist Power?" *Survival*, Vol. 43, No. 3, 2001; David C. Kang, *China Rising: Peace, Power and Order in East Asia*, New York: Columbia University Press, 2007; Thomas J. Christensen., "Posing Problems without Catching Up: China's Rise and Challenges for U.S. Security Policy," *International Security*, Vol. 25, No. 4, 2001; 江忆恩：《中国对国际秩序的态度》，载《国际政治科学》2005 年第 2 期；李少军：《论中国双重身份的困境与应对》，载《世界经济与政治》2012 年第 4 期；刘强：《未来中国国际角色定位的战略选择——兼论中国面临的国际战略环境》，载《南京政治学院学报》2013 年第 2 期；刘丰：《国际体系转型与中国的角色定位》，载《外交评论》2013 年第 2 期。

开放与改革的深化:“一带一路”与中国留学生教育

The Deepening of China's Opening-up and Reform: the "Belt and Road Initiative" and International Student Education

杨　光[①]

[**Abstract**]　The significance of the "Belt and Road Initiative" is to deepen China's opening-up, and to promote China's reform. It is in the interests of China and the world to deepen opening-up and strengthen international cooperation through the "Belt and Road Initiative", rather than making strategic confrontation or exclusive project. Given the complexity of the political and security of the countries along the "Belt and Road Initiative", security guarantee is the precondition to implement the initiative. To construct "social basis", "people-to-people bond" is a feasible and practical way to achieve this vision. The measure is to expand international cultural and personnel exchanges, especially to attract students from countries along the "Belt and Road Initiative" to China. This is in the interests of people with the need to study in China. It will benefit the China-foreign cooperation by training professional talents and shaping people with objective and rational cognition of China. Attracting international students to study in

---

① 杨光,山东大学历史文化学院世界史系、副教授,山东大学亚太研究所副所长。

China will greatly improve the quality of China's international education and promote the international education industry, and deepen China's reform in various fields. Public sectors at national and local levels should play active role to establish effective management and service institution for international students. Local government and Chinese universities can take advantage of their resources, and integrate actively into international cultural exchange programs of the "Belt and Road Initiative".
[**Key words**] the "Belt and Road Initiative", deepening opening-up, international student education

"一带一路"倡议的提出,尤其是其作为"中国单方面的顶层设计和战略构想"[①]而格外引起世人的关注和热议。

当下"一带一路"的相关论述主要涉及"一带一路"的性质、目的、局限性等等,认知也多有差异。与中国政府将"一带一路"界定为"倡议"[②]一致,有学者将其定性为"国际合作倡议"[③];有的论者强调其"战略"属性,认为它"凸显了中国寻求海陆两方面再平衡的主张"[④],或者"旨在连接欧洲经济圈和亚太经济圈,试图动摇美国倡导的世界经济格局"[⑤];也有人将其视为中国过剩资本和产能开拓市场的经济

---

① 王晋:《"一带一路"研究乱象丛生》,联合早报网,http://www.zaobao.com/forum/views/world/story20150526-484389.

② 《推动共建丝绸之路经济带和21世纪海上丝绸之路的愿景与行动》,2015年3月28日,http://www.mfa.gov.cn/mfa_chn/ziliao_611306/zt_611380/dnzt_611382/ydyl_667839/zyxw_667918/t1249574.shtml.

③ 阎学通:《世界和平论坛与维护国际安全》,共识网,http://www.21ccom.net/articles/world/qqgc/20150626126150.html。

④ 王赓武:《中国已有条件回到"世界中央"位置》,联合早报网,http://www.zaobao.com/news/china/story20150402-463864。

⑤ 薛理泰:《南海争端风源何在?》,信报网,http://www1.hkej.com/dailynews/commentary/article/1081991/%E5%8D%97%E6%B5%B7%E7%88%AD%E7%AB%AF%E9%A2%A8%E6%BA%90%E4%BD%95%E5%9C%A8.

政策[①]。就"一带一路"的目的而言，在经济上，"一带一路"被认为将对内促进中国经济的地区平衡增长，提升竞争力；对外深化地区经济一体化，确立"中国中心"的贸易投资基础设施模式。[②] 在政治和外交上，中国则被认为意图通过"一带一路""谋求亚洲领导权"，或"建立势力范围"，甚至是"建立一个新帝国"。[③] 此外，也有论者批评"一带一路"概念空洞，内涵不明。[④]

"一带一路"倡议面临的风险与实施的可行性也是研究者们关注的重点。有学者指出"一带一路"沿线国家政治不稳定[⑤]，存在对中国谋求地区霸权的疑虑，以及与中国有权益分配问题[⑥]。中国面临在"一带一路"沿线地区遭遇伊斯兰宗教极端势力以及陷于安全承诺和地区政治的风险。[⑦] 不仅如此，"一带一路"还可能加强地缘政治

---

① 郑永年：《中国的新经济政策及其风险》，联合早报网，http://www.zaobao.com/forum/expert/zheng-yong-nian/story20150714-502777。

② Scott Kennedy, David Parker, "Building China's "One Belt, One Road," Apr 3, 2015, http://csis.org/publication/building-chinas-one-belt-one-road.

③ Charles Clover, Lucy Hornby, "China's Great Game: Road to a new empire," October 12, 2015, http://www.ft.com/intl/cms/s/2/6e098274-587a-11e5-a28b-50226830d644.html#axzz3oSA04JAF.

④ 施展、聂辉华、刘仲敬：《中国的现状与未来》，共识网，http://www.21ccom.net/articles/world/qqgc/20150626126136_all.html。

⑤ 沈泽玮：《中国学者：亚细安国家对"一带一路"普遍审慎观望》，联合早报网，http://www.zaobao.com.sg/sea/politic/story20150413-467895/page/0/1；施展、聂辉华、刘仲敬：《中国的现状与未来》，2015 年 6 月 26 日共识网，http://www.21ccom.net/articles/world/qqgc/20150626126136_all.html；薛力：《中国"一带一路"战略面对的外交风险》，载《国际经济评论》2015 年第 2 期。

⑥ The Silk Road Economic Belt's Impacts on Central Asia, May 8, 2015, http://www.chinausfocus.com/finance-economy/the-silk-road-economic-belts-impacts-on-central-asia.

⑦ Charles Clover and Lucy Hornby, "China's Great Game: Road to a new empire," October 12, 2015, http://www.ft.com/intl/cms/s/2/6e098274-587a-11e5-a28b-50226830d644.html#axzz3oSA04JAF.

困境。[①] 关于“一带一路”的实施，有学者指出战略安全关系是“一带一路”成功的保障，实施“一带一路”应军事合作而非基础设施建设先行，战略目标是先与周边国家建立起可靠的战略伙伴关系。[②] 对中国经济本身而言，“一带一路”的危险则在于转移过剩产能的变相经济扶植政策加剧中国经济不平衡。[③]

本文从开放的角度来理解“一带一路”及其对中国改革的推动作用，主要关注对象是“一带一路”的人文交流内容。论文首先分析“一带一路”提出的背景，着眼于“一带一路”对中国深化开放的意义；然后结合济南市留学生与国际教育案例，从人文交流角度探析如何有效落实“一带一路”的“民心相通”合作愿景，推进中国国际教育和相应的制度变革。

一、“一带一路”倡议的意义

2008 年的全球金融危机导致世界经济发展缓慢。受金融危机影响，中国经济增长趋缓，主要体现为出口下降、就业紧张、实体经济压力巨大等等。中国产能过剩、外汇资产过剩等问题也凸显出来。

金融危机爆发后，亚太地区的地缘政治、地缘经济与战略安全格局也发生了一系列变化。2008 年，美国加入“跨太平洋经济伙伴关系(TPP)，主导推动该区域自由贸易协定。2011 年，奥巴马政府提出了在战略上“转向亚洲”，又于 2012 年提出“亚太再平衡战略”。2009 年和 2013 年的朝鲜核试验、2010 年的“天安舰事件”和朝鲜炮

---

① 庞中英：《“一带一路”与地缘政治》，联合早报网，http://www.zaobao.com/forum/views/world/story20151016-538137.

② 阎学通：《“一带一路”的核心并非交通设施》，新华网，http://news.xinhuanet.com/herald/2015-06/23/c_134349398.htm.

③ Jiayi Zhou, Karl Hallding, and Guoyi Han, “The Trouble With China's ‘One Belt One Road’ Strategy”, June 26, 2015, http://thediplomat.com/2015/06/the-trouble-with-the-chinese-marshall-plan-strategy/.

击延坪岛等一系列事件导致朝鲜半岛局势长期紧张。中日关系因为2010年中日撞船事件和2012年钓鱼岛争端恶化。中国南海局势也因为相关国家的领土争议和美国介入而不稳定。另一方面,随着2010年中国成为世界第二大经济体,国际社会中“中国威胁论”和相关“中国责任论”的论调也迭起。

在上述背景下,中国需要解决自身的经济问题,明确发展方向,对全球趋势有清醒认知并做出合理的身份定位。

在国际层面上,维护全球自由贸易体系和开放型世界经济有利于各国经济发展。在地区层面上,开放的区域合作有助于促进各国经济要素有序自由流动、资源高效配置和市场深度融合。[①] 中国的经济发展需要外部市场。针对金融危机之后西方市场相对萎缩而且出现保护主义,“一带一路”倡议着眼于发展中国家的市场,具有经济理性。[②]

但从本质上看,中国经济社会问题的解决无论是创造内需,还是实现基于市场导向的经济转型,都需要进一步的改革开放。“一带一路”倡议的重大意义就在于继续推进开放,引导和促进中国的开放更加均衡和深化。“一带一路”倡议“大陆导向”“西进导向”的开放对应面向亚太和海洋的开放,使中国的开放更加全面,格局更加均衡。同时,“一带一路”倡议的实施需要中国民间和社会力量积极参与,从而赋权于社会,激发中国社会的活力和动能,推动中国的“对内开放”。对内和对外的双重开放意味着中国开放的深化,并具有更加强劲而持久的动力。

“一带一路”本身也是开放性的。如中国外交部长王毅在2015

---

① 《推动共建丝绸之路经济带和21世纪海上丝绸之路的愿景与行动》,http://www.mfa.gov.cn/mfa_chn/ziliao_611306/zt_611380/dnzt_611382/ydyl_667839/zyxw_667918/t1249574.shtml.

② 郑永年:《中国的新经济政策及其风险》,联合早报网,http://www.zaobao.com/forum/expert/zheng-yong-nian/story20150714-502777.

年 3 月 23 日中国发展高层论坛发表演讲所言,“一带一路”构想是中国向世界提供的公共产品,欢迎各国、国际组织、跨国公司、金融机构和非政府组织都能参与到具体的合作中来。①

鉴于亚太地区的地缘政治和地缘经济变化,中国通过“一带一路”倡议向国际社会要表明的是深化开放与加强国际合作,而不是进行战略对抗或排他性规划。如习近平主席所言:“中国不谋求地区事务主导权,不经营势力范围。”②这是中国真正对自己负责和对世界负责,符合中国和世界的利益。另如有论者所言:“如果‘一带一路’也代表了中国更加重视世界体系中的小国,重视‘小国关系’,则有助于改善地缘政治环境。”③

二、留学生教育是落实“民心相通”的可行途径

“一带一路”沿线地区和国家的安全形势、政治秩序和法治状况复杂,存在多种领土争端、宗教冲突、政局动荡等多重问题④,以及地方反对、腐败、管理或法律问题⑤。这对作为“一带一路”主体的中国企业而言存在巨大的投资风险。不仅如此,中国企业还面对投资回

① 王毅:《一带一路”是中国向世界提供的公共产品》,http://www.mfa.gov.cn/mfa_chn/ziliao_611306/zt_611380/dnzt_611382/ydyl_667839/zyxw_667918/t1247712.shtml.

② 习近平在纳扎尔巴耶夫大学的演讲:《弘扬人民友谊共创美好未来》,http://www.mfa.gov.cn/mfa_chn/ziliao_611306/zt_611380/dnzt_611382/ydyl_667839/zyxw_667918/t1074151.shtml.

③ 庞中英:《“一带一路”与地缘政治》,联合早报网,http://www.zaobao.com/forum/views/world/story20151016-538137.

④ 杨思灵:《“一带一路”倡议下中国与沿线国家关系治理及挑战》,载《南亚研究》2015 年第 2 期。

⑤ Jiayi Zhou, Karl Hallding, and Guoyi Han, “The Trouble With China's ‘One Belt One Road’ Strategy,” June 26, 2015, http://thediplomat.com/2015/06/the-trouble-with-the-chinese-marshall-plan-strategy/.

报率低的问题。在"走出去"得不到战略安全充分保障的条件下，建设"一带一路"的"社会根基"，培育中国与沿线国家的"民心相通"既能规避风险又具有长远功效。

从国际文化交流的角度看，切身体验能使人们对异文化和他国的认知真实、深入而持久。中国在开放地"走出去"的同时，也需要通过开放地"引进来"使自身得到认知和认可，这也是为进一步"走出去"进行积累和创造条件。

实现"民心相通"的愿景与合作重点、可行路径是拓展国际人文交流，重要举措是吸引"一带一路"沿线国家留学生来中国学习。

留学生来华学习，具有以下意义：第一，符合相关国家民众来华学习的利益需求，也利于有意愿、动力和能力的各国较为便利地参与合作。第二，不仅能为中外培育各合作领域需要的专业人才，也有助于培养对中国有客观认知的群体。留学生中精深了解中国的思想者和人文主义精英群体对于引领和促进中外合作，以及塑造良好中国形象作用非凡。第三，留学生是中国了解生源所在国的有效媒介，通过留学生了解其来源国的状况，有助于中方利用充分的资讯进行预判，合理规避风险，有效落实"一带一路"愿景与合作项目。第四，在华留学生不仅是一个学习和人文交流的群体，也是一个消费群体，这将极大地促进中国的国际教育产业；也能够通过高校带动地方参与和融入"一带一路"倡议。第五，符合国际化标准的留学生教育会促进中国提升高等教育与管理、科研的国际化质量和水平，尤其是将推动中国在法治、人文、生态、生活环境等诸多方面深化改革。

根据中国政府的"一带一路"倡议，中国将每年向沿线国家提供1万个政府奖学金名额①，在近十年向上海合作组织成员国提供3万

① 《推动共建丝绸之路经济带和21世纪海上丝绸之路的愿景与行动》，http://www.mfa.gov.cn/mfa_chn/ziliao_611306/zt_611380/dnzt_611382/ydyl_667839/zyxw_667918/t1249574.shtml.

个政府奖学金名额,邀请1万名孔子学院师生赴华研修;[①]3～5年内向东盟国家提供1.5万个政府奖学金名额,向印度尼西亚提供1000个奖学金名额;[②]为周边国家提供2万个互联互通领域培训名额。[③]规模庞大的人文交流计划展示了中国落实“一带一路”“民心相通”的诚意,而这种“引进来”的方式也相应地对中国的开放与国际教育提出了新的要求,并为中国地方发展和高等院校的国际化发展提供了机遇。

三、“一带一路”促进留学生教育的拓展与平衡

“一带一路”的人文交流项目为中国的留学生教育带来了新的契机,也促动人们直面存在的问题。

本节主要以济南市属地高校留学生教育为案例,分析留学生规模、来源国别、学位与专业、学费消费等要素,以探究落实“民心相通”的可行举措。

依据2014～2015学年数据,当前济南有资格接受外国留学生的高校有31所[④],实际招收外国留学生的院校主要有10所,外国留学生总数2700多人(参见表1)。

---

① 习近平在纳扎尔巴耶夫大学的演讲:《弘扬人民友谊共创美好未来》,http://www.mfa.gov.cn/mfa_chn/ziliao_611306/zt_611380/dnzt_611382/ydyl_667839/zyxw_667918/t1074151.shtml.

② 习近平在印度尼西亚国会的演讲:《携手建设中国—东盟命运共同体》,http://www.mfa.gov.cn/mfa_chn/ziliao_611306/zt_611380/dnzt_611382/ydyl_667839/zyxw_667918/t1084354.shtml.

③ 习近平主持加强互联互通伙伴关系对话会并发表重要讲话:《联通引领发展伙伴聚焦合作》,http://www.mfa.gov.cn/mfa_chn/ziliao_611306/zt_611380/dnzt_611382/ydyl_667839/zyxw_667918/t1208701.shtml.

④ 《山东省接受外国留学生高校名单》,山东省教育厅网站,http://www.sdedu.gov.cn/sdjy/_xxgk/_xxgkml/_ywgz/685456/index.html,登录时间2015年7月6日。

表 1　2014～2015 学年济南属地高等院校留学生数据[①]

2014～2015 学年济南市高等院校留学生数据											合计
学校	山东大学	山东师范大学	山东财经大学	济南大学	齐鲁工业大学	山东中医药大学	山东艺术学院	山东政法学院	山东工业美术学院	山东农业工程学院	10 所
留学生数/人	1832 (2015 年) 1378 (2014 年)	171	32	595	23	40	4	11	14	11	2738 人
学生类别/人数	本科 553 硕士 615 博士 111 语言生 553	本科 41 硕士 36 博士 3		本科 115 硕士 30 博士 10 语言生 450	本科 2 交换生 21	本科 10 硕士 30	本科 1 语言生 3	本科	交换生	交换生	
费用/自费人数	自费 859 (2014 年)	自费 65		少数自费	免费	自费	自费	免费	免费	免费	
生活费/住宿费	自费	自费	自费	自费	自费	自费	自费	自费	自费	免费	

① 数据来源:2015 年 7 月济南各高校调研资料。

外国留学生来源国近100个国家，其中“一带一路”沿线国家有37个。外国留学生来源较多的国家主要是“一带一路”沿线国家，包括蒙古、俄罗斯、巴基斯坦、孟加拉国、泰国、沙特阿拉伯、伊朗、哈萨克斯坦、土库曼斯坦等国。

就外国留学生专业学位构成而言，语言生1006人，本科722人，硕士711人，博士124人，其他少数为交换生。

参照山东大学外国留学生学费、生活费和住宿费标准，在济南的外国留学生的年度生活费为249.6万～468万元，住宿费为256.23万～664.3万元，两项费用总计为505.83万～1132.3万元(参见表2)。

表2　　山东大学外国留学生收费标准①

费用 / 学生类型	学费 每人/元/年	住宿费 每人/元/月	生活费 每人/元/月
本科生	1.8万～4.5万	27～70	800～1500
硕士生	2.2万～3.6万		
博士生	2.6万～4.1万		
汉语进修生	1.8万		
汉语预科班	2.2万		

外国留学生中自费生近1000人，占外国留学生总数37%。以2014年山东大学自费外国留学生学费为例，年度学费总额为162.74万～312.84万元。此外，外国留学生通常要缴纳报名费和年度教材费等费用(参见表3)。

① 山东大学留学生校内住宿信息，http://www.ipo.sdu.edu.cn/index.php?m=content&c=index&a=show&catid=93&id=236，登录时间2015年7月6日。

表 3　　2014 年山东大学自费外国留学生数①

学生类别	本科生	硕士生	博士生	语言生	合计
人数	481	77	63	238	859

按照中国学制，本科生 4 年，硕士 2～3 年，博士 3～5 年。上述在济南高校的外国留学生将构成一个有连续性的与济南深入互动的群体，并成为一支日益重要的消费力理。

就济南市留学生整体状况而言，有几个方面值得关注：第一，留学生规模不大，校际分布上也不均衡，集中于少数大学。比如，山东大学的留学生所占比例超过 50%，而且增长幅度也明显，从 2014 年的 1378 人增长到 2015 年的 1832 人。第二，非专业的语言生占比例较高，为 36.7%。第三，自费生占比例也较高，为 37%。第四，留学生来源于"一带一路"沿线国家的较多。

这种状况与山东大学留学生教育存在的三类不平衡状况大致相符：一是留学生来源国家和地区的不平衡，来自发达国家的留学生少，发展中国家的留学生多；二是学习语言（汉语）的留学生多，学习专业的留学生少；三是自费留学生少，获得中国各类奖学金的学生多。

这种不平衡情况在其他主要高校也存在。如山东师范大学 2015 年的 171 名留学生中，专业学历生来源以周边国家和发展中国家为主，其中韩国（35%）、泰国（8%）和蒙古（6%）学生分列前三位。非学历语言生以韩国（45%）、俄罗斯（6%）等周边国家为主。就留学学费来源看，学历生中奖学金生居多，共有 57 人，比例 71.25%，其中硕士生和博士生均为奖学金生。就奖学金来源而言，中国政府奖学金为主体（本科 15 人，硕士 24 人，博士 3 人），占总体奖学金生比例为 73.68%。非学历生中，中国政府奖学金 9 人。自费学生主要为本科生，其中学历生 23 人，占总学历生比例为 28.8%；非学历语

① 《2014 年山东大学留学生在校生统计》，山东大学国际事务部 2015 年 7 月。

言生 42 人，占总非学历生比例为 46.2%。[①]

济南市属地高校的留学生教育状况表明，留学生的总数与济南高校规模并不匹配，还有很大的发展空间。专业留学生数量的不断增长意味着相关高校的科研教学的质量和水平得到认可，有吸引力和竞争力。自费生的增长为国际教育产业带来了前景，有助于地方经济社会发展。尤其值得关注的是，来自“一带一路”沿线国家的留学生比重大，应促使济南市属地高校转变以往的不平衡观念，利用前期优势条件，扩大招收“一带一路”沿线国家的留学生，积极融入和推动“民心相通”的国际人文交流事业。

四、深化开放与制度变革

在对济南市属地留学生的调研过程中，笔者发现和意识到相关数据资料的缺失与公共服务和管理的不到位。从留学生教育之一斑可以窥见，建设“民心相通”和落实“一带一路”倡议，必须注重从实地做起和可行性，努力层层推进中国开放的深化与制度变革。

就留学生教育本身而言，首先要遵循国际教育的规律，从管理到教学不断捍升质量。这意味着高校要提高国际化水平，在科研、学科专业、课程体系、师资队伍、教学模式，以及教学管理、后勤保障等诸多方面进行创新，实现制度变革。当前中国很多高校推进国际化，开设多样化的英文授课专业，还创设了很多以中国研究为核心的国际化项目。比如，山东大学、浙江大学等一批学校开设了英文授课的“中国学”硕士专业国际项目。虽然围绕这类专业项目的性质、内容和定位等还存在争议，但应将其视为中国高等教育和国际教育改革创新的尝试。中国研究的专业项目在教学与研究内容上，不仅要尊重科学性，也要让留学生学习和感受到中国原创性的思想。中国高等院校可以结合自身的地域和文化特色，以及教育与研究特长，积极

① 资料来源：山东师范大学国际交流学院，2015 年 7 月。

融入和借助"一带一路"倡议的国际人文交流项目，加强留学生教育，并于教学研究体制有所革新。

公共部门要因应国际教育的发展而跟进改革。依据"一带一路"的顶层设计，国家层面的教育部门要对留学生教育进行宏观规划，地方公共部门也要发挥更大的作用来落实。首先，教育、文化、外事等相关部门要统筹安排，健全留学生管理与服务制度，设立专职机构或建设专门的平台，尤其是留学生信息平台。其次，要注重与留学生沟通，通过座谈交流或专题调研，了解留学生来源国状况；了解他们对所在地方和对中国的认知状况，有什么建议和期望，对于推动当地发展和中外合作有什么样的意愿和条件。

中国对外开放的成果如何，很大程度上取决于能否实现"对内开放"，使得社会各方享有平等而自由的机会享有资源和参与到开放中。企业是"一带一路"倡议的实施主体。公共部门应该为企业尤其是民营企业参与"一带一路"倡议创造便利条件。与留学生相关联，公共部门可以为企业与外国留学生构筑交流平台，使两者有条件互动互利。

"对内开放"也意味着赋权于社会参与开放。为了让留学生能与中国社会有深入的接触和了解，城市社区和市民团体可以邀请留学生参与市政和社会活动。这是培育对当地有感情有认同和"知华"的留学生，构建中外"民心互通"的基础工作之一。

地方政府也要利用自身资源，积极参与"一带一路"项目。以济南市为例，其城市定位是山东省"政治、文化、科技、教育中心和历史文化名城"，谋求通过开放来提高城市竞争力和影响力，融入"一带一路"发展格局。就地理位置而言，济南有着客观局限。但将留学生和外国专家学者吸引到济南不仅不受地域限制，还能够发挥自身的人文资源优势。济南市可以推动属地高校争取"一带一路"计划的留学生生源。这种人文交流和开放也促使济南市发挥创新精神。比如，从大视野来看济南的"历史与文化"，融通和凝练齐鲁文化并勇于代言，将济南建设成为齐鲁文化的思想高地与学术研究高地。

五、结论

“一带一路”倡议是在全球尤其是中国周边地缘政治和地缘经济变动的特殊背景下提出的。在某种程度上,它体现了中国在面临国际国内多重压力和挑战的状况下探寻快捷解决方案的“焦虑”。无论是为中国的过剩产能与资本拓展国际市场和创造外部需求,还是着眼于中国周边的经济一体化与地缘安全,“一带一路”的实施存在风险和不确定性。但这个倡议本身即是一个积极意义的姿态展示,它表明中国选择扩大开放和国际合作,而不是战略对抗,也不是背离世界发展潮流。这是事关中国走向何方、中国与世界关系的重大问题。“一带一路”是对这一“中国问题”的正面回应。

从留学生教育看“民心相通”建设可以知晓,落实“一带一路”不是单一向度单一领域的突进。良好的合作愿景和倡议要注重可行性,不能急功近利。重视中外合作的“社会基础”,以人为本,是战略远见。

“一带一路”引领的“走出去”不是目的,中国对外开放的持续和深化最终还是要归于中国的内部开放和改革。无论是一个城市还是国家,发展进步都要归于并依托系统性的制度变革。就吸引留学生来华而言,这不是单凭中方意愿良好的开放合作倡议,或提供留学培训资助和机会就必然会收到预期效果的,归根到底还是取决于中国能否提供深度和持久的吸引力和安全感,比如,经济社会发展和进步的持久动力如何,什么样的生活质量、生态环境、人的文明素养、法治、尊重人的价值观、现代性成就,以及国际视野和国际贡献,等等。这也是中国扩大和深化开放的方向和改革追求的目标。

就济南市留学生教育而言,囿于信息资料的不充分,现有的研究在留学生数量的动态变化及其原因、“一带一路”沿线国家留学生生源分布、留学生专业选择,以及留学生对所在高校、城市和中国的认知等方面还有待拓展。而如何将“一带一路”倡议中更丰富的人文交流项目在中国的国际教育和地方发展中有效落实也是新的课题。

“一带一路”：韩国政商学界的视角

South Korean Political, Economic, and Academic Circle’s Views toward China’s “Belt and Road Initiative”

俞少宾　程小花[*]

[**Abstract**] China and South Korea have been each other’s most important trade partners over the past decades and both parties have maintained regular political, economic, and cultural exchanges. The release of China’s “Belt and Road Initiative” has attracted South Korea’s immediate attention. This study summarizes views toward the “Belt and Road Initiative” from South Korea’s political, economic and academic circles, aiming to provide a deeper understanding of South Korea’s attitude towards the “Belt and Road Initiative” and help fine tune the Initiative to better link our neighboring countries.

[**Key words**] the “Belt and Road Initiative”, South Korea, attitude

“一带一路”战略，是以习近平为总书记的党中央主动应对全球形势深刻变化、统筹国际国内两个大局作出的重大战略决策。[②] 其倡导的开放包容、和平发展、互利共赢的理念，为世界发展秩序注入

---

* 俞少宾，山东大学政治学与公共管理学院助理研究员；程小花，韩国高丽大学国语国文系博士候选人。

② 袁新涛：《“一带一路”建设的国家战略分析》，载《理论月刊》2014 年第 11 期。

了一股“新风”，也必将深刻地影响沿线国家与地区。

中韩自 1992 年建交后，随着双方友好关系的发展，两国领导人频繁互访，人员往来频率大幅增加，推动了各领域的深化合作。[①] 作为韩国最大的贸易伙伴、最大的出口市场、最大的进口来源国与最大的海外投资对象国，中国的政策动向一直受到韩国的高度关注。与此同时，受益于中韩自由贸易协定，2015 年，韩国首次超过日本，成为继美国之后中国的第二大贸易伙伴，标志着中韩双方在经贸领域的合作进一步深化。在此背景下，中国的“一带一路”战略一经发布便吸引了韩国社会各界的高度关注，韩国政治界、经济界和学术界对“一带一路”战略及其对韩国潜在的机遇与挑战进行了多角度的分析与评估。本文对其中具有代表性的观点进行了汇总整理，以期深入了解韩国视角下的“一带一路”战略，同时为如何更好地发挥“一带一路”对周边国家的纽带作用提供借鉴。

一、政界：积极融入，促进韩国以及东北亚和平繁荣

对于中国的“一带一路”战略，韩国政界非常关注，总体反应非常积极。韩国的主要媒体之一——《中央日报》就对“一带一路”战略进行连载评论报道，目前已经出版了五期。报道中系统分析了中国提出“一带一路”战略的背景，指出“一带一路”是中国顺应时代需求的产物。[②] 评论作者 Lee Jangwon 通过分析“一带一路”战略与中欧关系来对习近平的外交政策进行研究，他指出“一带一路”战略极有可能促进 21 世纪中欧关系全方位发展，中国立足于多极化与多边主

① 徐长文：《韩国将成中国第二大贸易伙伴》，2014 年 2 月 12 日《国际商报》。

② 최형규(Choi Hyeonggyu)：(1)《饱含韬略的“一带一路”》；(2)《解析习近平主席为什么拒当一带一路的组长》，http://news. joins. com/article/19574680/. 访问于 2016 年 4 月 2 日。

义，通过强化与欧洲的合作，可以有效应对美国的牵制，提升国际影响力。[①]

在这种背景下，政府智囊团纷纷加强对中国“一带一路”战略的研究，思考“一带一种”战略对韩国政治、经济和社会将会带来何种影响并提出对策建议。总体来说，韩国政界对中国的“一带一路”战略高度关注并将其视为改善韩中交往中“经热政冷”现象的一大契机。尤其是当韩国总统朴槿惠提出“欧亚倡议”后，韩国政界更是热议“欧亚倡议”如何与中国的“一带一路”战略相连接，通过将“欧亚倡议”接入“一带一路”以便全面提升韩国的对外开放与发展水平，消除朝鲜半岛的紧张局势，最终提升整个东北亚的和平与安全水平。

“欧亚倡议”是韩国总统朴槿惠在 2014 年 10 月召开的“欧亚时代的国际合作”会议上提出的构想。该构想旨在通过与欧亚地区国家的经济合作，扩大韩国的对外贸易，带动朝鲜开放门户，消除朝鲜半岛的紧张局势。[②] 2015 年 9 月，朴槿惠进一步提议将韩国的“欧亚倡议”与中国的“一带一路”战略、俄罗斯的“新东方战略”，以及“美国的新丝绸之路”等提案紧密结合，实现相互协作。[③] 韩国青瓦台外交安全首席秘书朱铁基在韩中人文交流共同委员会主办的“欧亚倡议与一带一路”国际研讨会演讲中表示，韩中两国关系保持“政热经热”，这值得高度评价。“欧亚倡议”和“一带一路”均为实现地区和平和共同繁荣，将两者联系到一起可实现互补。他还说，将两者联系到一起予以推进的话，东北亚和泛太平洋地区的合作也会自然地联系

---

① 이장원(Lee Jangwon)：《习近平时代中国的对外政策：“一带一路”战略与欧洲》，载《韩国东北亚论丛》2015 年第 76 期。

② 한상희(Han Sanghee)：《韩国的“欧亚倡议”与中国的“一带一路”构想》，http://www.ekn.kr/news/article.html? no=178354/. 访问于 2016 年 3 月 30 日。

③ 이지운(Lee jiwoon)：《韩・美・中・俄必须加强欧亚联盟网的协作》，朴槿惠出席欧亚物流研讨会时提出，http://www.seoul.co.kr/news/newsview.php? id=20150911004007/. 访问于 2016 年 3 月 31 日号。

到一起，各方合作范围会进一步扩大。[①]

韩国外交部双边经济外交局审议官金永俊(音)强调，“一带一路”构想的基础是中国“西进战略”，中国只有将“一带一路”与东北亚联系起来，“一带一路”构想才是完整的。他说，这将诱导朝鲜进行改革开放，为东北亚和平作出贡献，另外，也有必要将“一带一路”与韩中自贸协定(FTA)联系起来予以推进。[②] 韩国驻西安总领事李康国在接受韩国联合新闻的电话采访时也指出，习主席对结束经济制裁的伊朗进行首访，可见他对“一带一路”的重视，通过此战略可以将国家利益最大化，同时李领事指出韩国需要积极配合“一带一路”，将其与韩国的“欧亚倡议”结合起来，促进经济、文化繁荣，扩展外交领域，企业也可以利用此次机遇加快发展，创造更大利润。[③]

韩国朝野对积极融入“一带一路”并不仅仅局限于政治和安全层面，相关部门和团体对中国的“一带一路”战略将如何影响韩国企业的“走出去”也颇有兴趣，对如何借力“一带一路”战略促进韩中文化和学术交流也抱有期望。企划财政部指出，通过中韩两国签订的中长期对外发展战略相关的合作备忘录，可以加强在基础设施建设与金融领域的协作，同时通过亚洲基础设施投资银行(亚投行)的桥梁作用，韩国企业的海外市场也将得以拓宽。[④] 韩国的“欧亚倡议”是

---

① 韩联社:《韩中举行“欧亚倡议与一带一路”国际研讨会》，http://chinese.yonhapnews.co.kr/newpgm/9908000000.html? cid = ACK20150714003200881/，访问于2016年3月30日。

② 韩联社:《韩中举行“欧亚倡议与一带一路”国际研讨会》，http://chinese.yonhapnews.co.kr/newpgm/9908000000.html? cid = ACK20150714003200881/，访问于2016年3月30日。

③ [韩]联合新闻:《韩国驻西安总领事李康国，在韩国国内率先发行关于“一带一路”的分析》，http://www.youhapnews.co.kr/bulletin/2016/01/25/0200000000AKR20160125161400083.HTML? input=1195? ladb80d8/，访问于2016年4月1号。

④ 한상희(Han Sanghee):《韩国的“欧亚倡议”与中国的“一带一路”构想》，http://www.ekn.kr/news/article.html? no=178354/.访问于2016年3月30日。

以欧洲、亚洲为对象的发展战略,中国的"一带一路"战略是指连接中亚、俄罗斯、欧洲的陆运物流以及连接中国沿海、东南亚、非洲、欧洲的海运路线,因此这两个战略在很大程度上重叠。除了在地域上的交叠,在"沟通与开放"的战略内容,扩充基础设施等理念上也有诸多相通之处。

谈到中韩两国合作事业中的重点时,韩国国立外交院中国研究中心所长丁相基说道:"最近中国大力推进'一带一路'事业,以及亚投行事业,韩国企业也应该可以参加。我们需要好好考虑朴槿惠政府构想的'欧亚倡议'与中国的'一带一路'事业应如何契合。除此之外,青少年交流、学术交流、传统艺术交流等中韩人文交流事业也非常重要。"[①]参加博鳌亚洲论坛的济州道知事元喜龙就提议与陕西建立友好交流关系。他指出:"陕西省作为中国'一带一路'战略的核心城市,同时又是丝绸之路的起点,通过陕西省在航空、能源、信息产业等方面的发展成果可以预测其美好的发展前景。如果济州道与陕西达成友好交流的关系,定能协同发展。"[②]

韩国政界对中国"一带一路"战略的期望,鲜明地反映了高层对对接和利用周边大国的发展战略,通过优势互补,实现韩国的经济和社会发展的强烈愿望。韩国驻中国大使金章洙对此总结如下:中国作为古代丝绸之路的发祥地,力图将过去的丝绸之路打造成 21 世纪连接东西方通路的新丝绸之路,提出"一带一路"构想,积极推进向欧亚大陆的进军。朝鲜半岛南北分裂之后,韩国陆运堵塞,几乎成为被孤立的岛屿,中国提出的这一构想无疑是为韩国打开了进军欧亚的大门。目前,中国在世界上属于第二大经济大国,韩国对中国的依存

---

① 丁鑫:《国立外资院中国研究中心所长丁相基畅谈中韩未来发展之路》,http://china.ajunews.com/view/20150824180515555/,访问于 2016 年 4 月 2 日。

② [韩]联合新闻:《韩国驻西安总领事李康国,在韩国国内率先发行关于"一带一路"的分析》,http://www.yonhapnews.co.kr/bulletin/2016/01/25/0200000000AKR20160125161400083.HTML? input=1195? ladb80d8/,访问于 2016 年 4 月 1 号。

度也最大，因此中国是韩国推行“欧亚倡议”不可或缺的伙伴国。韩国的“欧亚倡议”与中国的“一带一路”如在以下三个方面协调推进，必将达到互赢效果：第一，“欧亚倡议”与“一带一路”的“连接性”。两个构想需要将包含韩半岛的东北亚地区进行连接，这样才能保证欧亚整体的“完结性”。中韩需要将欧亚全地域进行连接才可以充分挖掘欧亚的潜力，促进经济活跃。第二，中韩两国需要以 FTA 为基础，将中韩的经济合作扩充到欧亚域内的其他国家，促进各国之间的经济合作，创造新的共同繁荣的机遇。第三，欧亚倡议与“一带一路”在推行的过程中，需要循序渐进地诱导韩鲜开放，缓解朝鲜半岛的紧张形势。这三个层面都与欧亚倡议倡导的“一个大陆，富有创造性的大陆，和平的大陆”的理念一脉相承。①

二、经济界：积极主动，对接具体领域并重视基础制度建设

中韩两国建交后，双方在经贸领域的交流合作频繁，因此在韩国政界对中国“一带一路”战略持乐观态度并倡导积极融入“一带一路”的背景下，韩国经济界自然而然地发挥着“排头兵”和“急先锋”的作用，逐步形成了“政热经热”的新局面。

由中国政府主导的亚投行和“一带一路”战略并行，随着韩国成为亚投行创始成员国之一以及中国“一带一路”战略的全面实施，韩国有望成为间接受益国。韩国经济副总理崔炅焕与国家发改委主任徐绍史签署谅解备忘录时指出，韩国的“欧亚倡议”与中国的“一带一路”存在诸多共同点，存在极高的合作可能性。因为可以将协作范围

---

① 김장수(Kim Jangsoo)：《中国推进的“一带一路”构想与韩国的野心之作——欧亚倡议相辅相成，打造两国美好未来》，http://www.hankyung.com/news/app/newsview.php? aid=2015070751471/.访问于 2016 年 4 月 2 号。

扩大到政策协作、基础设施连接以及贸易、投资和金融合作等各个领域。[①]

韩国政府通过中长期的对外战略备忘录在基础设施建设与金融方面强化两国合作，同时促进韩国企业利用亚投行走出国门。韩国开发研究院（KDI）出台了题为《中国"一带一路"策略与中韩合作方案》报告书。特邀研究员 Choi Sooyoung 指出："随着中国主导的亚投行的设立，'一带一路'项目会为韩国企业带来机遇，韩国可以参与基础设施的建议……此外通过对欧亚国际运输走廊的连接还可以有效缩短运输时间。"KDB 大宇证券研究院许载焕（音）也表示："亚洲基础设施开发所对韩国产生的影响将在中国政府全面施行一带一路后开始显现。而从海外建设订单来看，中国将以中亚为主；而韩国则在中东地区极具市场。"[②]韩国国土部研究分析了中国"一带一路"战略以及亚投行融资市场，将参考此研究成果来制定韩国建设行业的对策、政府支援政策。此外还将着重就亚投行融资市场相关主要国家的战略、利用亚投行资金进入亚洲基础设施建设市场的方案进行缜密研讨。[③]

韩国经济界对"一带一路"的潜在角色也扩展到了金融领域。2015 年 11 月 20～21 日在济州岛新罗酒店召开的第一届中韩金融协作论坛上，参会的韩国与中国政府以及金融界人士提出中国的"一带一路"战略对韩国是非常好的机遇，以此为契机可以增进两国间的

---

① 오종탁(Jongtak)：《韩"欧亚倡议"与中"一带一路"互相促进》，http://www.asiae.co.kr/news/view.htm? idxno=2015103119582063244//.访问于 2016 年 3 月 31 号。

② 周鈺緘：《中国"亚投行""一带一路"并行韩国将从中受益》，2015 年 4 月 29 日[韩]《亚洲经济》，http://china.ajunews.com/view/20150429143315573/，访问于 2016 年 4 月 2 日。

③ 유승관(Yoo Seungkwan)：《韩・国土部，通过对 AIIB 的活用来探寻是否加入中国"一带一路"》，http://newsl.kr/articles/? 2534577/.访问于 2016 年 3 月 31 号。

金融合作，与会人士还普遍指出需要统一中韩资金运用规定。① 为了进一步支持韩国企业借“一带一路”的东风“走出去”，韩国进出口银行采取积极措施，努力扩大韩国企业在海外的基础设施订单，并与中国主要银行联手达成战略合作伙伴关系。对于合作原因，进出口银行相关人士指出，中国出台“一带一路”政策和中国主导的亚投行后，海外基础设施开发项目的订单将大大提升，今后中国主要银行在其中发挥的作用会越来越大。进出口银行与工商银行、中国银行为构建战略合作伙伴关系而签署业务协议也是为了扩大海外基础设施市场的领域。②

在这场主动拥抱并出击的行动中，韩国企业也得到了实实在在的好处。韩国贸易协会国际贸易研究院公布的《中国经济下半年展望及对华出口影响》报告书指出：由于“一带一路”等大规模基础设施投资的增加，中国出口恢复以及韩国新型汽车和智能手机的上市，对华出口情况有望继续得以改善。③

而经济界的智囊部门则对“一带一路”的研究更为深入具体，这些机构通过专题研究或联合举办研讨会等形式，不断为韩国经济和企业界提供关于“一带一路”战略的情报和策略建议，助力韩国企业分享蛋糕。LG 经济研究院高级研究员 Nam Hyojeong 发表了题为《21 世界伟大构想——包含中国实利与名目的丝绸之路》的报告书，对于“一带一路”的前景，他指出：“通过扩充中国—中亚—欧洲的物流基础建设，可以有效促进发展中国家的快速成长。”此外，他还指

---

① 김덕식(Kim Duksik)：《第一届中韩金融论坛……有必要统一两国的资金运营规定》，http://news.mk.co.kr/newsRead.php? no=1109764&year=2015/.访问于 2016 年 4 月 3 号。

② 申海燕：《韩进出口银行牵手中国主要银行“欧亚倡议”相伴“一带一路”》，http://china.ajunews.com/view/20150521134053100/，访问于 2016 年 4 月 2 日。

③ 丁鑫：《报告称中国经济现恢复势头韩四季度对华出口或得以改善》（2015 年 8 月 10 日），[韩]《亚洲经济》http://china.ajunews.com/view/20150810151048594/，访问于 2016 年 4 月 2 日。

出:"(中国)第五届领导班子具有强大的信念,最近两年中国最高领导人在外交方面展示了卓越的才能,2015 年出现可视性的成果,堪称'一带一路'史册上的元年",他还建议"韩国企业需要密切注视'一带一路'的推进成果,特别要关注'一带一路'对中国中西部地区形成的影响,根据这些指标来不断修正对中战略"。①

中国研究中心前任研究员 Lee Changju 发表的题为《正确理解中国的"一带一路"战略》的报告书,内容更为全面详细。书中,他缜密分析了"一带一路"的背景,整理了战略内容,非常全面地分析了韩国的对策,列举如下:(1)强化中韩协作,以便韩国的企业能进入中国的自由贸易示范区等中国推进的主要地区。韩国政府需要与自由贸易示范区的管理委员会进行积极的交流活动,为韩国企业提供信息,打造交流平台。(2)对那些与"一带一路"直接关联的中国边境地区进行投资,让韩国企业打入当地市场。例如广西壮族自治区是越南与中国南海相邻的地区,是与"一带一路"直接关联的地区,在中国—亚细亚的交流方面起着门户作用。韩国需要积极利用中韩 FTA 以及韩越 FTA,并制定充分利用此边境地区的方案。(3)密切关注中国通关制度,制定适合中国国内流通网的方案。(4)韩国已经与美国、EU、ASEAN 等许多国家以及地区签订了 FTA,韩国要充分利用这个条件,在韩国打造有利于中国人直接投资的环境。(5)积极探索韩国、中国以及第三国的连锁 FTA 或者经济合作方案。(6)在中韩 FTA 中将开城工业园定位为域外加工地带,以此为基础可以将朝鲜地区的工业园纳入中韩 FTA 制度内。(7)在朝鲜的罗真港附近建立第二个开城工业园,与中国的东北三省以及俄罗斯远东地区形成物流网。(8)打造条件,促使罗真港为代表的朝鲜港湾以及日本、中国、俄罗斯等的港湾可以利用釜山港作为中转港口,以釜山港

① [韩]联合新闻:《中国的"一带一路(陆·海丝绸之路)"战略将从今年起出现可视性成果》,http:news. mk. co. kr/newsRead. php? year=2015&no=257333. 访问于 2016 年 4 月 2 号。

为中心打造东北亚物流网新格局。(9)韩国作为大陆经济圈和海洋经济圈交叉的地区,具有得天独厚的条件,需要将重点放在与亚细亚—太平洋经济圈合作的方面。①

三、学界:积极探索并倡导融入,理性面对潜在困难

相较于政界和经济界近乎"一边倒"的乐观主义态度,韩国学术界对中国的"一带一路"战略的看法则相对理性,研究者既看到了"一带一路"战略对带动韩国经济发展和促进东北亚地区和平繁荣的积极作用,认同"一带一路"战略对塑造世界新秩序的推动作用,但同时也有学者对中国能否凭借一己之力实现"一带一路"战略的宏伟目标表达了担忧,并提出了相关建议。

首先,不少韩国学者都认同"一带一路"战略是一种全新的区别于美国的发展理念,它不但具有地缘政治上的意义,而且包含了东方文化的特点。成均中国研究所 Seo Jeonggyeong 在《"一带一路"的地政学:围绕欧亚展开的中美竞争》一文中指出:"中国在推行'一带一路'战略时采取了与西方完全不同的方式,他们以儒教文化为基础来形成话语体系,即中国所宣扬的'中华民族伟大复兴',同时'一带一路'战略也与过去西方殖民地的经营策略包含完全不同的理念。中国采用这种宣传方式以消除周边国家的后顾之忧,将其与周边国家捆绑为一个'命运共同体'"。②

韩国《中央日报》中国研究所所长 Han Udeok 也表达了类似的观点,认为韩国应该积极主动地参与中国主导的这一新的合作发展

① 이창주(Lee Chang ju):《正确理解中国的"一带一路"战略》,载《集中视角》2015年 GSnI(204),第 8~9 页。

② 서정경(Seo Jeonggyeong):《"一带一路"的地政学:中·美环绕欧亚展开的竞争》,载韩国成均馆大学《中国研究》2015 年第 3 期。

模式。他分析了中国推行“一带一路”战略的原因，并将“一带一路”战略简单地概括为EBA（Everyone But America），即除去美国以外的所有国家。中国在推进“一带一路”的进程中最主要强调的就是“互利共赢”，这不同于当前国际社会中将“互利共赢”作为宣传手段，实为意图称霸的普遍做法。此外他认为把“一带一路”片面地看作“政治外交的倡议”或者“经济协作项目”都是不恰当的，虽然其内涵的政治意图是不容忽视的，但是最重要的还是这一战略所含有的经济指向。什么样的西方论理都不能战胜中国提出的“通过经济合作，支援周边国家经济发展”的主张。社会间接资本投资、贸易自由化、人文交流等中国提出的战略内容非常具体也具有实质性。通过“一带一路”肯定会促进新的投资需求，扩大市场，韩国能够共同参与的可能性也非常高，可以产生共同创造利益的空间，加入亚投行便是韩国迈出的第一步。①

其次，部分韩国学者对中国“一带一路”战略在推进过程中可能会面临的现实困难也表达了忧虑。POSCO经营研究所首席研究员Sim Sanghyung就提出了他的忧虑：“中国是否有倡导60个国家参与的领导力与软实力？此外，以后南海的领土纷争，中国与印度、缅甸的边境纷争中国会采取什么样的态度都是未知数。而且，整个战略所需的资金可以说是天文数字，中国政府虽然有雄厚的资金实力，在承担广大地区的社会间接资本投资费用方面也难免出现问题。因此扩大亚投行的作用，同时吸引民间资本和跨国企业的参与都是非常关键的。只有建立能够确保长期投资基础设施建设的收益的制度才可以有效解决问题。”②

POSCO经营研究院国际研究中心所长Kwak Kangsoo也表达

① 한우덕(Han Wooduk)：《一带一路战略所包含的政治经济学》，载《Chindia Plus》，2015年(102)，第28～99页。

② 심상형(Sim Sanghyung)：《中国的一带一路战略》，载《Chindia Plus》，2015年(106)，第10～13页。

了自己的对"一带一路"战略的忧虑,认为"一带一路"的推行貌似踩着地雷前进:第一,关键是怎么避开当今在世界市场上掌握霸权的美国等西方国家的牵制来推进"一带一路"策略。美国通过环太平洋伙伴关系协议(TPP)来形成政治经济同盟。在奥巴马积极强化亚洲战略的情况下,中国向周边国家的进军以及影响力的扩大都没有那么顺畅。第二,在"一带一路"的推进过程中,会员国或者周边国家因为各种利害关系而容易发生摩擦。中国以单侧通行的方式推进此项目是无法成功的,中国会展现什么样的领导力来客服这些障碍,形成与周边国家的互信关系都是非常关键的因素。[①] 这一观点也得到了成均中国研究所 Lee Juyeong 的认同,他指出:"'一带一路'堪称是中国新型的改革开放模式,不过'一带一路'也有其局限性,即为了顺利圆满的推行此策略,相关地区与国家都应有共同的认知,个别地区的矛盾与摩擦很有可能成为'一带一路'推行过程中的绊脚石。"[②]

庆南大学的 Kim Taesik 教授在《对于"一带一路"推进背景与主要难题的研究》一文中,整理了中国推行"一带一路"的政治、经济背景,预测了在推行过程中将会遇到的难题。他指出,自从冷战体制结束后,在复杂的国际环境中,中国从内陆向海洋的扩展的"一带一路"战略因为各方的利害关系,不可避免地会与其他国家发生冲突。在"一带"的推行过程中,会遭到美国与俄罗斯的制约,在"一路"的推行过程中会牵涉中越、中印纠纷。不过不管怎么说,中国提出的"通过经济合作,支援周边国家经济发展"的主张是无可厚非的。[③]

最后,针对如何解决"一带一路"战略在推行过程中可能会遇到

---

① 곽강수(Kwak Kangsso):《中国梦与一带一路战略》,http://news.donga.com/3/all/20150622/72032134/1/.访问于 2016 年 4 月 4 号。

② 이주영(Lee Juyeong):《新型的改革开放模式,"一带一路"》,载韩国成均馆大学《中国研究》,2015 年 2(4),第 44～49 页。

③ 김태식(Kim Taesik):《试论"一带一路"战略的促进背景与主要难题》(A Study on the Project "One Belt, One Road": The Background and the Key Issues),载《大韩政治学会报》2015 年 23(4),第 49～71 页。

的困难，韩国学者从多个角度提出了对策和建议。成均中国研究所所长李熙玉在《"一带一路"倡议与韩中合作》一书中系统整理了中国提出"一带一路"战略的背景以及"一带一路"所面临的诸多问题。他认为，中国意在重构结合大陆权利（land power）与海洋权利（sea power)的世界经济版图，在现实争执中，只有结合两种权利才能够实现地缘政治价值的最大化。此外，在中国积极推行"一带一路"的过程中，虽然在全球范围内出现中美权利转移的可能性较小，但围绕国际秩序与国际规范却极有可能与美国产生矛盾。此外他还对加强中韩合作，以及发挥"一带一路"与"欧亚倡议'政策互动等方面提出了政策建议，主要包括政策互助、基础设施连接、贸易投资扩大、金融整合、共同开辟第三国市场、建立两国信息共享平台、投资及金融支援、共同研究、试验示范事业等一揽子内容。李熙玉接着指出："韩国政府推进的"欧亚倡议"旨在通过欧洲与亚洲的沟通与开放，共同建设和平交流、共同繁荣的新欧亚。这一点与中国'一带一路'构想的主旨是相同的。但现在并没有如何结合和区分两个倡议的具体设计，而且这其中最大的因素是，这些倡议还没有得到朝鲜的响应。为了克服这样一种局限性，中国应该将对"一带一路"的关注度积极推向东北地区。目前中国的政策有可能集中于西部地区或海洋线路上，而不是像朝鲜这种风险较大的地区。所以，韩国应该做出行动，扩大中国的战略视野，具体可以在珲春地区建设第二个类似于开城工业园这样的工业基地，以期探索在边境地区与中国共同推进南北经济合作的新方案。"①

总而言之，通过对韩国政商学界对待"一带一路"战略的观点的汇总，我们可以发现，韩国社会各界对"一带一路"战略总体持有非常积极的态度，认为"一带一路"战略是一种有别于传统的西方为主导的全新的发展模式，深深地打上了东方哲学中合作共赢理念的烙印。

---

① 이희옥(李熙玉)：《一带一路与中韩合作》，载成均馆大学《中国视角》2014年(15)，第10页。

“一带一路”战略反映了中国综合国力的提升，也表明了中国作为一个负责任的大国带动周边国家共同发展的庄严承诺。在具体的应对策略上，韩国政界更愿意将“一带一路”与韩国总统朴槿惠倡导的“欧亚倡议”结合起来，认为二者的目标均为实现地区和平和共同繁荣，可以实现互补，因此将两者联系到一起予以推进的话，东北亚和泛太平洋地区的合作也会自然地联系到一起。韩国经济界则一直充当中韩两国合作的“排头兵”的角色，中国的“一带一路”战略一公布便积极融入，并且探讨将协作范围扩大到政策协作、基础设施连接，以及贸易、投资和金融合作等各个领域，从而达到既带动韩国出口贸易和经济发展的目的，又能拉拢朝鲜促进整个东北亚地区共同繁荣发展的目标。另一方面，相较于政界和经济界近乎“一边倒”的乐观主义态度，韩国学界对中国的“一带一路”战略的看法则相对理性，一方面，大多数研究者认同“一带一路”战略背后所反映的中国综合国力的提升及其对塑造世界新秩序的推动作用，看到了“一带一路”战略对带动韩国经济发展和促进东北亚和平繁荣的积极作用，另一方面，也有学者对中国能否凭借一己之力实现“一带一路”的宏伟目标表达了担忧，并提出了相关对策和建议。

“一带一路”战略下前科消灭制度对跨国工作权实现的考虑

The Significance of Criminal Record Eliminating System for Realizing Transnational Working Right under the “Belt and Road Initiative”

李长勇　韩　剑*

[**Abstract**] Right to be forgotten is a new pattern of human right arising in recent years, which aims to protect individual historical information from unreasonable infringement. There is important referential significance in completing the criminal record reporting system of our country in the right concept behind it. Discussing the right to be forgotten of released prisoners in the strategic background of the “Belt and Road Initiative” is closely related to realize the transnational working right of this group. Pointing on this, this paper deeply analyzes the balance between being forgotten and being memorized in the criminal record reporting system with the theories and methods of jurisprudence and sociology, and then comes up with the legislative proposals which suggest establishing criminal record eliminating system in the reference of overseas experience.

[**Key words**] right to be forgotten, working right, criminal record reporting system, criminal record eliminating system

* 李长勇，山东大学法学院副教授；韩剑，山东大学法学院法学理论专业 2014 级研究生。

“一带一路”战略旨在促进经济要素有效自由流动、资源高效配置和市场深度融合，推动沿线各国更高水平、更深层次的区域合作。在沿线各国的经济合作中，跨国劳务是一个重要组成部分，切实保障劳动者所享有的跨国工作权对于促进“一带一路”战略下的经济互通、协调发展具有较为现实的意义。《中华人民共和国刑法》(以下简称“刑法”)第100条规定，依法受过刑事处罚的人，在入伍、就业的时候，应当如实向有关单位报告自己曾受过刑事处罚，不得隐瞒。这款条文在理论上被称为“刑事前科报告制度”，作为主刑和附加刑之外，犯罪人所需承担的另一项不利法律后果。这项前科报告义务对于刑满释放人员最显著的影响体现在就业中，亦即之前的受过刑罚处罚的记录成为一个严重阻碍刑满释放人员再就业的标签。与此相对应的是，以欧盟为代表的西方国家和社会近年来通过一系列判例逐渐确立“被遗忘的权利”的法律地位。作为法制后发型国家，我国历来重视对发达国家法律制度的移植和学习，此处借鉴此项权利所蕴含的人权理念，用权利义务分析法重新审视我国的刑事前科报告制度，对其中存在的问题和缺陷提出相关的立法建议，具有重要的理论和实践意义。

一、被遗忘的权利

从一定意义上说，人类信息技术的发展史是一部与“遗忘”相抗争的历史。从原始社会的结绳记事到近代的纸质印刷，再到互联网时代的电子数据，每次信息技术的进步都极大地提高了人类“记住”的能力。与信息科学领域取得的进步相反的是，社会科学界近年来开始关注这种技术进步对人类“被遗忘的权利”造成的侵犯。

被遗忘权是信息主体对已经发布在网络上，有关自身的不恰当的、过时的、继续保留会导致其社会评价降低的信息，请求信息控制者予以删除的权利。[①] 互联网大数据时代带来了信息存储和检索技术的革命性进展，其背后所隐藏的风险也日益引起关注——个人信息一经录入网络，即会永久存入信息档案，信息主体没有技术和渠道对其进行删除。针对这个风险，欧盟法院在谷歌诉刚萨雷斯一案中以判决的方式确认公民享有保证个人历史信息不被不合理获悉的被遗忘的权利。从定义上来看，被遗忘的权利更多的是作为一项民事权利来加以确认和保护，本文的主题与个人信息保护无关，此处借用这个概念旨在探析其背后蕴含的法理基础，然后以此为思路来分析刑事法律中的前科报告制度。事实上，被遗忘的权利与刑事法律也有着密切的渊源，追本溯源，被遗忘的权利曾是法国赋予已被定罪量刑的罪犯在刑满释放后可以反对公开其罪行以及监禁情况的权利。早在新中国成立初期，全国人大常委会法律室为了起草新的刑法典，收集了前苏联、印度、法国、德国、日本等国的刑法以及旧中国的《暂行新刑律》和《中华民国刑法》的总则进行拆分，编成《刑法分解资料汇编》，其中就有"前科消灭"一章。[②] 前科消灭制度体现的正是赋予刑满释放人员的被遗忘权。

赋予刑满释放人员以被遗忘的权利在社会和法律上的意义主要体现在犯罪人的再社会化过程上。社会学认为，一个生物学意义上的自然人，要能真正成为一个合乎社会规范要求，与社会同时存在、与时俱进，并能思维、创造、贡献于社会的真实的社会人，就必须自觉完成一系列不同类型的社会化。[③] 再社会化是指一个人全面放弃以前已经习得的价值标准和行为规范，重新确立新的价值标准和行为规范的过程。[④] 现代犯罪学对犯罪原因的研究事实上批判了龙勃罗

---

① 杨立新、韩煦：《被遗忘权的中国本土化及法律适用》，载《法律适用》2015 年第 2 期。

② 张德祯：《论我国前科报告制度的废止》，载《辽宁警专学报》2013 年 3 月第 2 期。

③ 苗伟明：《再社会化与罪犯改造——再社会化在罪犯改造活动中的特殊性及其表现》，载《矫正制度研究》2003 年第 5 期。

④ 张义珍主编：《社会学概论》，河北人民出版社 2012 年版，第 82 页。

梭的天生犯罪人理论，也就是说，犯罪现象归根到底是一个社会问题，从人类学的视角难以发现其本质根源。社会学一般将犯罪现象视为个人社会化过程出现严重失败所导致的结果，生物意义的个体在社会化过程中形成自己的社会人格，正常情况下这一社会人格与普世的社会文化是吻合的，这种契合性促成了群体的稳定和谐。当由于特殊的原因（比如不适当的家庭教育）导致契合性被打破时，就会产生不符合社会主流文化的亚文化群体，其行为因为与社会规范（主要是道德和法律）相悖而被视为越轨行为，犯罪行为即是严重的越轨行为。现代刑罚制度从维护人的可塑性这一理念出发否定了肉刑和大部分死刑的合理性，改而采用自由刑和财产刑作为主要的刑种，这一刑种的变革既是人权保障的需要，也使得犯罪人的再社会化成为可能。遗忘与社会化的联系就在于遗忘这种行为本身具有社会意义——具有社会属性的遗忘能给失败或者犯错的人第二次机会——一旦被遗忘的权利被剥夺则意味着一次失误会成为社会对个人永远的记忆。

被遗忘的权利的另一个意义体现在对刑满释放人员工作权的保障中。工作权指的是劳动者所享有的，获得就业保障和职业安定的权利。从工作权的内涵中不难看出，要实现工作权所要求的就业保障和职业安定，其前提条件是获得平等的就业机会。前科报告制度要求刑满释放人员在就业时应当如实向用人单位报告自己曾受过刑事处罚，不得隐瞒。这一报告义务的初衷在于引起用人单位对曾受过刑事处罚的雇员所具有的潜在危险性的警觉，但实际效果却是矫枉过正。在劳动力市场日益激烈的就业竞争中，刑满释放人员所带有的潜在危险分子的标签使得他们很难获得用人单位的青睐。就业对于塑造完整人格、实现个人价值的重要意义不言而喻，对于一个群体工作权的忽视很大程度上会将这个群体排除在正常社会之外。从保障刑满释放人员工作权的立场出发，改变现有的前科报告制度，赋予刑满释放人员以被遗忘的权利无疑会产生积极的社会效果。

然而，我国目前的刑事前科报告制度正在严重阻碍着刑满释放人员的再社会化进程。一方面，此项制度等于给犯罪人贴上了“一日为贼，终身为盗”的标签，在制度上人为地把刑满释放人员与其他社会群体割裂开来，每次职业的变动都会提醒他们自己的犯罪人身份。再社会化追求的是同过去彻底割裂，接受社会的普世理念以重塑自己的社会人格。比起刻意的提醒，显然遗忘对于这个过程更有帮助。另一方面，服刑期满意味着犯罪人已经通过接受法律制裁的方式为自己的犯罪行为付出了代价，至此对其行为的法律评价和法律处理正式宣告结束，刑满释放人员恢复自由的同时其身份和地位也应该一并还原，其中之一即是得到法律对其作为守法公民的正面评价，只有如此其才能以正常人的社会角色开始再社会化的过程。从犯罪人到守法公民这两个角色的转变不仅仅需要公权力机关做出依法宣告，更需要的是社会整体对前者的遗忘和对后者的接受。就业是重新融入社会的重要途径，前科报告义务所导致的就业困难也间接切断了刑满释放人员与社会接轨的通道，不利于他们的再社会化进程。

二、对“被记住的义务”的批判性反思

与被遗忘的权利相对应的是被记住的义务，后者显然是刑事前科报告制度的出发点。法学理论一般认为义务是法律主体所承担的某种负担，如果不履行义务则会招致被称为责任的不利法律后果。刑事前科报告制度的设计者制定这一法律条款的目的在于通过给犯罪人贴上危险标签引起社会（主要指的是工作单位）对他们的警惕，从而达到特殊预防的目的。刑法理论将刑罚的目的概括为预防犯罪与保障人权，二者并无明确的位阶标准进行取舍，一般来说随着我国人权保障力度的加大，保障人权的价值取向有日益深化的趋势，但当前法制背景下这一趋势尚不明显，惩罚犯罪震慑潜在犯罪人以维护社会秩序仍然是刑法的重要任务。预防犯罪可以细分为特殊预防和一般预防，前者指的是通过施加刑罚使犯罪人受到应有的惩罚，从而使他们丧失继续实施犯罪的能力和想法；后者指的是发挥刑罚“以儆

效尤"的作用,震慑社会中潜在的犯罪人,使他们不敢实施犯罪行为。实践中刑事前科报告制度主要发挥的是特殊预防的作用,理论上讲如果获悉求职者的刑事前科,用人单位可以提高警惕,对潜在的犯罪风险进行适当防范,确实可以发挥特殊预防的作用,但是现实中此项制度的效果却是大打折扣,原因既有立法技术本身存在的缺陷,也有社会发展导致的法律滞后。

首先,进入新千年以来,我国经济社会发展极为迅速,市场经济改革不断深化,与此相对应的是劳动力市场的市场化程度也在不断加深,国家政策对就业择业的影响力在持续萎缩,计划经济时代动辄实施的就业安置和扶持制度在新的经济环境下变得举步维艰。刑满释放人员在重新走向社会后只能卷入求职大军,自主就业。当前劳动力市场呈现严重的买方市场的趋势,大批合格劳动力难以找到合适的就业机会。在这种背景下,刑满释放人员一旦将自己的刑事前科告知用人单位,面临的基本就是不予录用的结果,所谓的用人单位进行监督和教导只能是一个美好的愿景。[①] 从群体整体情况来看,犯罪人普遍受教育水平较低,缺乏必要的谋生手段,兼之数年监狱生活导致生活方式和观念与社会脱节,使得他们很难自谋生计。综观古今中外,经济原因永远是诱发犯罪的首要因素。一个具有犯罪经验、主观恶性较大、受到社会歧视的群体如果没有养活自己的必要经济能力,重新走上犯罪道路就是顺理成章的事情了[②]。

其次,人是社会化的动物,每个人都不可能脱离社会关系而单独存在。就业作为个人获得生活来源、发展人际关系的重要渠道,事实

---

① 据北京市监狱局2005年对该局各监所复兴的2209名累犯进行的专项调查,有63.24%的累犯反映刑释后找不到工作,63.56%的人没有稳定收入,由此可见刑满释放人员在就业领域的困境非常严重。

② 关于就业和犯罪的关系,美国经济学家 Rudolph Winter-Ebmer 和公共政策研究员 Stephen Raphael 的研究表明,失业率下降2%意味着入室盗窃率下降9%,强奸和抢劫率下降14%,故意伤人下降30%。

上发挥着连接个人和社会的纽带作用。即便刑满释放人员顺利实现就业，其接受刑事处罚的前科也不可避免地进入用人单位的信息库，在当前缺乏配套措施保护此类群体隐私权的背景下，这些信息很容易在特定范围内传播开来，继而通过复杂广泛的人际圈予以事实上的公开化。我国是一个有着深厚的道德传统的国家，在一定意义上道德评价甚至会覆盖法律评价，成为构成个人社会评价的主力军。服刑期满仅仅标志着法律负面评价的终结，并不意味着道德评价也会随着好转。一旦某个个体的犯罪前科被公众知晓，随之而来的是整个社会的歧视和疏远，如此刑满释放人员将会承担巨大的心理压力，甚至其家人也会受到牵连，成为社会眼中的另类。犯罪人再社会化的一个重要任务是重新融入社会，一个充满歧视和敌视的环境显然不利于这个过程的顺利完成。

最后，对犯罪人心理的研究表明，犯罪人在刑满释放回归社会后主观心态上具有两个特点：角色认知逆向、利益相对剥夺与补偿心理。前者指的是通过自己观察社会，后者指的是以自己在服刑中损失的各种利益的补偿为定位自己行为的标准。[①] 这种心态所导致的直接后果就是刑满释放人员会视自己的牢狱生活为社会施加的惩罚，进而对社会包括社会中的个人产生敌视心理。刑事前科报告制度所课以的“被记住的义务”会进一步加深他们的这种心理，成为诱发再犯罪的潜在因素。贝克儿的标签理论在这个问题上具有较强的解释力。标签理论植根于符号互动理论，认为越轨行为是社会互动的产物，换言之，犯罪人被有意义的人——如教师、亲戚、警察等贴上标签，描述为偏差行为或犯罪者，他就逐渐自我修正，而成为偏差行为或犯罪者。从一定意义上说，刑事前科报告制度正是给犯罪人贴上了永久性的标签，并且这个标签在求职时必须展示在雇主面前。

---

① 王志强：《对刑满释放人员回归社会状态的分析》，载《江苏警官学院学报》2004 年第 19 卷第 6 期。

三、刑事前科报告制度的缺陷

前文分别从权利和义务两个角度分析了刑事前科报告制度对刑满释放人员重新融入社会的影响，尽管用较大篇幅对刑事前科报告制度做了批判性反思，笔者并无意于彻底否定这项制度，不得不承认类似制度在预防犯罪方面确实能够发挥积极作用，这也是当今世界很多国家刑法典都有前科报告制度的原因。然而，我国刑法第100条的这项规定本身存在立法技术和理念上的缺陷，导致实际运行中难以实现预期的效果。

第一，对适用主体的规定过于简单，没有根据罪过程度加以区分。刑事前科报告制度的适用主体是依法受过刑事处罚的人，除去《刑法修正案（八）》新增的未成年人犯罪免除报告义务的规定，这项制度适用于上到死刑缓期执行下到管制拘役的所有犯罪人，从主体的主观恶性和对社会的危害程度上来看跨度是非常大的。统计表明，对社会具有潜在威胁的刑满释放人员只占群体总数的一部分，相当一部分犯罪人实施犯罪行为是出于过失或者一时冲动，这种动机并不具有类似场景下的可复制性，比起前者可以说后者对社会几乎不存在构成二次伤害的威胁。现行的前科报告制度对所有刑满释放人员课以报告义务等于是对整个群体的全盘否定，固然不会放过一个坏人，却也会牵连无数改过自新的好人。罪责刑相适应是我国刑法的一项基本原则，刑法总则将犯罪人的主观状态区分为故意和过失，之后在分则所罗列的各个罪名中根据不同的罪过形态分别定罪量刑，充分体现了根据犯罪人的主观恶性加以区分对待的精神和理念，前科报告制度作为刑事制裁的延续自然也应该与这一基本原则所体现的精神保持一致。

第二，前科报告义务终身适用，没有免除期限。正如前文所说的那样，犯罪前科的终身报告义务不可避免地让人产生“一日为贼，终身为盗”的联想，这在本质上是一种对犯罪人再社会化持质疑立场的天生犯罪人理论。从我国的反歧视立法来看,对刑满释放人员在就业、教育、生活等方面的歧视是被明确禁止的,然而终身适用的前科报告义务却给这个群体贴上了永久性的坏人标签,刑事法律所代表的国家对公民个人的评价对社会具有明显的引导作用,立法者在此处表现出了耐人寻味的矛盾心态——一方面禁止社会歧视刑满释放的犯罪人,以防其再次被"逼上梁山";另一方面又带头歧视他们,将他们视为威胁社会秩序的不安定因素。笔者认为,这种心态的根源在于过于简单的制度设计难以权衡两方面的利益诉求,对免除期限的疏忽正是制度的粗糙面之一。

第三,仅设置义务,没有相应的法律后果。对于一条完整的法律规则的构成,无论是占主导地位的三要素说还是新兴的两要素说,法律后果部分都是不可或缺的。《刑法》第 100 条只有通过义务性规定所明确的行为模式,欠缺关于法律后果的规定,在立法技术上存在明显缺陷,这种情况有的学者称之为"无盾立法",即不用惩罚作后盾的立法。[①] 从制度的实际运行来看,即便刑满释放人员不履行此项告知义务,用人单位也无法通过法律手段要求前者承担这种欺骗行为所导致的损失,毕竟从任何法律中都无法找到对这种行为定罪量刑的依据(即便将其认定为劳动合同的先合同义务,也很难据此提出赔偿请求),法律在这里出现了本可以避免的漏洞。与此相矛盾的是,终身报告义务的设定使得对不履行者施加制裁成为不可能完成的任务。试想,一个因为醉酒驾驶被收监 6 个月的人在刑满出狱 20 年后,如果因为没有履行当年的犯罪行为所附加的前科报告义务而需要再次承受不利法律后果,显然这是不人道和不科学的,作出这项规定的法律恐怕也难逃"恶法"的指责。

---

① 杨剑波:《试论前科报告制度的完善》,载《人民检察》2004 年第 7 期。

四、遗忘和记住的平衡——前科消灭制度

被遗忘的权利着眼于犯罪人社会化进程的实现和基本权利的保障，被记住的义务则旨在通过设置标签引起警惕从而达到特殊预防的目的，可以说两者的出发点都是无可厚非的。词义完全相反的两组词语所形成的组合背后反映的是不同群体的价值取向和利益诉求，我国当前实行的前科报告制度过于侧重前者而忽视后者的理念是导致前文所述诸多缺陷的原因所在。法律是进行社会控制的主要工具，法律制度的任务之一即是平衡社会中的各种价值诉求以避免任意一方过度扩张对公共利益造成损害。对于本文所陈述的问题，这个适当的平衡点就是前科消灭制度。需要说明的是，除了刑法在累犯制度和前科报告制度中对前科所进行的规定外，《中华人民共和国法官法》《中华人民共和国检察官法》《中华人民教师法》等法律法规中对从事法官、检察官、律师、教师、会计等特殊职业设置了较为严格的准入门槛，其中就有对持有前科者的资格禁止性规定。鉴于这些职业对社会安全和公共利益所担负的巨大责任，笔者认为，消除其对犯罪人的资格限制所带来的潜在风险或非遗忘权所能承受之重，而且对一项现存制度进行跨越部门法学科的修订在短期内也是难以实现的，因此本文所指称的前科消灭制度仅限于刑事法律的范畴。

构建我国的前科消灭制度应该从以下几个方面入手：

首先，准确把握前科消灭的含义。对前科的定义自然不必过多阐释，这里需要说明的是理清前科和犯罪记录的关系。对于前科和犯罪记录，两者之间的基本关系应当是："犯罪记录"只是一种犯罪事实及其刑事判决的纯粹客观记载，"前科"则是对犯罪记录的一种规范性评价，"犯罪记录"和"前科"之间是一种评价对象与评价结论的关系。[①] 近年来，我国部分学者对前科消灭制度的实现模式进行过

① 于志刚：《前科消灭制度司法探索模式的批判性反思》，载《法学研究》2013年第3期。

多方面的研究，其中之一即是对犯罪记录的清除，笔者认为，这种观点正是混淆了两者的关系。在现代国家治理模式下，对过往权力行为的记录是审视和监督权力的需要，这其中就包括指向犯罪行为的刑罚权的行使记录，前科消灭应当旨在对犯罪记录所作评价的消除，而不是犯罪记录本身。换句话说，通过法律的形式避免对之前的犯罪记录进行二次甚至多次评价，辅之以犯罪记录的限制公开才是前科消灭的应有之义。

其次，规定前科消灭的适用条件。根据国外经验，前科消灭的适用条件主要体现在对期限的规定上，犯罪前科不可能在刑罚执行完毕后立即消灭，而是要经过一段时间以便发挥对犯罪人的监督和考察的作用。一般来说，这段期间的长短要综合考虑犯罪人的主观恶性、行为性质、犯罪后果等种种因素加以确定。对于前科消灭的考察时间可以借鉴《俄罗斯联邦刑法典》的规定，并考虑中国政治、经济、法治状况和社会公众的心理接受程度来设计。对于定罪免予刑事处罚、单独判处附加刑、管制的犯罪人，考察时间为 1 年；对被判处 3 年以下有期徒刑和拘役的犯罪人，考察时间为服刑期满后经过 3 年；对被判处 3 年以上 10 年以下有期徒刑的犯罪人，考察时间为服刑期满后经过 5 年；对判处 10 年以上有期徒刑、无期徒刑、死缓的犯罪人，考察时间为服刑期满后经过 10 年。①

再次，前科消灭的适用程序。目前理论界主要有到期自动消灭和法院宣布消灭两种观点。笔者认为，从提高效率和保障权利的角度考虑，当以到期自动消灭为宜。一是我国法院当前普遍承载着巨大的审判压力，如果将前科消灭的宣示作为法院的职责之一，无疑会进一步加大法院负担，同时占用司法资源。二是前科制度的本质在于对犯罪记录的法律评价，与来自社会的道德评价不同，这种法律评价的主体正是以法院为代表的司法机关，前科消灭制度的初衷在于

① 刘红岩：《法社会学视阈下的前科消灭制度研究》——以〈俄罗斯联邦刑法典〉为例，载《学习与探索》2012 年第 8 期。

禁止法院再次对以前的犯罪记录进行评价，这种允许到禁止的转变完全可以在法院内部完成，通过宣示的程序进行对外公告是没有意义的。

最后，前科消灭的法律后果。在我国刑法中，前科制度存在的意义体现在两个方面，一个是对累犯的认定和加重处罚；另一个就是前科报告义务。经过法定期限使得前科得以消灭后，首先，应该排除对于累犯的认定，刑法分则条文中加重处罚的相关规定也应该排除适用；其次，在于前科报告义务的免除，并且应当采取配套措施避免犯罪人的犯罪记录被公众知晓，为犯罪人真正融入社会提供最为有利的社会环境。

"一带一路"背景下企业走出去的法律风险和对策

Legal Risks and Countermeasures for Enterprises' Going-out under the Background of the "Belt and Road Initiative"

刘善华　耿鹏鹏*

[**Abstract**]　The "Belt and Road Initiative" will become an important foothold and focus of future for the construction of an open economy. For Chinese enterprises in foreign trade and investment, opportunities and challenges coexist. The investment environment of most countries along the "Belt and Road Initiative" is not ideal. In respect to legal arena, unfavorable factors awaiting China's enterprises are the low degree of rule of law, and the imperfect legal system in those countries. The need for an in-depth understanding of the law of the host country and the need to face potential government default risk and lack of dispute settlement mechanism also present challenges for Chinese enterprises. In order to enhance Chinese enterprises' management ability of legal risk, and to improve their legal risk awareness, it is also highly important to play the role of external advisory services, enhance legal research concerning related countries, strengthen judicial protection for foreign trade and investment and emphasize the dispute

* 刘善华，山东大学法学院副教授；耿鹏鹏，山东大学法学院2014级法学硕士。

settlement mechanism.
[**Key words**] the "Belt and Road Initiative", trade and investment, legal risk

"一带一路",即"丝绸之路经济带"和"21 世纪海上丝绸之路"。习近平总书记 2013 年 9 月 7 日在哈萨克斯坦纳扎尔巴耶夫大学演讲首提"一带",2013 年 10 月 3 日在印度尼西亚国会演讲时首倡"一路",形成"一带一路"的战略构想。2013 年 11 月 12 日,党的十八届三中全会通过的《中共中央关于深化改革若干重大问题的决定》明确"加快同周边国家和区域基础设施互联互通建设,推进丝绸之路经济带、海上丝绸之路建设,形成全方位开放新格局",自此,"一带一路"战略构想正式成为国家战略。[①] 历届三中全会《决定》是人们判断新一届中央领导集体未来 5 年乃至 10 年的施政方针和工作重点的重要依据,因此,在未来一个时期,推进"一带一路"建设将成为中国建设开放经济新体制的重要立足点和着眼点。2015 年 3 月 28 日,国家发展改革委、外交部、商务部联合发布《推动共建丝绸之路经济带和 21 世纪海上丝绸之路的愿景与行动》,"一带一路"上升为国家未来深化改革、深度开放的重大战略举措,亦将成为中国推进区域乃至全球经济发展的重大思维创新和理论创新。"一带一路",将重构世界经济版图和创新世界经济秩序。

一、"一带一路"战略带来的经济机遇和挑战

对于中国实施"一带一路"战略,国内外褒贬不一。支持的声音认为,"一带一路"倡议体现了中国的全球战略的创新,体现了合作共赢的理念,有利于促进本国经济发展,推动区域经济合作和建立全球

① 袁新涛:《"一带一路"建设的国家战略分析》,载《理论月刊》2014 年第 11 期。

经济新循环，对地区的和平和稳定有促进作用。[①] 担忧的声音认为，这体现了中国的崛起和背后深层的地缘政治危机，会对现有的区域合作机制构成挑战，甚至认为是美国当年援助欧洲的“马歇尔计划”的翻版。[②] 尽管对“一带一路”倡议有着不同的观点和声音，从我国对外贸易和投资的角度来看，“一带一路”沿线国家对我国经济的发展发挥着越来越大的作用。中国与“一带一路”沿线国家的贸易联系紧密，依赖程度不断加深，沿海省份对“一带一路”沿线国家的出口对其 GDP 增长的贡献较高，新疆对中亚五国的贸易对其 GDP 增长的贡献非常高，对中亚 5 国的出口有着很强的依赖性。[③] “一带一路”战略，并不仅仅是贸易自由化战略，投资便利化也是其中非常重要的内容。从经济合作的角度来看，中国与“一带一路”沿线国家之间除了存在明显的贸易互补外，中国改革开放积累的经济成就和经验技术为中国企业进行对外直接投资活动创造了条件。根据商务部的统计显示，2015 年 1～5 月，中国非金融类累计对外直接投资额达 454.1亿元，比去年同期(308.1 亿元)增长 47.39％。可以预见，随着“一带一路”战略的推进，我国对外直接投资活动将会越加活跃。[④]

“一带一路”战略所强调的“五通”，即加强政策沟通、道路联通、贸易畅通、货币流通、民心相通的“互联互通”，将会给我国企业的对外贸易和投资充分创造条件。可以预见，我国企业对外贸易和投资的主体数量将不断攀升，业务规模将不断扩大，业务领域将不断延伸，市场布局将会更加广阔，我国企业走出去会遇到全新的机遇和挑战。但是我们必须要看到的是，“一带一路”沿线国家，大多是发展中

---

① 蒋希蘅、程国强：《国内外专家关于“一带一路”建设的看法和建议综述》，载 2014 年 8 月 21 日《中国经济时报》第 5 版。

② 金玲：《“一带一路”：中国的马歇尔计划？》，载《国际问题研究》2015 年第 1 期。

③ 刘春腊、尹国庆等：《中国与“一带一路”沿线国家贸易格局及其经济贡献》，载《地理科学进展》2015 年第 5 期。

④ 钟春平、潘黎：《对外直接投资风险与“一带一路”战略》，载《开放导报》2015 年第 4 期。

国家，各国的政治制度和生态系统不同，各国经济发展水平、经济发展目标和战略不一致，各方面多元化色彩浓厚。沿线区域的整体发展水平和市场规模较低，高水平的经济一体化建设明显滞后，区域内贸易占比较低，贸易往来壁垒障碍较多，区域内基础设施投资存在较大的缺口。[①] 大多数国家都是地缘政治冲突的热点地带，投资安全存在隐忧，投资的外在环境不理想，政府的办事效率不高，投资便利化制度设计存在很大的提升空间。在相对不发达的国家，法治环境差，法律救济途径不畅通，并且各国的法律体系不同，和国内的规定千差万别。这些政治、经济、法律等方面的不利因素都将给企业走出去的道路上埋下风险和挑战。

二、中国企业走出去面临的法律风险

在企业走出去的过程中，法律无疑会扮演重要角色，对活动双方的行为起到重要的约束作用。在"一带一路"的建设过程中，以法律为框架对行为主体进行规范意义重大。笔者将主要从法律角度对企业走出去所面临的风险进行分析，并结合曾经发生的对外贸易和投资实例，从东道国法律本身存在的缺陷方面，对东道国的法律的了解方面，东道国政府违约以及矛盾纠纷解决的法律途径四个方面具体探讨企业展开对外贸易和投资面临的法律风险。

（一）东道国法律环境存在缺陷

通过对"一带一路"沿线国家的整体的风险评估，可以发现在可能参与"一带一路"的国家中，其运营风险评分差异悬殊。深陷战火的阿富汗和伊拉克不出意料地整体风险评分最差。中亚国家中的塔吉克斯坦和乌兹别克斯坦的风险评分紧随其后，而这些国家亦是"一

① 参见张茉楠：《全面提升"一带一路"战略发展水平》，载《宏观经济管理》2015 年第 2 期。

带一路”发展重点。[1] 沿线国家大多属于新兴经济体及发展中国家，有些国家法律制度并不完善，执法随意性和变化较大，或者通过颁布法律对境外投资者的跨国并购投资设置特别条件和程序予以限制，导致企业的海外投资风险增加。东道国的司法程序公正性、合同执行力、司法程序进展速度、对外国企业的歧视、没收或征收、不正当竞争、知识产权保护、私有财产保护、会计诚信及物价管制等都将对企业走出去的商业活动产生影响。越南就是一个这方面的例子，其法律非常复杂，存在前后矛盾且有待进一步阐释。而法官并不在乎自相矛盾，对其他法庭的裁决不以为然。此外，也很少有过往的案例可以用来提醒外国投资方提防潜在商业陷阱。合同谈判的过程可能很漫长，政府的立项许可批复也往往遭延误。走出去的企业如何应对并不完善的法律环境将是对企业风险应对能力的重大挑战。[2]

（二）对东道国法律了解不足

中国企业进行对外贸易和走出国门海外投资，其商业行为面对的是一个全新的法律环境。而法律又是所有行为的准则，商业活动也必须要遵循这一游戏规则。从中国海外投资失败案例来看，缺乏对东道国法律的了解可能会给海外的商业活动带来惨重损失。2005年，中海油以185亿美元全现金方式竞购美国尤尼科失败就是一个重要的教训。从法律角度讲，中海油最大的“败笔”之处就在于缺乏对美国两部对应法律的研究，一是国会通过的《能源法案》；二是《埃克森—佛罗里奥修正案》。[3] 依照这两个法律，美国外国投资审查委员会（CFIUS）对中海油竞购尤尼科计划提出了非常苛刻的审查标准，以并购会危害国家安全利益为由，迫使尤尼科最终接受了重新报价的本国雪弗龙公司，使中海油退出竞争，导致竞购案夭折。缺乏对

① 经济学人智库:《“一带一路”沿线国家风险评估》,载《建筑》2014 年第 14 期。

② 经济学人智库:《“一带一路”沿线国家风险评估》,载《建筑》2014 年第 14 期。

③ 参见徐芳:《海外并购的额外法律风险及其对策——由“中海油并购优尼科案”引发的思考》,载《法商研究》2009 年第 9 期。

交易所涉及的东道国法律的深入研究，一旦出现法律障碍将会对整个交易的顺利进行产生重大影响甚至是灭顶之灾，使前期投入付诸东流。

一般来说，投资“一带一路”沿线国家需要主要考察的是以下几个法律因素：投资目的国的基本法律环境；该国与我国是否有条约，尤其是投资保护条约；该国的外商投资法律和政策、外汇政策、劳工政策、税收政策等。“一带一路”沿线绝大部分是转型中国家和发展中国家，从法律体系看，有沿袭欧洲大陆的大陆法系国家；沿袭英美国家的普通法系国家；俄罗斯等东欧东亚国家虽也属于大陆法系国家，独特的历史经历又导致它与其他大陆法系国家不同；阿拉伯国家及伊朗属于阿拉伯法系等。此外，法律体系受宗教影响明显，即使是同样宗教背景的国家，法律体系也可能差异颇大。比如，同为伊斯兰国家，土耳其由于所处地理位置和早期对西方法律体系的吸收，法律体系不同于其他大多数伊斯兰国家，总体上仍然是大陆法系。不同的法律体系和同一法律体系的不同法律分支，会对企业了解东道国法律带来严峻的挑战。

（三）东道国政府违约

国内企业走出国门从事基础设施和能源等领域的业务往往涉及与东道国政府或代表政府的国有企业谈判，特别是在采用 PPP 模式的情况下，双方所签署的合同期限可能要长达几十年。由于东道国政府既是规则的制定者，又是合同的参与者，扮演了裁判员和运动员的双重角色，国内企业明显处于不利的地位。2014 年的墨西哥高铁竞标事件就是一个例证。2014 年 11 月 3 日，墨西哥政府宣布，作为墨西哥高铁项目的唯一竞标方中国铁建（其他竞标方因为仅有两个月的准备时间而放弃）中标墨西哥国内首条高铁——墨西哥城至克雷塔罗高速铁路项目。但是令人大跌眼镜的是就在 11 月 7 号，墨西哥政府又宣布取消由中国铁建牵头的国际联合体的中标，并将于月底重新开放招标。再如，2015 年 1 月迈特里帕拉 · 西里塞纳当选斯里兰卡新总理，位于首都科伦坡的总额为 14 亿美元的港口项目因他的上台而变得前景不明，工期的延误将给中国开发商带来严重损失。“一带一路”沿线国家多是发展中国家，其国家制度和执政政府很难做到像欧美发达国家那样稳定，因为政权更迭，政治因素所带来的政府违约风险不容小觑。

（四）纠纷解决途径不畅通

企业应该认识到，许多“一带一路”沿线周边国家如哈萨克斯坦、图库曼斯坦、伊拉克、黎巴嫩等国家都不是世界贸易组织成员，这些国家有关法律、政策不受世贸组织关于国际贸易仲裁制度的约束。同时，有的东道国也并不是《纽约公约》的缔约国，这就意味着在针对这些国别的投资项目的争议相关的国际仲裁中，即使取得有利于中方的裁决，但在获得东道国法院对这些仲裁裁决的承认和执行方面有着重大的不确定性因素，从而使得仲裁结果难以落实。[①] 因此，当争端产生，如何充分利用法律工具保护自身投资利益，争取更有力的局面，同样需要得到重视。2007 年，中国平安斥巨资购进欧洲著名金融机构富通集团大量股份，一跃成为富通集团第一大单一股东。但在 2008 年经济危机中，富通受到严重影响，比利时、荷兰及卢森堡三国政府对富通集团一系列的拆分交易使得平安集团损失惨重。面对比利时政府的实质违法征收行为，平安集团向解决国际投资争端中心（ICSID）提起仲裁请求。[②] 该组织要求争议的双方须为公约的成员国。截至 2013 年，该组织已有 150 多个成员国。但是在未被 ICSID 覆盖的国家中，企业面对政府对投资的不正当干预，如何寻求救济，将是我国企业走出去所需要谨慎考虑的问题。

---

① 周兰萍：《“一带一路”下的法律风险防范”》，载《施工企业管理》2015 年第 6 期。

② 参见梁咏《我国海外投资之间接征收风险及对策——基于“平安公司—富通集团案”的解读》，载《法商研究》2010 年第 1 期。

三、中国企业走出去法律风险的对策

（一）提高企业的法律风险管控能力

目前我国企业对海外投资市场的法律风险分析能力、控制能力及化解能力还较为欠缺，企业进行投资决策时对东道国投资的法律环境的综合考虑还不充分。因此，应对“一带一路”战略实施中长期投资风险的关键，是全面提升中国企业的市场敏感度和法律风险管控能力，切实杜绝跟风投资和盲目投资。[①] 我国企业在“一带一路”战略下开展海外投资时，既要考虑与东道国文化传统及风俗信仰的对接，也要考虑与东道国政治及法律制度的对接，正视不同社会文化的差异性，全面了解所在国家的历史传统、制度安排、媒体舆论、消费倾向乃至风俗习惯，从而制定灵活的战略。企业应当以全球化和跨国经营的视角和思维全面提升对海外法律风险管理的认识和理念，摒弃将国内风险管理的理念、经验和做法移植到海外的做法。坚持不懈地在海外履行社会责任，着力克服跨文化障碍，树立负责任的企业形象，化解隐性法律风险，提升软实力。通过完善海外风险管理战略架构设计、加强制度机制建设、增加管理要素投入、强化检查审核和不断持续改进来提高海外法律风险管理能力。把海外业务法律风险论证与市场论证、技术论证放到同等重要的位置，把法律风险管理嵌入项目的全生命周期。[②]

（二）发挥外部服务咨询机构的作用

知晓当地法律环境，避开法律“雷区”，可以说是整个投资战略至关重要的一步。针对东道国投资行业法律环境、投资对象和投资交易本身做全面的尽职调查必不可少。东道国的整体法律环境作为大的游戏规则，决定了外来企业在相关领域中应当如何投资、如何建

① 参见王卫星：《全球视野下的“一带一路”风险与挑战》，载《学术前沿》2015 年第 5 期。

② 参见王义桅：《绸缪“一带一路”风险》，载《中国投资》2015 年第 2 期。

设、如何运营以及如何退出的大背景。[①] 通过外部的咨询公司及律师事务所等服务机构，发挥行业协会在风险管理控制方面的综合协调作用，及时获取对特定国家、特定行业的法律环境研究报告，了解该国的产业负面清单，投资壁垒和相关的税收、劳工和外汇政策等。相关法律尽职调查和法律环境报告应当做到为特定的国家及特定的业务量身定做，重点突出其特殊性。在明确法律大环境的前提下，根据实际情况继续深入，对投资对象进行调查，厘清其所涉及的法律关系，辨别投资中是否有法律陷阱的存在。

（三）增强对"一带一路"沿线国家的法律研究

对"一带一路"沿线国家的法律研究需要有大量的深入一线、掌握实际情况、具有战略分析能力的研究人才，以弥补对其研究的空缺。笔者建议从国家层面建立统一的科学论证机构，由中央牵头，组织与利益拓展密切相关的政府机构、企业集团和学术研究机构，加大对海外投资目标国家法律风险研究的投入力度，对未来可能的法律需求进行全面研究和科学论证，形成详尽的国别投资法律风险研究报告。同时鼓励企业设立独立的海外投资法律风险评估部门，加大对研究机构和高校在法律风险识别评估方面研究的支持力度，加快海外投资风险分析师队伍建设。[②] 作为辅助手段，还可以增强和"一带一路"沿线国家的法律文化交流与合作，开展多样的法律学术交流活动，互派访问学者，翻译相关书籍，增进对彼此法律的了解，消除距离感。

（四）加强对外贸易和投资的司法保护

在"一带一路"建设中，法治是重要保障，而司法的作用不可或缺。中国应加强与沿线各国的司法政策和工作规划的协调，在条件成熟时加快制订双边和区域性的司法合作协议，借此与各国司法机

---

① 参见张晓慧《解读"一带一路"新形势下境外投资的法律风险管理》，载《国际工程与劳务》2015 年第 1 期。

② 参见王卫星:《全球视野下的"一带一路"风险与挑战"》，载《学术前沿》2015 年第 5 期。

制实现良性有效对接,从而为“一带一路”建设营造良好的法治环境。同时,我国法院还应借助公正高效地审理涉“一带一路”的案件,为“一带一路”打造公平公正的营商环境。积极与沿线各国讨论国际司法协助,切实保障中外当事人的合法权益,积极探讨并加强区域司法协助,配合有关部门适时推出新型司法协助协定范本等,正是新形势下对司法协助工作的新要求。[①]

加强对外投资和贸易的司法保护,既包括利用现行国际法、国际规则及机制,也包括创建新的国际机制和改革现行国际规则。“一带一路”战略的推进主要依靠签订双边以及多边合作协议的方式。目前,中国已同俄罗斯、塔吉克斯坦、哈萨克斯坦、卡塔尔、科威特等国签署了“一带一路”建设相关的合作协议。同时,中国已签署包括与东盟、新加坡、巴基斯坦等在内的12个自贸协定,涉及20个国家和地区。这些双边及多边的投资合作协议将会是“一带一路”建设顺利进行的引领力量,也会是防止“一带一路”建设障碍的有效手段。在“一带一路”建设过程中,要注意利用现有规则尽可能地将各方面事项予以规定,从而明晰各方的权利义务。

(五)重视风险规避和纠纷解决途径

国家应当重视对利益相关的重大事项进行协商谈判,以双边条约或多边条约的形式将成果固定,为争端的解决奠定基础,更好地保护合作各方的利益。通过签署和实施多边投资协定,严格依据约定,履行义务,主张权利,维护和保障企业权益。诸如签署《能源宪章条约》《贸易便利协定》《多边投资担保机构公约》《与贸易有关的投资措施协议》《解决国家和他国国民投资争端公约》《关于发达国家与发展中国家间税收双重征税协定范本》《多边税收征管互助公约》等双边或多边投资协定和税收协定,通过国际民商事法律程序或非法律程序解决国际投资或贸易争端,有效降低和转移投资风险,避免国际双

① 参见刘黎明:《浅议“一带一路”建设中的司法保护问题》,http://www.cermn.com/art243259.aspx,2015年11月16日访问。

重征税，保障企业跨境投资收益。此外，企业可以对东道国的投资额度予以投保，一旦发生投资损失，可以通过保险理赔获取补偿，以转移、分散和化解投资或贸易风险。中国出口信用保险公司（简称“中信保”）就是国家专门为减少走出去企业风险而成立的政策性金融机构。中国出口信用保险公司主要承保国家风险和买方风险。除此之外，还可向国际保险机构投保货币汇兑险、征收征用险、战争内乱险、政府违约险以及其他国际投资贸易险种，以分散和化解风险。①

四、结语

“一带一路”战略的提出和施行，是企业加强对外贸易和投资的良好契机。但是在看到机遇的同时，更加需要防范走出去的风险和挑战。法律风险无疑是企业所面临的众多风险中的重要一环。防范走出去的法律风险和挑战，企业应当提高法律风险管控意识，建立健全法律风险防范机制，同时充分借力于外在服务咨询机构，事前重视矛盾纠纷的解决途径，增强风险抗压能力。国家层面也需要加强对“一带一路”建设的司法保护，提倡支持涉及“一带一路”的法律研究，积极参与相关的国际协定的谈判和制订，为企业对外贸易和投资创造更加安全的外部环境。

---

① 参见汤吉军、安然：《国有企业跨国并购风险防范的制度研究》，载《经济体制改革》2015 第 3 期。

以“一带一路”推进地理标志国际保护

The “B & R Initiative” and the International Protection for Geographical Indications

王笑冰*

[**Abstract**] The conflicts between the EU and the US on GI protection brought about the battles in the field of FTAs and RTAs. The EU attempts to claw back its famous GIs which are used as generic names in many countries whereas the US preaches the virtues of free markets under the guise of neoliberalism and boycotts the EU's claim of inalienable rights on GIs. The scope and strength of GI protection provided in the FTAs concluded by China are inconsistent and need to be rectified. In response to the initiative of “the Silk Road Economic Belt and the 21st-Century Maritime Silk Road”, China shall contribute positively to the international protection for GIs. To this end China shall continue to support the negotiations on GIs in DDA and pursue list-based GI protection in FTAs which shall be combined with other related issues such as genetic resources and traditional knowledge for a comprehensive resolution.

[**Key words**] geographical indications, FTA, DDA, the “B & R Initiative”

* 王笑冰,山东大学法学院副教授。

一、地理标志保护的国际现状——欧、美之间的持续角力

TRIPS 协定第 22 条第 1 款规定:"就本协定而言,'地理标志'是指识别一商品来源于一成员领土或者该领土内一地区或地方的标记,该商品的特定质量、声誉或其他特征主要归因于其地理来源。"TRIPS 协定一方面为所有地理标志提供了一般水平的相对、主观保护,另一方面为葡萄酒、烈性酒地理标志提供了特别的绝对、客观保护。这一双重保护标准是欧盟、美国两大经贸霸权妥协的产物。但是欧、美在地理标志问题上的矛盾没有在 TRIPS 协定中得到完全解决,双方在多哈回合中继续交锋,形成所谓地理标志议题谈判,涉及地理标志多边通报和注册体系、扩大保护(延伸保护)、收回提案等问题。[①] 在多哈谈判之外,欧、美也在多、双边贸易谈判中积极推行各自地理标志保护立场。

(一)欧盟在贸易协定中的地理标志保护

欧盟极力通过双边贸易协定推行地理标志保护的主要原因是 TRIPS 协定未能充分体现其地理标志利益。

首先是对非酒类产品地理标志的保护不足。TRIPS 协定仅为葡萄酒和烈性酒地理标志提供较高标准的绝对客观保护,其他产品仅受相对主观保护,导致其地理标志在许多国家被滥用。例如,TRIPS 现有规则无法制止"美国制造"的"曼切戈型奶酪"这种用法。"曼切戈"(Manchego)是西班牙奶酪地理标志,但美国制造商只要标注了真实产地,就可以在国内使用"曼切戈"名称而不需承担法律责任,这显然损害了西班牙"曼切戈"奶酪的声誉及市场利益。

其次,TRIPS 协定的祖父条款存在缺陷。按照 TRIPS 协定第

---

① 参见王笑冰:《区域贸易协定下的地理标志保护》,载杨鲁慧等主编:《亚太发展研究》第 6 卷,山东大学出版社 2014 年版,第 468 页。

24 条第 4 款和第 5 款的规定，地理标志在他国被在先注册为商标的，注册商标不得受到侵犯。欧盟认为这一规定使欧盟生产商蒙受巨大损失。例如“帕尔玛火腿”在 TRIPS 协定生效之前已被加拿大公民注册为商标，使意大利“帕尔玛火腿”生产商不得不面临费用高昂的诉讼，并将其产品标记为“n. 1 火腿”与带有“帕尔马火腿”标记的较低品质产品竞争，每年蒙受的损失高达 300 万欧元。欧盟认为，这不符合优胜劣汰的公平竞争法则。

为使地理标志在第三国得到更充分保护，欧盟采取与第三国签订双边条约的方式。实际上早在欧盟成立之前，法国就开始采用这种方法来实现地理标志的境外保护，例如，在第一次世界大战之前，奥地利、德国和意大利就将“香槟”“干邑”等名称用作通用名称，令法国苦恼不已。一战后签署的 1919 年凡尔赛和平条约第 275 条规定，只要法国法律或法院判决认定“干邑”等地域名称是专属于该产品之特定地域的真实原产地名称，德国、奥地利、匈牙利和保加利亚就不得认定此类名称是通用性或描述性名称。[①] 可见这种安排方式最初不是以谈判方式进行，而是通过战争迫使德、奥等战败国向法国交出了“干邑”“香槟”等名称，与此相伴的还有德国向法国交出的阿尔萨斯和洛林的土地。[②] 此后法国又与芬兰、挪威、捷克斯洛伐克、波兰、拉脱维亚、比利时、卢森堡签署了类似的条约。这些条约确立了这样的规则：一个名称是否为专属于特定地区生产商的真实原产地名称或者是否应为通用名称或描述性名称，应由该名称原属国法律来决定。1928 年，法国与瑞士签署协定，将“干邑”和“阿马尼亚克”这两

---

① See Christopher Heath, “Geographical Indications: International, Bilateral and Regional Agreements,” *IIC Studies. Studies in Industrial Property and Copyright Law*, 25 (2005), pp. 100-101.

② See Justin Hughes, “Champagne, Feta, and Bourbon: The Spirited Debate about Geographical Indications,” *Hastings Law Journal*, 58(2006), p. 385.

个名称纳入保护。[①]

20 世纪 30 年代，法国与南非签订了小龙虾协定，南非同意对包括“香槟”和“勃艮第”在内的法国原产地名称提供保护。作为交换条件，法国同意采购南非生产过剩的小龙虾。[②] 根据 1970 年 12 月和 1971 年 1 月法国与美国的换文，法国承诺，对于非产于美国的带有“波本”和“波本威士忌”标记的威士忌或混合威士忌，禁止在法国销售或者从法国出口；美国也承诺禁止将“干邑”“阿马尼亚克”等名称用于任何非产于法国的产品上。[③] 其他类似双边协定还有 1960 年法国与德国签订的《关于货源标记、原产地名称和其他地理名称保护的协定》[④]、1973 年与西班牙签订的《关于原产地名称、货源标记和若干产品名称保护的公约》。[⑤]

欧共体成立后延续了法国的这一做法，与许多国家签订了与地理标志

---

① See Christopher Heath, “Geographical Indications: International, Bilateral and Regional Agreements,” *IIC Studies. Studies in Industrial Property and Copyright Law*, 25(2005), pp. 122.

② See Latha R Nair & Rajendra Kumar, *Geographical Indications: A Search for Identity*, New Delhi: Lexis Nexis Butterworths, 2005, pp. 223-224.

③ See Christopher Heath, “Geographical Indications: International, Bilateral and Regional Agreements,” *IIC Studies. Studies in Industrial Property and Copyright Law*, 25(2005), p. 122.

④ Agreement between the French Republic and the German Democratic Republic on the Protection of Indications of Source, Appellations of Origin and other Geographical Denominations of 8 March 1960.

⑤ Convention between the French Republic and the Spanish State on the Protection of Appellations of Origin, Indications of Source and the Denominations of Certain Product of 27 June 1973.

保护有关的双边条约,涉及罗马尼亚[①]、保加利亚[②]、匈牙利[③]、澳大利亚[④]、墨西哥[⑤]、南非[⑥]、马其顿[⑦]、克罗地亚[⑧]、斯洛文尼亚[⑨]、智利[⑩]、

---

① "Agreement between the European Community and Romania on the reciprocal Protection and Control of Wine Names-Protocol-Declarations of the European Community," *OJ L* 337, 31. 12. 1993, p. 178.

② "Agreement between the European Community and the Republic of Bulgaria on the reciprocal Protection and Control of Wine Names-Protocol," *OJ L* 337,31. 12. 1993, p. 12.

③ "Agreement between the European Community and the Republic of Hungary on the reciprocal Protection and Control of Wine Names-Protocol", *OJ L* 337, 31. 12. 1993, p. 94; "Agreement in the Form of an Exchange of Letters between the European Community and the Republic of Hungary on reciprocal preferential Trade Concessions for certain Wines and Spirits", *OJ L* 94, 4. 4. 2001, p. 14.

④ "Agreement between the European Community and Australia on Trade in Wine-Protocol-Exchange of Letters," *OJ L* 86, 31. 3. 1994, p. 3.

⑤ "Agreement between the European Community and the United Mexican States on the mutual Recognition and Protection of Designations for Spirit Drinks," *OJ L* 152, 11. 6. 1997, p. 16.

⑥ "Agreement on Trade, Development and Cooperation between the European Community and its Member States, of the one part, and the Republic of South Africa, of the other part," *OJ L* 311, 4. 12. 1999, p. 3.

⑦ "Agreement between the European Community and the former Yugoslav Republic of Macedonia on the reciprocal Recognition, Protection and Control of Wine Names," *OJ L* 342, 27. 12. 2001, p. 31.

⑧ "Agreement between the European Community and the Republic of Croatia on the reciprocal Recognition, Protection and Control of Wine Names," *OJ L* 342, 27. 12. 2001, p. 68.

⑨ "Agreement between the European Community and the Republic of Slovenia on the reciprocal Recognition, Protection and Control of Wine Names," *OJ L* 342, 27. 12. 2001, p. 87.

⑩ "Agreement establishing an Association between the European Community and its Member States, of the one Part, and the Republic of Chile, of the other Part-Final Act," "Annex V, Agreement on Trade in Wines," and "Annex VI, Agreement on Trade in Spirit Drinks and aromatised Drinks," *OJ L* 352, 30. 12. 2002, p. 3.

加拿大[1]、美国[2]等诸国。其中具有代表性的是与澳大利亚、南非和美国的贸易协定。

欧共体—澳大利亚葡萄酒贸易协定对缔约方的葡萄酒地理标志以及传统表达采用清单式保护，许多著名欧洲葡萄酒地理标志和传统表达被纳入清单。澳大利亚必须在过渡期内逐步停止对这些名称的通用名称使用行为。作为妥协和交换，双方同意共同取消在葡萄酒进口方面的技术壁垒，这实际上是欧共体放宽了对澳大利亚葡萄酒进口的技术限制。欧共体—南非双边贸易协定采取类似做法，要求南非必须在规定期限内停止对欧洲地理标志的通用名称使用，同时缔约双方相互承认对方的葡萄酒酿酒工艺，改善了南非葡萄酒进入欧共体市场的条件。欧共体—美国葡萄酒贸易协定要求美国限制对 17 个欧洲地理标志（即美国所谓“半通用名称”）的使用，这些名称只能用于产自欧盟的产品。但是在 2005 年 12 月 13 日之前，或者在协定签订之前已经在非产于欧盟的葡萄酒上使用这 17 个名称的人及其继任者仍可以继续使用，但必须与一个商标或新奇的名称一并使用，以便与欧盟的产品相区分。可见欧共体—美国葡萄酒协定和欧盟与澳大利亚、南非等国签订的协定有明显不同，即美国的半通用名称使用者在协定生效后还可以在原有范围内继续使用，没有期限的限制，只是禁止新的使用行为；而澳大利亚、南非等国的使用者必须在规定的期限内逐步停止使用。这种安排是欧盟迫于美国强大的单边力量不得不接受的结果。

总之，欧盟通过双边协定谈判，在部分 WTO 成员境内实现了对一些著名欧洲地理标志的强保护，限制和排除了 TRIPS 协定第 24 条之保护例外条款的适用，部分达到了“收回”地理标志的目的。然

---

① “Agreement between the European Community and Canada on Trade in Wines and Spirit Drinks,” *OJ L* 35, 6.2.2004, p.3.

② “Agreement between the European Community and the United States of America on Trade in Wine,” *OJ L* 87, 24.3.2006, p.2.

而，欧盟不甘心仅仅通过双边协定来实现收回之目标，而希望在多哈多边谈判中全面解决这一问题。2003 年 8 月，欧盟提出了收回提案，列出了要求所有成员国给予保护的 41 个地理标志。[①]

由上可见，从一战后的凡尔赛条约一直到今天的多哈谈判，收回和独占地理标志是法国乃至欧盟地理标志立场的一贯路线和轨迹，其最终目标是使地理标志通用化进程倒转，将在他国已经变为通用名称的欧洲地理标志重新据为己有。

（二）美国对地理标志强保护的抵制

欧盟的收回提案被美国学者讥讽为“逆转时间之手”。[②] 这种“穿越”保护无法被新世界国家接受：“罗密欧或许确信，玫瑰即使改用它名依然芬芳如故，但是 feta 奶酪如果改用它名还能在超市里销量依旧吗？”[③]旧世界的收回提案触动了新世界国家的利益，遭到强烈抵制，致使多哈回合地理标志议题谈判举步维艰。在欧盟四面出击签订双边贸易协定的同时，美国也在紧锣密鼓地推行 FTA 谈判[④]，鼓吹贩售新自由主义经济理论，大力推广商标法保护模式，抵制欧盟对地理标志的固化、强硬保护。例如，北美自由贸易协定（NAFTA）对地理标志的保护是非常有限的，它与 TRIPS 协定的规定非常相似，但没有 TRIPS 协定关于葡萄酒和烈性酒地理标志之特别保护的规定。NAFTA 对地理标志的保护实际上低于 TRIPS 协定的标准。

---

① *See WTO Talks: EU Steps up Bid for Better Protection of Regional Quality Products, European Commission, IP/03/1178, Brussels, 28 August* 2003.

② Deborah J. Kemp & Lynn M. Forsythe, “Trademarks and Geographical Indications: A Case of California Champagne,” *Chapman Law Review*, 10(2006), p. 288.

③ Tim Josling, “The War on Terroir: Geographical Indications as a Transatlantic Trade Conflict,” *Journal of Agricultural Economics*, 57(2006), p. 339.

④ 美国已经与澳大利亚、加拿大、智利、韩国、新加坡等 20 个国家签订了自由贸易协定。See Free Trade Agreements, available at the website of Office of the United States Trade Representative, http://www.ustr.gov/trade-agreements/free-trade-agreements, last visited on 25 September 2015.

二、我国的FTA地理标志保护及存在的问题

(一)我国的FTA地理标志保护

自2003年以来我国已签署了12个自由贸易区协定,分别是:《内地与港澳建立更紧密经贸关系的安排及其补充协议、中国—东盟自贸区系列协议、中国—巴基斯坦自由贸易协定》《中国—智利自由贸易协定、中国—新西兰自由贸易协定》《中国—新加坡自由贸易协定》《中国—秘鲁自由贸易协定》《中国—哥斯达黎加自由贸易协定》《中国—冰岛自由贸易协定》《中国—瑞士自由贸易协定》《中国—韩国自由贸易协定》以及《中国—澳大利亚自由贸易协定》。[①] 其中有6个协定涉及地理标志保护问题,分别是《中华人民共和国政府和智利共和国政府自由贸易协定》《中华人民共和国政府和新西兰政府自由贸易协定》《中华人民共和国政府和哥斯达黎加共和国政府自由贸易协定》《中华人民共和国政府与秘鲁共和国政府自由贸易协定》《中华人民共和国政府与冰岛政府自由贸易协定》和《中华人民共和国与瑞士联邦自由贸易协定》。

中国—智利自由贸易协定是我国第一个对地理标志保护作出规定的FTA。协定第十条规定:"一、列入附件二(一)中的名称是中国的地理标志,属于TRIPS协定第二十二条第一款规定的范围之内。这些名称将在另一缔约方境内按照该国国内法律法规,以与TRIPS协定规定一致的方式作为地理标志受到保护。二、列入附件二(二)中的名称是智利的地理标志,属于TRIPS协定第二十二条第一款规定的范围之内。这些名称将在另一缔约方境内按照该国国内法律法规,以与TRIPS协定规定一致的方式作为地理标志受到保护。"协定附件二(一)列举了两个我国地理标志:"绍兴黄酒"和"安溪铁观音"

① 关于中国自由贸易区建设的详细情况可参见:http://fta.mofcom.gov.cn/index.shtml。

（茶）；附件二（二）列举一个智利地理标志：“智利皮斯科酒”。

《中国—新西兰自由贸易协定》仅在第 159 条关于知识产权的定义中提到了地理标志：“就本章而言，知识产权是指《TRIPS 协定》定义的版权及相关权利，以及对商标、地理标识、工业设计、专利、集成电路布图设计及植物品种的权利。”就知识产权的保护而言，该协定只是重申了 TRIPS 以及缔约国双方参加的与知识产权有关之多边协定规定的保护义务。[①]

《中国—秘鲁自由贸易协定》第一百四十六条规定：“一、列入附件十（地理标志）中方列表的名称为符合 TRIPS 协定第二十二条第一款规定的中国的地理标志。这些名称将在秘鲁境内按照秘鲁国内法律法规的规定，以与 TRIPS 协定规定一致的方式作为地理标志受到保护。二、列入附件十（地理标志）秘方列表的名称为符合 TRIPS 协定第二十二条第一款规定的秘鲁的地理标志。这些名称将在中国境内按照中国国内法律法规的规定，以与 TRIPS 协定规定一致的方式作为地理标志受到保护。三、经协商并获得缔约双方同意，双方可以将本协定给予附件十（地理标志）所列地理标志产品的保护扩展至双方的其他地理标志产品。”

协定附件十的地理标志清单共列举了 22 个中国地理标志：

1. Anxi Tie Guanyin (Tieh-Kuan-Yin) Tea（安溪铁观音）
2. Shaoxing (Yellow) Wine（绍兴酒）
3. Fuling Pickled Mustard Tuber（涪陵榨菜）
4. (Ningxia) Zhongning Matrimony Vine（宁夏）中宁枸杞
5. Jingdezhen Porcelain（景德镇瓷器）
6. Zhenjiang Aromatic Vinegar（镇江香醋）
7. Pu'er Tea（普洱茶）
8. (Xihu) Longjing Tea（西湖）龙井茶
9. Kinghwa (Jinhua) Ham（金华火腿）

① 参见《中国—新西兰自由贸易协定》第一百六十一条之二。

10. Shanxi Mature Vinegar(山西老陈醋)

11. Xuanwei Ham(宣威火腿)

12. Longquan Celadon(龙泉青瓷)

13. Yixing Dark-red Enamelled Pottery(宜兴紫砂陶)

14. Korla Fragrant Pear(库尔勒香梨)

15. Min County Tang-Kuei (Chinese angelica root)(岷县当归)

16. Wenshan Notoginseng(文山三七)

17. Wuchang Rice(五常大米)

18. Tongjiang White Fungus(通江银耳)

19. Bama Miniature Pig(八马香猪)

20. Taihe Blackbone Chicken(泰和乌鸡)

21. Fuding Shaddock(福鼎四季柚)

22. (Nanjing) Cloud-pattern Brocade(南京)云锦。

秘鲁地理标志共有4个：

1. Pisco Perú

2. Cerámica de Chulucanas

3. Maíz Blanco Gigante Cusco

4. Pallar de Ica。

《中国—哥斯达黎加自由贸易协定》第一百一十六条规定："一、列入附件九(第一百一十六条第一款提及的地理标志)的名称为符合TRIPS协定第二十二条第一款规定的中国的地理标志。这些名称将在哥斯达黎加领土内按照哥斯达黎加国内法律法规的规定，以与TRIPS协定规定一致的方式作为地理标志受到保护。二、列入附件十(第一百一十六条第二款提及的地理标志)的名称为符合TRIPS协定第二十二条第一款规定的哥斯达黎加的地理标志。这些名称将在中国领土内按照中国国内法律法规的规定，以与TRIPS协定规定一致的方式作为地理标志受到保护。三、经协商并获得缔约双方同意，双方可以将本协定给予附件九(第一百一十六条第一款提及的地理标志)与附件十(第一百一十六条第二款提及的地理标志)所列地理标志产品的保护扩展至双方的其他地理标志产品。”

附件十列举的哥斯达黎加地理标志清单如下：

1. 哥斯达黎加香蕉

2. 哥斯达黎加咖啡

3. 瓜纳卡斯特(木材)

4. 奥罗西(咖啡)

5. 德雷斯里奥斯(咖啡)

6. 图里阿尔瓦(咖啡)

7. 西部谷地(咖啡)

8. 布伦卡(咖啡)

9. 中央谷地(咖啡)

10. 瓜纳卡斯特(咖啡)。

《中国—冰岛自由贸易协定》仅在第六十三条中就协定适用的知识产权范围的规定中提及地理标志，重申地理标志作为知识产权的组成部分适用 TRIPS 协定、巴黎公约、商标国际注册马德里协定等国际条约。①

《中国—瑞士自由贸易协定》第十一条第二款将地理标志纳入受保护知识产权的范围，并重申遵守缔约双方已加入之国际条约的保护义务。② 除此之外，协定第十一条第十三款条对地理标志保护作出专门规定：“一、缔约双方应确保其国内法给予地理标志充分和有效的保护手段。二、在本协定中，‘地理标志’是用于明确商品原产于缔约一方的领土，或领土内的一个区域或一个地方的标志，且该商品的特定质量、声誉或其他特性本质上归因于其地理来源。三、在不妨碍 TRIPS 协定第二十二条和第二十三条的情况下，缔约双方应采取所有必要措施，在符合本协定的情况下，确保对第二款所涉及的用于指示原产自缔约双方领土的商品的地理标志给予相互保护。每一

① 参见《中国—冰岛自由贸易协定》第六十四条。

② 参见《中国—瑞士自由贸易协定》第十一条第三款。

缔约方应赋予利益相关方法律手段以防止这些地理标志用于并非原产自上述地理标志所指明地域的相同或类似商品。"

(二)我国 FTA 地理标志保护存在的问题

从上述介绍可以看出我国签署的 FTA 对地理标志的保护存在两个问题：

一是保护方式不统一。上述 6 个 FTA 对地理标志保护采用两种不同方式——清单式保护和开放注册式的保护。中国与智利、秘鲁、哥斯达黎加的 FTA 采用清单式保护，缔约国必须对列入协定附件清单的地理标志提供保护；中国与新西兰、冰岛、瑞士的 FTA 采用开放注册式保护，缔约方须按照对方国内法的规定申请地理标志注册或保护，不设地理标志清单。

二是保护强度不一致。中国与智利、新西兰、秘鲁、哥斯达黎加、冰岛的 FTA 仅规定为地理标志提供与 TRIPS 协定或者缔约国双方共同参加的国际条约的保护；中国与瑞士的 FTA 第十一、第十三条第三款要求"每一缔约方应赋予利益相关方法律手段以防止这些地理标志用于并非原产自上述地理标志所指明地域的相同或类似商品"。这意味着中国和瑞士必须为地理标志提供客观、绝对的强保护，即只要地理标志被用于非产自特定地域之相同或类似商品上即应予以制止，不以造成消费者的误认、混淆为必要，而且这种保护不再仅限于酒类产品，而扩大适用于所有地理标志。这种保护与瑞士地理标志国内立法的保护一致，但与我国商标法的保护有一定差异，更接近于《地理标志产品保护规定》《农产品地理标志管理办法》的保护。中瑞 FTA 对地理标志的强保护是个值得特别关注的重大突破，应结合最惠国待遇原则对其后继效果作出评估。

三、以"一带一路"为指引推进地理标志国际保护

"一带一路"作为我国提出的欧亚大陆经济整合重大战略，是当前我国推动国际经济合作，实现各国经济互联互通，释放过剩产能、

解决经济发展不平衡问题的根本之策。就地理标志国际保护而言，我国也应当基于共商、共享、共建的原则，坚持开放合作、和谐包容和互利共赢，不论在多哈回合地理标志谈判还是在FTA谈判中都应当采取鲜明、一贯、统一的立场和策略。

（一）积极推动多哈回合地理标志谈判

在多哈回合地理标志谈判中，我国应继续坚持以下基本立场：一是地理标志保护必须贯彻公平和平等原则，酒类地理标志的强保护必须扩大适用于所有产品，多边注册制度亦应适用于所有产品；二是坚持国家主权原则和知识产权的地域性原则，多边注册的效力应由各成员根据自己的国内法和保护水平自主确定；三是强调对发展中国家和最不发达国家给予特殊差别待遇，以达到实质的公平正义；四是坚持将地理标志多边注册、扩大保护议题与传统知识、基因资源披露议题挂钩，使这三个问题得到综合、全面解决。①

上述立场不仅符合我国利益，而且也最大限度地尊重和维护了大多数WTO成员，特别是发展中成员的利益。

首先，我国地理标志保护的发展已经为强化国际保护提供了基础。我国地理标志保护的长足发展表现在以下几个方面：(1)地理标志制度建设有了很大进步，制度设计日臻完善。虽然现行三种并行体制存在重叠甚至矛盾，但已经形成了初步的冲突协调机制。(2)保护力度呈强化趋势。除了《商标法》为地理标志提供与TRIPS协定相同水平的保护之外，《地理标志产品保护规定》和《农产品地理标志管理办法》均为地理标志提供绝对、客观强保护。(3)地理标志注册数量增长迅速，已突破了5000个，与欧盟注册数量的差距越来越小。虽然我国注册地理标志的质量参差不齐，与欧盟存在差距，但具有一定数量的国内保护是国际保护的重要基础。总之，我国地理标志保

---

① See WTO document TN/IP/M/19, 19 July 2008, paragraph 23; WTO document TN/IP/M/20, 26 February 2009, paragraphs 26-28; WTO document TN/C/W/52, 19 July 2008.

护虽然还存在不足，但取得的进步和成就是不容置疑的，为我国地理标志产业向海外市场的拓展打下了良好基础，也是我们坚持多哈地理标志谈判立场的现实依据。

其次，坚持扩大保护符合我国和多数国家的长远利益。就经济利益而言，TRIPS 协定对酒类地理标志的强保护已经使欧盟最重要的地理标志利益——酒类产业利益得到了较充分的体现。但欧盟在其他产品上也有较重要的利益，如奶酪、火腿等。鉴于欧洲与新世界国家生活习惯、饮食文化的共性，以及欧洲产品在新世界国家的巨大市场利益，扩大保护将使欧盟受益最大，一如 TRIPS 协定对酒类地理标志的强保护使欧盟酒类产业收获了最大利益，因此欧盟是扩大保护的最大利益攸关方。

对于包括我国在内的发展中国家而言，扩大保护的现实利益应根据各国具体情况作具体分析，大体可分为两大派系。一类是曾被欧洲长期殖民的发展中国家。这些国家曾长期作为欧洲殖民地，经济严重依赖欧洲宗主国，经济结构单一，产品的销售甚至加工严重依赖西方。例如，印度的大吉岭茶是为满足英国人茶叶需求而生产，实际上印度本不产茶，英占印度后才在大吉岭引种茶叶，几乎全被英国消费。即使到现在，大吉岭茶也是主要供英国等西方国家消费，主要销售渠道被英国公司而非印度掌控。肯尼亚的茶产业也是非常典型的例子，其产品的加工和销售被西方大公司，如立顿、狄得利和川宁等掌控。另外像哥伦比亚等咖啡生产国的咖啡也主要供应西方市场，哥伦比亚等国更多是作为原材料供应者，产品加工和销售被西方公司掌控，[①]利润大头也被西方公司拿走。可见，这些发展中国家与西方国家之间的经济关系没有摆脱殖民地经济模式，它使本国产业严重依赖西方市场，抗风险能力低下，缺乏产业主导权。这些国家对地理标志扩大保护兴趣浓厚，因为这将使它们在西方市场中获得巨

① See Justin Hughes, "Champagne, Feta, and Bourbon: The Spirited Debate about Geographical Indications," *Hastings Law Journal*, 58(2006), p. 372.

大的潜在利益，它们甚至期待通过地理标志保护从西方公司手中夺回产业主导权，改变现有不公平经济秩序。

另一类发展中国家是未曾被西方长期或深度殖民的国家。这些国家产业结构独立，地理标志产品的主要市场在国内而非国外。我国即属此类国家。我国虽然地理标志资源丰富，但由于生活习惯、饮食文化独立和自成一体，地理标志产业的市场利益大部分在国内，即使有出口产品，大多也仅在海外华人圈以及韩、日、越这类长期受中国文化影响的地区有市场影响力。其他国家特别是西方国家因文化差异，对我国地理标志产品缺乏认知和认同。我国地理标志产业的生产营销环节均掌控在国内企业手中，对海外市场依赖甚微。因此对于我国这样的国家来说，扩大保护谈判的利益相对而言相当有限。但是考虑到未来我国国力和文化影响力的不断增长，我国地理标志的市场影响力也必将日益增强，会受到越来越多的关注和认可，因此地理标志强保护对我国地理标志产业长远发展仍然是有利的。

最后，坚持扩大保护，并将之与传统知识等议题挂钩具有道义优势。TRIPS 协定现有的地理标志双重标准保护是欧盟与美国利益妥协的结果，是西方两大经济霸权在乌拉圭回合中赤裸裸的媾和，完全无视广大发展中国家的诉求，是国际民主失败的典型表现，没有任何道义法理基础，必须予以坚决反对。传统知识和基因资源披露议题是广大发展中国家在多哈回合中最关心的知识产权议题之一。坚持扩大保护并将之与传统知识、基因资源披露议题挂钩有利于我国占据道义制高点，同时还可以作为谈判的筹码，抵制谈判对手的不当要求，促成我国在其他方面的利益交换。总之，应将扩大保护与传统知识、基因资源等议题挂钩和统筹安排，争取更多发展中国家的支持，强化我国在谈判中的话语权。

（二）在 FTA 中统一地理标志的保护方式和保护水平

我国应当将上述多哈回合地理标志谈判之立场贯彻于 FTA 谈判中，具体而言就是要在 FTA 中统一地理标志保护方式和保护水平。

就保护方式而言，应统一采用清单式保护。理由是清单式比开放注册式简单易行，更符合我国利益。首先，按照开放注册式做法，要在对方缔约国境内获得FTA规定的保护，必须由地理标志持有人按照对方缔约国法律自行申请注册，这对于地理标志持有人特别是我国的地理标志持有人来说是相当困难的，需要耗费相当的财力和人力。我国的地理标志持有人与新西兰、冰岛、瑞士这类发达国家相比，不论在经济能力上还是在法律技能上明显处于劣势，造成我国与这些国家地理标志持有人之间法律保护的事实不平等。另外，我国是个大国，市场规模举世瞩目，是新西兰、冰岛、瑞士这类小国无法相提并论的，我国地理标志产品在瑞士这类国家的市场利益十分有限，而瑞士的不少名优土特产在我国却有巨大市场利益，这就造成我国地理标志持有人对在瑞士申请地理标志注册兴趣缺缺，而瑞士对在我国申请地理标志注册和保护可能十分踊跃，双方地理标志保护会出现严重失衡。其次，地理标志注册申请过程存在不确定因素，地理标志注册职权机关拥有相当程度的自由裁量权，可能会因各种因素拒绝对方缔约国的地理标志注册。如果采用清单式保护，凡是列入清单的地理标志在对方缔约国境内自动登入注册簿或自动受到保护，就可以避免自由裁量和操弄空间。最后，从权利公示角度来看，清单式做法简单明确，使缔约国生产经营者知晓哪些是受保护的地理标志，避免因误判而侵权，即使发生侵权，地理标志的确权和保护也简单明了。申请地理标志注册则是个动态不确定的过程，很有可能因对方缔约国在先使用或抢注而导致注册失败，或者在获得注册后发生权利争议。

与此同时，要维持保护方式的统一连贯。如前所述，在我国与智利、秘鲁、哥斯达黎加以及冰岛的FTA中，地理标志保护均采用TRIPS协定的标准，即对酒类地理标志采用客观、绝对的强保护，对其他地理标志采用主观、相对的一般保护；但是我国与瑞士的FTA却全面采用强保护标准。本文认为，应当根据我国参与多哈谈判的立场来确定在双边谈判中的立场，并在国际谈判中一以贯之，使之成为我国的一贯立场。在多哈谈判中我国应当支持扩大保护立场，但是这一立场必须与多边注册、遗传资源和传统知识保护议题挂钩，并非单一孤立的立场；另外还要充分考虑主权原则和知识产权的地域性。就FTA谈判而言，我国在支持地理标志强保护的基础上亦应同时对遗传资源和传统知识问题作出规定，正如中瑞FTA第十一条第九款就遗传资源和传统知识问题作出了规定。这应当成为我国今后的一贯立场。

中国对"一带一路"沿线国家对外直接投资动机的实证分析

An Empirical Study on the Motivation of Chinese OFDI in Countries along the "Belt and Road Initiative"

张　岩　梁中云*

[**Abstract**]　the "Belt and Road Initiative" is one of the most important strategies for Chinese economic development. Based on the panel data of 11 countries along the "Belt and Road Initiative" from 2003 to 2013, this paper uses fixed-effect model to analyze the motivation of Chinese outward foreign direct investment (OFDI). The result of the empirical study comes out with that market-seeking motivation and resourceseeking motivation are more significant while technology-accessing motivation is not the main factor for Chinese OFDI in countries along the "Belt and Road Initiative". Besides, this paper finds that the open foreign currency policy and the appreciation of RMB are important factors for Chinese OFDI, while factors of geographical distance and cultural distance are not significant in the test.

[**Key words**]　The "Belt and Road Initiative", OFDI, investment motivation, fixed-effect model

---

* 张岩，山东大学经济学院副教授；梁中云，山东大学经济学院硕士研究生。

一、引言

近年来，我国对外直接投资发展迅速，据商务部统计，截至2013年末，我国对外直接投资分布在全球的184个国家和地区，占全球国家和地区总数的79%，对外直接投资流量达到1078.4亿美元，同比增长22.8%。亚洲、拉丁美洲是我国对外直接投资最为集中的地区，分别为756亿美元（占总存量的70.1%）和143.6亿美元（占13.3%）。截至2013年底，我国对外直接投资累计存量达6604.8亿美元，居全球第七位。①

"一带一路"是指"丝绸之路经济带"和"21世纪海上丝绸之路"，我国提出的"一带一路"发展规划就是要充分依靠中国与有关国家的双边、多边政策，建立有效的区域合作平台。越来越多的对外直接投资将眼光投向了"一带一路"沿线国家及地区。因此，本文在"一带一路"战略发展的基础之上，研究中国对"一带一路"沿线国家及地区对外直接投资的动机和影响因素。具体来说，本文将利用2003～2013年11个"一带一路"沿线国家和地区的面板数据对我国的对外直接投资进行计量分析，探究我国对外直接投资的影响因素和动机。

二、理论回顾与文献综述

传统的对外直接投资理论主要是解释发达国家对外直接投资的动机和影响因素。巴克利和卡森（Buckley &Casson，1976）提出了内部化理论。小岛清（Kojima，1978）提出了边际产业理论，他认为一国对外直接投资的动机是为了转移处于衰落阶段的边际产业以获取更大利润。邓宁（Dunning，2006）认为，中国的跨国公司可以通过

① 根据中华人民共和国商务部商务部、国家统计局、国家外汇管理局联合发布《2013年度中国对外直接投资统计公报》。

对具有高水平人力资本和智力资本的工业化发达国家进行对外直接投资来增强自身竞争力，因而中国企业对外直接投资的一个重要动机是获取国外的先进科学技术和战略资产。巴克利(Buckley，2007)考察了一系列影响中国对外直接投资的东道国因素。

在国内学者的研究中，程慧芳、阮翔(2004)利用引力模型分析了我国对外直接投资的动机，他们认为经济规模、人均国民收入以及双边贸易量是影响对外直接投资区位选择的重要因素；项本武(2005)认为，决定我国对外直接投资的因素有东道国国内生产总值、我国对该国的出口、汇率、东道国工资水平，而且这些因素的影响呈现出地区性差异。

三、对外直接投资的影响因素与动机分析

邓宁(Dunning，1977，1993)提出了对外直接投资的三种动机：市场寻求型，效率寻求型或者是成本减少型，资源寻求型。我们认为，中国的对外直接投资还有很多其他因素。下面结合中国实际情况开始一一分析影响中国对外直接投资的东道国因素。

(一)寻求市场

东道国的市场规模是影响对外直接投资的重要因素，市场规模的增加，企业通过对外直接投资可以更好地利用规模经济和范围经济，并且可以促进企业高效率地利用资源。“市场增长假说”认为相比于增长缓慢或者停滞的经济体，快速增长的经济体将会为跨国公司提供更多的机会去赚取利润(Lim，1983)。我们从三个方面来衡量一国或者地区的市场规模：

1. 以 GDP 来衡量一国的绝对市场规模。我们预测中国对某一国的对外直接投资额与该国的 GDP 具有正相关关系。

2. 我们将东道国的人均 GDP 也作为衡量市场规模的一个指标，并且预测中国对东道国的对外直接投资额与东道国的人均 GDP 具有正相关关系。

3. 以 GDP 的增长率来衡量一国的市场规模扩大速度，且预测中国对东道国的对外直接投资额与东道国的 GDP 增长率具有正相关关系。

（二）获取资源

伴随着国内经济的快速发展，中国由矿产资源净出口国转变为净进口国，近年来，自然资源的短缺更是成为限制国内经济发展的“瓶颈”。“一带一路”沿线国家大多是资源富足型国家，因而通过对这些国家的矿业、石油业等资源开采领域进行投资，可以有效地缓解国内资源短缺的状况。据此，我们预测中国对东道国的对外直接投资额与东道国的自然资源禀赋具有正相关关系。

（三）寻求战略资产

近些年来，在政府的大力支持和主导下，我国一些有实力的企业走出国门进行对外直接投资，而中国企业对外直接投资的一个重要目的便是获取先进的科学技术和战略资产，例如，获取著名的品牌以及当地的分销网络（Buckley，2007）。处于全球价值链低端环节的发展中国家企业可以通过向发达国家投资获取东道国的逆向技术溢出（刘伟全，2010）。

（四）政治风险

巴克利和卡森（Buckley and Casson，1981，1999）认为，如果东道国具有较高的政治风险，那么市场导向型的公司更倾向于用出口来替代在东道国当地市场的直接投资，而资源导向型的公司则会担心对东道国的直接投资会产生大量的沉淀成本，因而就会慎重考虑对东道国的直接投资。中国的跨国公司在进行对外直接投资时也很可能考虑政治风险，尽量避开政治风险较高的国家和地区。

（五）文化维度

相对于国内投资，对外直接投资由于语言、习惯、市场体系以及政治方面的差异将面临更多的风险与不确定性。各国之间文化维度的差异会从各个方面影响企业与东道国市场之间的信息交流，使本国与东道国之间的各种关系难以处理，这无疑会增加对外直接投资的成本。本文采用荷兰国际文化合作研究所所长霍夫斯塔德(Geert Hofstede)提出的“文化维度数据(Culture Dimension)”概念，用来衡量国别之间的文化差异，其中具体包含个人主义与集体主义、权力距离、不确定性规避、刚柔性、长期方向这五个指标来综合分析一国的文化维度，具体计算公式如下：

$$CD_i = \sqrt[5]{\sum V_i^5}$$

(六)政策的自由度

一国对待国外资本越开放，那么这个国家对于外资的吸引力越大，因此我们预期中国对东道国的对外直接投资额可能与东道国对外资政策的自由度具有正相关关系。在本文中，我们以一国 FDI 流量占其 GDP 比重作为衡量该国政策自由度的标准，这个比例越高，则该国对外资越开放。

(七)汇率

在开放经济中，汇率是影响一国对外直接投资的重要因素。一般而言，货币强势国家更倾向于对货币弱势国家进行直接投资，因为强势货币具有购买力上的优势。基于此，我们预期我国对东道国对外直接投资额与人民币相对于东道国货币的汇率水平具有正相关关系。

(八)东道国的通货膨胀率

巴克利(2006)认为，东道国难以预测和波动的通货膨胀率将会给市场寻求型的投资者带来不确定性和企业的长期规划问题，尤其是在设定价格和利润预期方面，而这会使得投资者减少对东道国的投资。东道国的高通货膨胀率也会带来其国内的货币贬值，而这会减少国外市场寻求型直接投资者的实际收益。此外，东道国高额的通货膨胀率会抬高跨国公司在东道国的原料采购成本，不利于出口导向型的对外直接投资者在第三方市场发挥成本优势，基于此，我们预期中国对东道国的对外直接投资额与东道国的通货膨胀率具有负相关关系。

（九）进口和出口

维农（Vernon，1966）的模型认为一国开始对外直接投资前，通过出口可以使市场风险最小化，即认为出口的风险小于对外直接投资的风险。我们预期中国对东道国的对外直接投资与中国对东道国的出口额具有正相关关系。

一国从东道国的进口可以密切两国之间的经贸关系，实际上，进口意味着东道国的资源转移到母国，而母国的公司可以采用对外直接投资的形式在当地生产然后转销回国内实现资源的转移，但是另一方面，也可能存在对外投资的“逆进口”效应。因此，中国对东道国的对外直接投资额与中国对东道国的进口额关系不明确，这需要看哪一种因素占主导地位。

（十）地理上的距离

Aristidisbitzenis，John Marangos 和 Valentinanuskova（2007）以问卷调查的形式对马其顿的外商直接投资进行研究发现，地理上的接近是马其顿吸引希腊等国直接投资最重要的原因之一。我们预期中国对东道国的对外直接投资额与中国与东道国的地理距离有负相关关系。

四、模型构建及实证检验

基于上述分析，同时本文借鉴了巴克利的计量模型，本文建立了如下计量模型：

$$ofdi_{it}=\alpha+\beta_1 \mathrm{gdp}_{it}+\beta_2 \mathrm{gdpp}_{it}+\beta_3 \mathrm{ggdp}_{it}+\beta_4 \mathrm{ore}_{it}+\beta_5 \mathrm{ht}_{it}+\beta_6 \mathrm{poli}_{it} +\beta_7 \mathrm{exch}_{it}+\beta_8 \mathrm{exp}_{it}+\beta_9 \mathrm{imp}_{it}+\beta_{10} \mathrm{inf}_{it}+\beta_{11} \mathrm{dis}_{it}+\beta_{12} \mathrm{ifdist} +\beta_{13} \mathrm{cp}_{it}+\beta_{it}$$

（一）变量说明和数据来源以及国家选取说明

由于一些数据为负，为了保证样本量，本文数据不取对数，各项数据来源及说明见表1。基于中国“一带一路”沿途所涉及的国家和地区，并考虑到数据的可获取性，本文选取了“一带一路”沿线具有代表意义的11个国家和地区，具中包括新加坡、马来西亚、印度尼西亚、越南、泰国、菲律宾、巴基斯坦、哈萨克斯坦、沙特阿拉伯、俄罗斯、埃及。

表1　　变量说明及数据来源

变量	变量说明	数据来源	主变量或控制变量
$ofdi_{it}$	第t期我国对第i国直接投资流量额(亿美元)	《2013年中国对外直接投资统计公报》	被解释变量
gdp_{it}	第t期i国国内生产总值(百亿美元)	世界银行指标数据	主变量
$gdpp_{it}$	第t期i国人均GDP(百美元)	世界银行指标数据	主变量
$ggdp_{it}$	第t期i国GDP增长率(%)	世界银行指标数据	主变量
orc_{it}	第t期i国燃料、矿物以及金属出口额占该国商品出口额百分比(%)	世界银行指标数据	主变量
ht_{it}	第t期i国高科技产品出口额占其制成品出口额百分比(%)	世界银行指标数据	主变量
$poli_{it}$	第t期i国政治风险指数	Political Risk Services International Country Risk Guide (PRS)	主变量
$exch_{it}$	第t期i国对人民币汇率，直接标价法	UNCTAD eeonoimc trends	控制变量
exp_{it}	第t期中国对i国的出口额(亿美元)	中华人民共和国国家统计局	控制变量

续表

变量	变量说明	数据来源	主变量或控制变量
imp_{it}	第 t 期中国从 i 国的进口额（亿美元）	中华人民共和国国家统计局	控制变量
inf_{it}	第 t 期 i 国通货膨胀率（根据期末 cpi 指数计算，%）	国际货币基金组织世界经济展望数据库	控制变量
dis_{it}	地 t 期中国距 i 国的地理距离	根据世界地图计算	控制变量
$ifdi_{it}$	第 t 期 i 国流入的 fdi 流量占其 gdp 比例（%）	UNCTAD DI database	控制变量
cp_{it}	当第 t 期 i 国与中国的文化距离，距离大于 100 时，cp_{it} 为 1，否则为 0	根据 The hofstedecentre 计算	主变量

（二）研究方法和步骤

中国对不同的经济体进行对外直接投资可能会有不同的动机，正是由于这些国家在发展程度、资源禀赋、市场规模、政治环境、文化环境等多方面的不同，才会对我国对外直接投资造成不同的影响。本文利用 2003～2013 年 11 个国家的面板数据进行实证分析。通过豪斯曼检验，本文对回归采用固定效应模型。表 2 展示了对所选取的“一带一路”沿线国家的回归估计结果。

表 2　　11 个“一带一路”沿线国家面板数据回归结果

变量	系数	t 值	P 值
gdp	−0.02	−0.041	0.93
$gdpp$	−0.01	−0.067	0.21

续表

变量	系数	t值	P值
ggdp	0.13	0.33	0.44
ore	0.16	0.10	1.80
poli	−0.34	−4.631	0.15
exch	−2.01	1.484	1.36
inf	0.16	0.22	0.73
imp	−0.03	−0.02	1.29
exp	−0.007	−0.04	0.17
dis	0.0009	0.004	0.22
ht	0.06	0.12	0.55
infdi	0.034	0.081	0.42
cp	−8.4	−4.07	2.1
cons	1.97	0.03	0.98

（三）回归结果分析

从表 2 的回归结果来看，我国对于“一带一路”沿线国家的对外直接投资，与代表绝对市场规模的 GDP 总额和人均 GDP 均为显着负相关关系，但对经济增长率的变化关系显着正相关，说明我国在对“一带一路”沿线国家进行对外直接投资时，更多关注的是投资对象国的经济增长潜力，而非当前经济总量。现实中，我国对“一带一路”沿线的新兴发展中国家的对外直接投资更为积极，主要考虑的就是东道国的经济发展前景，从具有增长潜力的经济体获取市场。

就资源寻求型动机来看，我国的对外直接投资对“一带一路”沿线国家的资源丰裕度具有显著的正相关关系，这表明我国对外直接投资具有较为强烈的资源寻求型动机，这与我国近些年来国内经济迅速发展而国内能源供应不足因而需要大量从国际市场获取能源的事实相吻合。

从表2的数据来看,我国企业对外直接投资也具有一定的技术寻求型动机,但是实证检验结果的p值并不显著,这表明目前对于"一带一路"沿线国家,我国企业对外直接投资获取技术的动机还不是很明显。

除此之外,东道国对外资的态度越开放,则我国对该国的直接投资越多,这表明了开放的外资政策是吸引我国对外直接投资的一个重要因素。

就汇率因素而言,我国对外直接投资与人民币汇率存在负相关关系,从间接标价法来看,当汇率增加也就是1单位的外国货币能兑换更多的人民币,即人民币贬值,我国对该国的直接投资越少,当1单位的外国货币能兑换更少的人民币,即人民币升值,我国对该国的直接投资越多。这表明人民币的升值可以促进我国的对外直接投资。

而从防范政治风险来看,我国企业对外直接投资并无明显的防范政治风险的动机,甚至从回归结果来看,我国对外直接投资与政治风险是负相关的,当一个国家的政治风险指数越高,即该国的政治风险越高,我国对该国的对外直接投资反而越低,政治风险越高,我国对该国的对外投资反而越多。但P值并不显著,表明政治风险对我国企业对外直接投资并无较大的影响。

从一国的宏观经济状况来看,我国对外直接投资额与其通货膨胀率具有正相关关系,这也证实了前文分析中的猜想,这可能与能源的非替代性和刚性需求有关。因而对外直接投资与该类国家和地区的通货膨胀率正相关也就不足为奇。

从进口来看,二者具有负的相关关系,这表明,进口与对外直接投资具有一定程度的替代关系。

而从表2的回归数据来看,地理距离和文化距离分别在我国对外直接投资中具有一定程度的影响,但是考虑到本文对地理距离和文化距离指标的设定,地理距离和文化距离几乎是固定不变,没有时间趋势，因而仅从表 2 的回归还无法得出我国对外直接投资与我国同东道国地理距离与文化距离的关系。由于前面的回归采用了固定效应模型，因此，下面考虑使用这 11 个国家中我国 2003～2013 年投资流量额的平均数据，将面板数据转化为截面数据，再单独将 *ofdi*、*dis*、*cp* 进行回归，表 3 显示了这 11 个国家的截面数据，表 4 是截面数据的回归结果。从表 4 回归结果来看，我国对东道国或地区的对外直接投资额与我国同该国或地区的地理距离具有微弱的正相关关系，而我国对一国的对外直接投资与我国同该国的文化距离是负相关的。从指标设计来看，当 *cp* 值为 0 时，表明两国之间的文化距离超过 100，有着明显的文化差异；当 *cp* 为 1 时，表明两国之间的文化距离在 100 以内。从回归结果来看，*cp* 越大，文化距离越小，我国对该国直接投资越多，*cp* 越小，文化距离越大，我国对该国直接投资越少。表 4 显示 *cp* 的系数为 7.8546，*p* 值为 0.452，并不显著，这表明文化因素对于我国对外直接投资影响并不明显。

表 3　　我国对 11 个“一带一路”国家对外直接投资的地理距离和文化距离截面数据

国家	*ofdi*(亿美元，2003～2013 年平均值)	*dis*（人口加权距离）	*cp*
巴基斯坦	1.93	4314.13	77.58
俄罗斯	4.61	4984.13	112.89
菲律宾	0.67	2431.24	97.38
哈萨克斯坦	4.92	3891.61	76.80
马来西亚	1.09	3736.57	102.11
沙特阿拉伯	1.12	7029.19	104.13
泰国	2.22	2796.87	75.26
新加坡	10.45	3971.18	85.68

续表

国家	*ofdi*（亿美元，2003～2013年平均值）	*dis*（人口加权距离）	*cp*
印度尼西亚	3.98	4562.06	84.64
越南	1.60	2345.95	75.57
埃及	0.42	7795.5	64.61

表4　对截面数据的回归结果

	系数	标准差	*t*值	*p*值
dis	−0.0095	0.0098	−0.97	0.339
cp	7.8546	10.3181	0.76	0.452
cons	10.0576	10.6575	0.94	0.353

五、结论

中国经济的发展，是一个不断开拓创新和寻求突破的过程，“一带一路”建设将为全面深化改革和持续发展创造有利条件，在区域合作新格局中寻找新的突破。根据本文的实证检验结果，我国对“一带一路”沿线国家尤其是新兴发展中国家的对外直接投资更为积极，主要考虑的也是东道国的经济发展前景，从具有增长潜力的经济体获取市场从而体现出明显的市场寻求型动机。同时，我国的对外直接投资还表现出较为强烈的资源寻求型动机。但获取技术的动机不是很明显，这也与我们选取的国家性质有关。实证结果还表明，开放的外资政策和人民币的升值是推动我国对外直接投资的重要因素。而基于“一带一路”全景式的发展战略，地理距离和文化距离在其中所产生的影响表现得并不显著。

参考文献

[1]胡博、李凌:《我国对外直接投资的区位选择——基于投资动机的视角》,载《国际贸易问题》2008 年第 12 期。

[2]黎平海、李瑶:《中国企业跨国并购动机实证研究》,载《经济前沿》2009 年第 10 期。

[3]张新乐、王文明、王聪:《我国对外直接投资决定因素的实证研究》,载《国际贸易问题》2007 年第 5 期。

[4]吴斯丹、毛蕴:《基于实证研究的日本跨国公司对华直接投资的驱动因素》,载《中大管理研究》2008 年第 3 卷。

[5]项本武:《中国对外直接投资:决定因素与经济效应的实证研究》,社会科学文献出版社 2005 年版。

[6]Hymer. S. "International Operation of National Firms: A Study of Direct Foreign Investment(M)," *MIT Press*. 1976.

[7]Vernon, Raymond. "International Investment and International Trade in Product Cycle(J)," *Quarterly Journal of Economics* 5. 1966.

[8]Buckley. P. and M. Casson. "The Future of the Multinational Enterprise(M)," *Jounrnal of International Business Studies*. 1976.

[9]Dunning . J. H. "Trade, Location of Economic Activity and the Multinational Enterprise: A Search for an Eclectic Approach(M)," *The International Allcoation of Economic Activity*. 1977

[10]Kojima, Kiyoshi. *Direct Foreign Investment: A Japanese Model of Multinational Business Operation*. London: Croom Helm. 1978,

[11]Dunning. J. H. "International Production and the Multinational Enterprises(M)," *Allen &Unwin* . 1981.

[12]Wells, L. T. *Third World Multinations: The Rise of Foreign Investments from Developing Countries(M)*, Cambridge MA: MIT Press. 1983.

"一带一路"倡议中的新加坡:比较优势与风险挑战*

Singapore's Role in the Building of the "Belt and Road Initiative": Comparative Advantage and Risk Challenge

范　磊　杨晓青**

[**Abstract**]　As an important node of the "Belt and Road Initiative", Singapore will play an active role in the process of development within the Initiative depend on its important strategic location, high quality talent strategy, perfect infrastructure, comprehensive legal system, clean and efficient government, safe investment environment and excellent competitiveness. In the implementation of this new initiative, there will be many opportunities, risks and challenges exist side by side. China and Singapore should seize the opportunities and face the risks in the future cooperation, to build a new model of bilateral relationship be-

* 本文是山东省教育厅2016年度高校人文社科研究计划项目《国际比较视角下各民族交往交流交融的"底层设计"研究》的阶段性成果,项目编号J16YA11;山东政法学院科研计划项目《新加坡族群治理的法治化及对中国的借鉴意义》的中期成果,项目编号2015Q21B。

** 范磊,博士,山东政法学院讲师、山东省社会稳定研究中心研究员、察哈尔学会研究员;杨晓青,山东政法学院传媒学院助教。

tween these two countries.

[**Kew Words**] the "Belt and Road Initiative", Singapore, cooperation between China and Singapore

2015 年 10 月，中国和新加坡迎来建交 25 周年。作为"亲密友好邻邦，(中新)建交 25 年来，各领域务实合作全面深入，成果丰硕。中国政府高度重视发展同新加坡的友好合作关系"[①]。作为"一带一路"倡议的重要节点国家，新加坡对"一带一路"倡议也给予了充分的关注和参与，政商学各界对此倡议的兴趣与日俱增，进入 2016 年以后有了更多新的特点。目前，中国是新加坡最大的贸易伙伴，而新加坡也成为了中国最大的外资来源国，良性发展的双边关系为两国接下来的多领域合作奠定了更加坚实的基础，而"一带一路"倡议的提出和推动，也必定会赋予两国关系更多新的特征和意涵。

一、"一带一路"倡议发展中新加坡态度的转变

2016 年 3 月 8 日，《联合早报》与新加坡工商联合总会联手推出的"一带一路"专网正式上线。该网站是东南亚首个专门以"一带一路"为主题设立的综合信息网站，旨在推动新加坡企业深入了解"一带一路"，并为全球华文读者观察"一带一路"提供新加坡和东南亚的视角。[②]新加坡总理公署部长兼职总秘书长陈振声在致辞中指出，"一带一路"倡议致力于建设和加强区域性互联互通以及国与国之间在基础设施建设上的合作，充分体现了互利共赢的信念。[③] 新加坡此举充分展现了该国对"一带一路"倡议的认可度、参与度和重视度。

---

① 《李克强致电祝贺李显龙连任新加坡共和国总理》，载 2015 年 10 月 2 日《人民日报》。

② 《"一带一路"专网上线》，载 2016 年 3 月 9 日《联合早报》。

③ 《陈振声："一带一路"专网上线切合时宜》，联合早报网，2016 年 3 月 8 日，http://www.zaobao.com/realtime/singapore/story20160308-590332。

早在2014年11月，新加坡总理李显龙在北京出席亚太经合组织峰会时就曾积极表态支持中国倡导的区域间互联互通建设，并将配合中国的西部大开发计划和新丝绸之路经济带的构想，在中国中西部做一个新的合作项目。充分发挥新加坡的复合优势，为海上丝绸之路建设提供全方位服务，并且积极支持被视为“一带一路”试金石的“亚投行”提议。[①] 这是新加坡领导人在官方渠道明确表态对“一带一路”倡议的支持。

整体而言，此前在倡议提出以后的很长一段时期内，新加坡也曾经表现出观望和疑虑的态度。其中的原因大概如学者所指出的，目前不论是东南亚国家还是中亚国家，都对中国所提出的“21世纪海上丝绸之路”和“丝绸之路经济带”发展战略的内容和具体的实施路线图没有一个清晰的认识，所以，以至于新加坡等东南亚国家看不懂该倡议的具体内容，或者对其存在不同程度的疑虑，甚至也希望能有域外大国参与其中。[②] 中国需要将这些合作的内容和合作范围等等进行细化，当前不要过早推动多边合作，要通过让利的形式，在双边的角度着手推动这一战略的实施和落实。[③]

大多数新加坡官员在“一带一路”倡议提出时，或在接受中国媒体采访以及访问中国时也都表达了对“21世纪海上丝绸之路”的支持和认可。他们普遍认为中国正在推动的“21世纪海上丝绸之路”战略是一个非常及时的倡议，可以促进中国与东盟之间实现更好的互联互通。新加坡欢迎“21世纪海上丝绸之路”建设，并希望在“21

---

① 《支持亚投行与重建“海上丝绸之路”》，载2014年11月12日《21世纪经济报道》。

② 《中国学者：亚细安国家对“一带一路”普遍审慎观望》，2015年4月13日《联合早报》。

③ 《新加坡政商学界共话“21世纪海上丝绸之路”》，中国新闻网，2014年7月20日，http://www.chinanews.com/shipin/cnstv/2014/07-20/news463639.shtml.

世纪海上丝绸之路”建设中新加坡可以发挥全方位的枢纽作用。[①]虽然官方人士在与中国相关的场合尤其是到访中国时都展现出对“一带一路”的积极热情，但是综合来看新加坡官方在新加坡国内的态度却基本延续了以往低调的行事风格，并没有在新加坡社会进行较大范围的造势。随着倡议路线图的发布，建设内容和思路日益清晰以后，新加坡学界对“一带一路”的关注逐渐成为一门显学，政商各界也开始积极回应，并举行相关活动积极推动。[②] 这与新加坡历来所遵循的实用主义外交政策和平衡战略有着密切关系。对于一个生存环境恶劣、资源匮乏且又注重大国平衡战略的小国而言，有这样的态度和认知是可以理解的。

2015 年 7 月，新加坡前外长杨荣文在参与一场活动时指出，中新之间特殊的文化联系使得两国存在广阔的合作空间。新加坡期待“一带一路”倡议的落实，因为它的连通性将为新加坡带来新的发展机遇，而新加坡也可以帮助中国及东盟国家解决在倡议落实过程中可能面临的困难。[③]该观点代表了 2015 年以来新加坡社会的主流看

---

① Welcome Speech by Mr Lui Tuck Yew, Minister for Transport and Co-chairman of Singapore-Guangdong Collaboration Council at Singapore-China (Guangdong) Economic and Trade Cooperation Conference, http://www. iesingapore. gov. sg/~/media/IE%20Singapore/Files/Media%20Centre/Speeches/SporeGuangdong20conferenceMinister20Lui20Welcome20speech2120Apr. pdf.《专访新加坡贸工部长：期待与中国合作加速区域一体化步伐》，中国新闻网，2014 年 8 月 11 日，http://finance. chinanews. com/cj/2014/08-11/6481246. shtml。《张松声：新加坡参与“新海上丝绸之路”是互惠互利》，新华网新加坡频道，2014 年 9 月 16 日，http://sg. xinhuanet. com/2014-09/16/c_126990894. htm#715159-tsina-1-80514-b4627af4aa6de3e8cf9f7d8876a92f2c.

② 《“一带一路”：中国海上丝绸之路带给新加坡的挑战和机遇论坛》，新加坡海南会馆，2015 年 6 月 28 日，http://hainan. org. sg/index. php? m=index&a=news_view&id=147。

③ 《新加坡前外长：中新互惠合作潜力无限超越想象——访新加坡前外交部长杨荣文》，新华网新加坡频道，2015 年 9 月 21 日，http://sg. xinhuanet. com/2015-09/21/c_128251934. htm.

法。同时,新加坡还是第一个确认参与亚洲基础设施投资银行的发达国家。2015 年 6 月,亚投行协定签署时,新加坡财政部官员就表示计划认购 2.5 亿美元的亚投行资本,显示了新加坡对于该项目的支持。2015 年 7 月在新加坡举行的"慧眼中国环球论坛"上,李显龙总理再次表示,"一带一路"可以带动整个亚洲和中亚的发展。[①] 所以,新加坡希望能积极参与其中并发挥积极的作用。可以说,新加坡目前已经像加入亚投行那样成为了"一带一路"航船上的热心旅客。

二、"一带一路"倡议中新加坡的优势

新加坡之所以能够从观望到积极参与和推动"一带一路"倡议,一方面与该倡议本身的吸引力有着根本的联系;另一方面还在于新加坡自身有着其强大的优势,使其在参与和推动该倡议的进程中不仅能够成为"一带一路"的重要节点和枢纽,还可以让其在该倡议的实施过程中借助其所具有的优势,满足新加坡的发展诉求,确保其国家利益的实现。如新加坡官员所说,新加坡可以借助"21 世纪海上丝绸之路"倡议,一方面推动商品和资金的流动和全球性的文化与思想的交流;另一方面以此来提升世界不同文明之间的和平与合作,提升在这个持续增长的世界中公众的生存与发展。[②] 通过"良性竞争,合作互补,实现共赢状态。"[③]新加坡在"一带一路"中的优势体现在两大层面:自身的优势以及与中国关系中的优势。

首先,关于新加坡自身的优势。新加坡自身的优势一种是与生

---

① 参见《新加坡眼中的"一带一路"》,载《财经国家周刊》2015 年第 16 期。

② Speech by Consul-General Loh Tuck Wai at the Business Dialogue organized by the Guangdong Department of Commerce, 29 April 2014, http://www.mfa.gov.sg/content/mfa/overseasmission/guangzhou/whats_new/01/01/wats_new_20140429.html.

③ 《新加坡商界领头人:海丝建设必经之地将起枢纽作用》,中国新闻网,2014 年 7 月 18 日,http://www.chinanews.com/sh/2014/07-18/6401490.shtml.

俱来的，比如，东西方交通咽喉要道的地缘战略位置，得天独厚的深水避风港条件等等，更多的则是新加坡在长期的发展中形成的卓越的人才战略、明确的金融与航运枢纽的定位、完善的基础设施快捷开放的信息通信体系、完备的法律体系、高效廉洁的政府、安全的投资与宜居环境、高效的管理与创新能力以及因此而积累起来的卓越竞争力，等等。《2015～2016 全球竞争力报告》显示，新加坡的竞争力仅次于瑞士，位居全球第二。[①]报告中新加坡排名最高的几项内容涵盖整体市场效率、高等教育及培训和货品市场效率等方面，在基础设施、卫生与小学教育、劳动市场效率和金融市场发展等方面则排名第二，连年排名位居全球第二和亚洲第一充分显示了新加坡在竞争力方面的优势和潜力。目前，新加坡已经成为全球最具影响力的国际金融中心之一，是亚洲最大的商品和石油贸易枢纽，在当前"一带一路"倡议沿线国家中是最具投资价值和竞争力的国家。

2015 年初，凭借良好的空气品质、稳固的基建、世界级的医疗设施和低犯罪率，新加坡连续第 16 年在全球最适宜居住地区的调查中蝉联榜首，成就了最具代表性的"新加坡模式"。[②] 这也无形中塑造了新加坡的国家品牌，形成了以高效、廉洁、诚信和法治而著称的国家形象，增强了新加坡国民、投资者、旅游者、移居者对新加坡的信心。而其对于重商亲商环境的打造，也让其赢得了"世界上最容易做生意的地方"的美誉。新加坡是世界上犯罪率最低的国家之一，社会政治环境稳定。同时，作为一个多元族群社会，其族群和谐的图景与出色的管理能力也为其赢得了与先天条件不相称的巨大影响力。[③]

① 《全球竞争力年度报告：新加坡第二》，联合早报网，2015 年 9 月 30 日，http://www.zaobao.com/realtime/world/story20150930-532399.

② 《狮子城邦：新加坡人均 GDP 达 5.5 万美元蝉联宜居地榜首》，凤凰卫视，2015 年 8 月 6 日《凤凰大视野》节目。

③ 参见范磊、杨鲁慧：《新加坡族群治理：国家与社会关系的视阈》，载《东南亚研究》2014 年第 3 期。

其次，新加坡在与中国关系中的优势方面。早在14世纪新加坡在东南亚的海上丝绸之路中就曾作为重要的东西方交流枢纽而存在，居住着来自中国和东南亚其他地区以及印度洋国家的移民和商人，是繁盛一时的城市。[①] 进入20世纪80年代后，中新之间为了确保双边经贸往来的有序运行，保护双方的投资安全，签署了一系列的保护协议。1985年11月，首先签署了《关于促进和保护投资协议》，迄今共签署了包括《避免双重课税和防止漏税协议》《经济合作和促进贸易与投资的谅解备忘录》《中国—新加坡自由贸易协定》等多项合作文件。[②] 相关法律文件的签署为中新之间的经贸关系发展奠定了良好的法律基础，也为接下来的"一带一路"倡议的实施提供了有保障的契约环境。

据中国商务部2016年1月公布的数据，2015年新加坡对华投资总额为69.7亿美元[③]，是中国最大的外资来源国。而中国驻新加坡大使馆经济商务参赞处在2015年1月份发布的消息称，新加坡2014年保持了中国吸收外商直接投资第一大来源国地位。[④]新加坡企业在中国的投资也非常活跃，项目已经超过2.1万个。[⑤] 中新之间虽然迟至1990年才建交，但是在建交之前的数十年中，双方的交流始终畅通。1956年8月，新加坡商业代表访华团就曾受到周恩来的接见。作为一个以华人为主体的社会，其在经贸方面与中国大陆的往来有着天然的语言文化等方面的便利。建交以来，中新两国不

---

① "Singapore and the Silk Road of the Sea, 1300-1800," http://www.nus.edu.sg/nuspress/subjects/archae/978-9971-69-558-3.html.

② 参见张华、姜晨：《"一带一路"投资风险研究之新加坡》，中国网，2015年4月9日，http://opinion.china.com.cn/opinion_51_126651.html.

③ 商务部商务数据中心，http://data.mofcom.gov.cn/channel/includes/list.shtml? channel=wzsj&visit=E.

④ 《新加坡2014年仍为中国最大投资来源国》，联合早报网，2015年1月29日，http://www.zaobao.com/special/sg-cn/business/story20150129-440831.

⑤ 参见杨培根：《一个新加坡人眼中的"一带一路"》，载2015年7月25日《联合早报》。

论是在政府层面还是民间层面都有了更加深入的拓展。

表 1　　2009～2013 年中国与新加坡互相直接投资统计

（单位：百万新元）

年份	中国对新加坡投资	新加坡对华投资
2009	9725.7	62244.7
2010	14028.7	72434.3
2011	13612.1	85516.7
2012	14669.7	93070.3
2013	16491.7	103252.9

数据来源：新加坡统计局，①http://www.singstat.gov.sg/docs/default-source/default-document-library/statistics/browse_by_theme/economy/statistical_tables/investment_abroad-(2004-2013).xls ②http://www.singstat.gov.sg/docs/default-source/default-document-library/statistics/browse_by_theme/economy/statistical_tables/foreign-direct-investment-in-singapore-by-countryregion-2004-2013.xls，2015 年 9 月 10 日查阅。

在项目合作方面，1994 年成立的中新苏州工业园已经成为中新之间合作的旗舰项目，吴作栋曾经在 2009 年指出："新加坡虽然没有在苏州工业园区项目上赚到钱，但园区为新加坡赢得政治上的无形利益，以及建立了新加坡的良好纪录和声誉，这些优势让我国在中国争取到天津生态城和广州知识城的合作开发权。"[①]这就是中新之间良性合作优势之所在。2008 年开始推动建设的天津中新生态城作为中新两国政府间合作的第二个项目，也已经初具规模，正在发展成为北方城市建设中环保节能、和谐宜居的典范性代表。而中新之间的第三个政府间合作项目已经落户重庆，将以"互联互通"和"服务业"两大理念为指导，把重庆与周边地区的海陆空交通与物流硬件设

① 吴资政：《苏州工业园区为我国赢得无形利益》，载 2009 年 3 月 27 日《联合早报》。

施与软件服务都衔接起来。[①]

此外，中国和新加坡在其他多个领域还有良好的合作关系，其中一个典型案例就是南洋理工大学被称作“市长班”的公共管理硕士项目。承担该项目的南洋公共管理研究生院，已经为中国培训了超过1.3万名中高级干部。“通过这样一批中国各级官员与新加坡的接触，他们对于新加坡的认知更为丰满，对于如何学习和借鉴新加坡发展和管理经验有了最直接的体验，这有利于他们回国后开展他们的政府治理工作”[②]。这是新加坡与中国之间的合作优势，通过此项目既培养的众多“知新派”官员，既提升了新加坡在中国人心中的地位，也让中国官员走出去，让新加坡了解了中国官员，并通过他们了解到更深层的中国社会。这对于接下来的“一带一路”建设必然会产生积极的推动。

2015年10月3日，中新两国迎来建交25周年。在双方领导人互致的贺信中，新加坡总统陈庆炎指出，目前中国是新加坡最大的贸易伙伴。1990～2014年间，双边贸易额增加了超过20倍。截至2014年底，新加坡对中国的累积海外直接投资达到723亿美元。2013年起，新加坡也是中国最大的投资者。此外，两国人民每年来往趟次从1990年的10万趟，增加到了2014年的270万趟。李显龙也强调，新加坡在多边舞台上一直都支持中国更紧密地融入国际社会。(由新加坡拉动的)中国与东盟的密切关系对中国和本区域都是有利的。[③]新加坡领导人的表态，再次确认了新加坡在21世纪海上丝绸之路建设中的优势地位。

---

① 参见陈振声:《新中合作重庆项目应做到软体服务连通》，载2016年3月9日《联合早报》。

② 韩方明:《亲历新加坡与中国的公共外交活动》，载《公共外交季刊》2013年第2期。

③ 《新中建交25周年，两国领导人互发贺函》，载2015年10月3日《联合早报》。

三、"一带一路"倡议中新加坡的机遇和挑战

不论是就新加坡自身的发展条件而言,还是"一带一路"倡议对新加坡的影响来看,作为一项新的合作发展倡议,"一带一路"短期内对新加坡而言可能会造成一定程度的冲击,但是从长期的发展来看,新加坡作为成熟的全球金融中心、贸易物流枢纽以及投资者的天堂,借助其强势的多元优势,必将赢得不可多得的发展机遇,而其目前的全球化定位和竞争力也将随着"一带一路"倡议尤其是"21世纪海上丝绸之路"的建设进程而得到持续性提升。

《经济学人》智库(EIU)的调查数据显示,新加坡在2009年之后的五年内至少还会继续保持亚洲最佳经济体的地位,而同样是该机构发布的"2014年中国海外投资指数"显示,新加坡在全球67个国家和地区对中国投资的吸引力中排名第二位,仅居美国之后。该指数主要以投资机遇和风险两大评估项目来衡量各国的投资吸引力。新加坡的吸引力在于其"对外资非常开放,拥有出色的基础设施、适宜的工商业监管环境以及自由的资本和劳动力市场,是对中国风险最低的投资目的地"[①]。所以,虽然新加坡只是地图上的一个"小红点",但依靠前文所述的雄厚的优势地位,在"一带一路"倡议中赢得中国多一分的关注和倾斜是非常可能的。而且中新之间已经在既有的自贸区架构中拓展了越来越热络的经贸合作,不论是投资还是其他商贸往来,中国政府和企业似乎都更愿意将其作为风险最低的首选地来对待。

新加坡完全可以依托其所具有的在区位、人才、管理、投资与宜居环境、社会和谐等多个方面的优势,将自身打造成"21世纪海上丝绸之路"的枢纽国家,不仅成为中国企业参与"一带一路"倡议的海外

---

① 《基础设施佳监管环境适宜:新加坡蝉联最吸引中国对外投资地第二名》,载2014年11月8日《联合早报》。

首选投资地，也成为整个倡议联动的连接点。这样，“新加坡在物流、城市规划、资讯科技和电子商务等优势领域都能给‘一带一路’沿线国家提供先进技术与经验”[①]。中国改革开放以来对新加坡模式的推崇，更是让新加坡在中国企业走出去的进程中扮演了积极的角色，这对于一个以转口贸易、金融物流为主要发展支撑的全球化城市国家而言，无疑是需要持久性保持的。

有机遇就有风险和挑战。“21世纪海上丝绸之路”的实施首先会凸显海洋安全问题，该倡议经过的南中国海区域是领土与主权争议较突出的区域，东盟国家中有越南、菲律宾、马来西亚等国与中国有着直接的岛屿主权争端，而文莱和印尼与中国也存在部分的海洋经济区争议。新加坡作为东盟国家中的重要一员，尤其是被东盟各国环绕的小国区位，让其在南中国海争端中的态度非常谨慎。这是由其小国的地缘特点决定的，但是却不能不引起足够的重视，因为这是“一带一路”沿线面临的最为现实和紧迫的议题。同时，新加坡地处东南亚核心区域，其周边的多个国家近年来有着愈演愈烈的暴恐活动及族群冲突，这些国家的局势动荡对于新加坡这个小国而言无疑也增加了影响其国内社会稳定乃至国家安全的风险。

再就是大国关系方面，新加坡为了确保其自身安全，避免周边邻国将其视为“第三中国”，一直以来都坚持在大国之间实行平衡战略的同时又依托美国的实用主义策略，可以说“新加坡是大国平衡术最高明的玩家”[②]。目前，新加坡的樟宜军港依然是美军在亚太区域的重要军事基地。新加坡最初兴建樟宜海军基地时，就与美国签订了《谅解备忘录补充协定》。2001～2003年间，樟宜海军基地改造扩建了深水航母码头，使之成为美海军在东南亚开辟的第一处航母驻泊

① 陈康威:《“一带一路”是有意义且新颖的战略思维》，联合早报网，http://www.zaobao.com/beltandroad/business/story20160308-590316.

② 《美军最新型濒海战斗舰进驻新加坡的背后》，国际在线，2011年6月13日，http://gb.cri.cn/27824/2011/06/13/5311s3275523_2.htm.

基地。不过，新加坡最初和美国签署的相关协定中，也有对美军力量和平部署的前提条件，比如，要求航母到新加坡时要做到去战斗功能化，不许装备弹药。此举又是其大国平衡术的重现，即为了平衡中方的顾虑。

同时，就新加坡国内条件来看，虽然新加坡有着多个方面的投资与合作优势，但是诸多不利因素也开始凸显。比如，近年来其社会老龄化程度在持续加重，劳动力成本也比其他发展中国家高很多，加之近几年来其国内社会对人口政策的反对声音，以致外国劳动力到新加坡的政策越来越苛刻，所以劳工荒在未来的经济发展中并非不可能出现。在其货币政策方面，新加坡虽然不存在外汇管制，但是为了确保新元稳定，实施的是货币非国家化，对非居民出入境时持有新元的数额有限制，如超过 2 万新元就需要向海关申报，此政策对于货币的流转有消极影响，不利于投资的自由化。而诸如纺织、制铁、汽车、电子等多个领域还不允许外资进入，对于通信、新闻、交通等公共行业的行政审批也更为严格，甚至对外资进入的领域也有相应的投资比例限制，这些明显的贸易保护行为对于外资在新加坡的发展尤其是中国资本的进入都有着较大的影响甚至阻碍。此外，新加坡国家小，土地资源紧张，水资源、电力及油气资源等事关产业发展的重点领域都较为短缺，近乎完全依赖进口的情况使对这些领域有着较大要求的投资活动容易陷入被动。对于“一带一路”倡议来说，这些限制性条件无疑将构成潜在的挑战。

四、结论

总之，认识“一带一路”、接纳“一带一路”、参与“一带一路”对于新加坡而言是重要的发展机遇，也是中新合作不断拓展走向深入的重要契机。作为“一带一路”倡议两翼之一的“21 世纪海上丝绸之路”，新加坡对其的态度也经历了从最初的疑虑和观望到如今积极参与和推动的发展历程，既反映了新加坡的谨慎与多重考量，也证实了

“一带一路”倡议的内在生命力和吸引力。而借助“一带一路”倡议中的合作,也必将在中新之间建立起大国和小国合作的新模式,使两国关系成为新的双边关系典范。

当然,在“一带一路”倡议具体的实施过程中既存在诸多发展机遇,也面临着诸多政治经济风险和挑战。不过对于良性发展的中新关系而言,这些风险和挑战并不足以影响两国关系的大局和“一带一路”倡议的发展定位。随着该倡议的持续推进,“新加坡作为航运、航空、金融中心的地位会水涨船高,成为更重要、‘蛋糕’更大的经济版图的地区金融中心和贸易、物流中心”[①]。这是新加坡的机会,也是“一带一路”倡议的初衷,因为该倡议本身强调的就是互利共赢、互联互通。

① 龙永图:《在“一带一路”战略中新加坡地位会水涨船高》,载 2015 年 4 月 10 日《联合早报》。

“21世纪海上丝绸之路”建设视域下东南亚海域海运通道安全合作探究*

A Study on the Security Cooperation of Southeast Asia Shipping Channel under the 21st-Century Maritime Silk Road Construction

麻陆东　杨　璐**

[**Abstract**]　With the advent of the era of globalization, the global logistics capacity sharply increased, which makes the Southeast Asia water lanes which link the Far East and the Pacific with the Indian Ocean become more and more important, and it has been one of the busiest waters in the world. The significant status of the maritime hub makes the security issues of Southeast Asia Shipping channel much more prominent, even it has shown a trend to deteriorate. As a hub of Maritime Silk Road, how to make sure the security of shipping channel becomes an important part in promoting the construction of Maritime Silk Road.

[**Key words**]　Maritime Silk Road, Southeast Asia waters, shipping channel, security cooperation

---

* 本文受到河南省教育厅人文社科重点项目“西方价值观渗透背景下中国在东南亚提升软实力的策略研究”(项目编号:2015-ZD-026)资助。

** 麻陆东,山东大学政治学与公共管理学院博士后,商丘师范学院副教授;杨璐,招商局华建公路投资有限公司。

建设“21世纪海上丝绸之路”是中国国家主席习近平2013年10月访问印度尼西亚时提出的。习近平在印尼国会发表演讲时提到：“东南亚地区自古以来就是‘海上丝绸之路’的重要枢纽，中国愿同东盟国家加强海上合作，使用好中国政府设立的中国—东盟海上合作基金，发展好海洋合作伙伴关系，共同建设‘21世纪海上丝绸之路’。”这是中国政府有关建设21世纪海上丝绸之路的最为权威的表述。2014年11月，习近平在中央财经领导小组第八次会议上，专门组织研究了海上丝绸之路的规划、发起建立亚洲基础设施投资银行和设立丝路基金等议题，将海上丝绸之路建设正式提上日程。众所周知，海上丝绸之路的根本性功能在于其作为国家间合作与交流的海上纽带。因此，确保海上丝绸之路沿线海运通道畅通与安全是推进“21世纪海上丝绸之路”建设的基本内容之一。而作为海上丝绸之路的重要交通枢纽，东南亚海域[①]不仅是当今世界上最为繁忙的海运通道，也是世界范围海盗武装劫持犯罪行为发生频率最高的水域，因此，维护东南亚海域海运通道安全成为海上丝绸之路建设重点推进的合作领域之一。

一、日趋频发的东南亚海域海上袭击事件

随着全球化时代的到来，全球物流量大幅度增长，这使得处于连接印度洋与远东和太平洋地区重要海上通道的东南亚海域变得愈加重要，成为当今世界最为繁忙的水域。随着东南亚海域海运枢纽地位的日益显著，该地区海运通道安全问题也逐渐凸显，大有不断恶化的态势。但国际社会对东南亚海域海上安全问题的关注程度远落后于其日趋严峻的形势。根据国际商会下属的国际海事局(ICC IMB)

① 国内外学者对“东南亚海域”这一概念并没有明确的概念界定。笔者为了研究的需要，参考国际海事局对海盗与海上劫持船舶等安全事件发生地统计数据范围界定，将中国南海东南部、马六甲海峡、马来西亚与印度尼西亚附近水域视为东南亚水域涵盖的大致范围。

公布的数据，自 2009 年以来，东南亚海域海海盗袭击与劫持船舶事件呈现逐年激增态势。2009 年，东南亚海域事实与未遂海上袭击次数为 68 起，占当年全球总数的 16.6%；到了 2015 年，这一统计数据上升为 174 起，占到全球总数的 70.7%，与 2009 年所占比例相比，整整增长了 4 倍之多，海上袭击事件的发生率超过世界总数的 2/3，成为全球范围海上袭击事件新的集中性多发区域。

从国际海事局统计的数据来看，2009～2015 年，东南亚海域海上袭击事件主要集中在印尼水域、马来西亚水域、新加坡海峡、南海东南部及越南水域。其中，印尼水域的情况最为突出，呈现出逐年递增态势，事实与未遂海上袭击事件从 2009 年的 15 起激增到 2015 年的 108 起，增长了 7 倍之多。南海东南部水域在 2010 年出现峰值，达到 31 起，此后呈现逐年下降态势，国际海事局的统计显示，2015 年事实与未遂海上袭击事件为零，这与中国政府积极维护海运通道安全存在直接关系。马来西亚附近水域形势也不乐观，在 2014 年高达 24 起，2015 年也达到 13 起之多。马六甲海峡保持了相对平稳的态势，但这并不意味着整个马六甲海峡安全问题得到了根本性解决，海上袭击事件仍然时有发生，危及到过往船舶的人身财产安全。[①]另外，越南附近水域海上袭击次数既没有明显增加，也没有明显减少，整体发展走势并不明朗。

东南亚海域的海上袭击事件与世界其他区域的海上袭击事件相比较，其特征非常鲜明。根据国际海事局公布的数据，从 2015 年 1 月至 2015 年 12 月，东南亚海域发生的 157 起事实海上袭击犯罪中，有 144 起属于登船盗窃行为。以印尼水域为例，该区域发生的 97 起海上袭击犯罪中，登船盗窃行为多达 94 起。这种海盗犯罪行为通常

① 笔者走访广东一家远洋船务公司崔姓海员时，他告诉笔者，他每年都多次往返新加坡海峡（马六甲海峡的一部分），整体来看，相较前些年，目前新加坡海峡较为安全。他也提到，尽管近些年恶性海盗袭击事件较少发生，但在靠近印度尼西亚附近水域，经常会发生一些登船偷窃行为，偷窃大多是随机性的，大到金钱财物，小到生活用品。因此，不少船舶经过该水域一般需要专门安排工作人员排班值守，预防登船盗窃行为发生。

由沿海村民发起与实施，主要表现为登船打劫钱财、食物、香烟和其他小物件。他们将所获得的赃物在全村范围分赃，这也使得当地村民成为海盗行为的重要支持者。① 根据一些海员的描述，这种登船盗窃行为大多发生在夜间，犯罪分子于船员熟睡之际偷偷登船盗窃财物，不过他们一般不会危及船员生命安全。当然，这一水域除了这种小偷小摸的海盗行为，也存在性质较为恶劣的武装劫持犯罪行为，这种类型的犯罪行为多发生于马来西亚附近水域。根据国际海事局2015年年度报告，在马来西亚水域共发生的12起海上袭击事件中，持枪劫持船舶行为就有6起，绑架人质达到45人，并造成3人受伤，其严重程度远超印度尼西亚水域发生的登船盗窃行为。

当然，这一情况也在悄悄发生变化。根据2015年国际海事局的最新统计数据，印度尼西亚水域海上袭击事件的严重程度大有不断恶化的趋势，已经开始呈现出由小规模盗窃行为向劫持船舶升级的危险，武装劫持犯罪行为在印度尼西亚水域也开始频频发生，严重危及过往船舶乘务人员的人身安全。2015年1～12月，在印度尼西亚水域发生的共计97起海上袭击事件中，持枪劫持船舶行为就有5起，绑架人质达到59人，并造成4人受伤。马来西亚水域的情况也不乐观，2015年马来西亚水域发生了6起武装劫持事件，占到马来西亚水域海上袭击总数的一半。

从以上相关数据不难看出，当前东南亚海域海运通道安全问题异常突出，对区域乃至全球海运安全都产生了较为恶劣的影响，一定程度上制约了其海运枢纽地位的进一步提升与沿岸国家经济的发展。尤其是这一局面非常不利于推进海上丝绸之路建设，作为联系各国经贸文化往来的海上交通纽带，能否确保其海运通道畅通与安全既是“21世纪海上丝绸之路”建设的重要内容，也是决定其能否成功推进的关键因素。

---

① John J. Brandon, “Reducing Piracy in Southeast Asia,” http://asiafoundation.org/in-asia/2009/08/05/reducing-piracy-in-southeast-asia/.

二、多重因素交互叠加滋长了东南亚海域海上袭击犯罪行为

历史上，东南亚海域就是海上袭击事件的多发地，但随着世界其他地区更为恶劣的海上袭击事件的频发，东南亚海域的海上安全问题逐渐淡出了国际社会的关注。而事实上，这一水域的海上安全问题一直没有得到解决。尤其是在最近两年索马里海盗遭遇重创、及其海上袭击事件发生频次大幅度降低的背景下，东南亚海域海上袭击事件却在不断攀升，大有愈演愈烈之势。笔者将其成因大致可归纳为四个方面。

（一）一些沿海村民生活窘迫而选择铤而走险

从国际海事局公布的数据中，可以比较直观地把握东南亚海域海上安全事件的特点，即绝大多数海上安全事件具体表现为盗窃而非武装劫持船舶的行为。这与亚丁湾与西印度洋地区、西非地区等海域发生的武装劫持船舶与海员、索要赎金、杀害人质等行为在性质上存在明显不同。这一特点与该水域沿线国家经济发展状况存在密切的关系。以印尼水域为例，登船盗窃事件占所有海上安全事件的90%以上，而且这些盗窃行为多发生在印尼经济欠发达的偏远地区，当地村民大多有从事海上捕捞的传统，并以此作为谋生的手段。但现代化海上捕捞作业手段等原因造成的过度捕捞，使传统的捕捞方式受到强烈冲击，渔业资源大幅下滑，致使沿海村民逐渐失去了传统的经济来源。加之当地基础设施建设投入匮乏，教育水平相对低下，缺乏吸引外资方面的基本条件，使得当地居民就业与创业环境日趋恶化。有学者认为："贫穷是海盗行为发生的显著动力，海盗经常面

临死亡危险，无奈往往是海盗的前兆。”[①]在这样的背景下，沿海村民受利益的诱惑，加之他们大多有海上作业的经验，往往选择铤而走险，实施对过往船舶或锚泊港口的船舶实施盗窃与袭击行为。“这些渔民发动的袭击大多数针对其他渔船、游艇或其他中小型船舶，而且都是见机行事的，这些海盗会拿走其在甲板上看到的任何东西。”[②]这种行为是近些年来东南亚海域海上安全事件的常态，尽管危害相对较小，但却呈现出愈演愈烈之势。如果不能从根本上提高当地村民收入，改善其生活条件，海盗与武装劫持犯罪滋生的经济基础就难以消除，东南亚海域的海运通道安全问题也不会得到根本解决。

（二）复杂的地貌特征为实施海上犯罪提供了良好的庇护场所

东南亚海域地貌特征复杂，该地区岛礁星罗密布，港湾鳞次栉比，是世界范围地貌环境最为复杂的海运通道之一。这一地貌特征为海上犯罪活动提供了天然庇护所，不仅便于犯罪分子藏匿与发动袭击，而且有助于犯罪分子及时摆脱执法船舶的追击。由于受到这一区域地貌条件的限制，一些大型货船经过这一区域往往需要减速慢行，这为犯罪分子登船实施盗窃提供了机会。众所周知，印度尼西亚是闻名于世的万岛之国，其国土囊括了 13500 个岛屿（其中有 3000 个是无人岛），这种地貌特征使得其在海洋安全管理上面临巨大的挑战。“岛屿众多而且分散，特殊的地理环境对印度尼西亚的国家安全环境造成了很大的影响。随着国家安全环境的变化，印度尼西亚面临的安全威胁日趋复杂。”“近年来，偷渡、贩毒、海盗、走私、非法捕鱼、非法出口自然资源、破坏海洋生态资源等问题在印度尼西亚周边海域浮现，控制海上航道，捍卫海洋权益，已成为印度尼西亚面

① Paul Bruno, “What is the Cause of Sea Piracy?,” http://maritime.about.com/od/Safety/a/What-Is-The-Cause-Of-Sea-Piracy.htm.

② “The roots of piracy in Southeast Asia,” *APS Net Policy Forum*, October 22, 2007, http://nautilus.org/apsnet/the-roots-of-piracy-in-southeast-asia/.

临的主要安全问题。"[①]这种复杂的地貌特征无疑也增大了海上安全执法的难度,客观上助长了犯罪分子实施海上犯罪的气焰。

(三)防范海上袭击犯罪行为的国际公约自身缺陷销蚀了海上执法的效力

防范海上犯罪主要体现在两个方面:即对海盗与武装劫持等两种海上犯罪行为的防范与打击。根据笔者掌握的资料,国际社会虽然没有制定专门致力于消灭海上犯罪行为的国际公约,但海盗行为是第一个被认定为违反国际法并受到普遍管辖的罪行。[②] 从 1958 年通过的《公海公约》到 1982 年通过的《联合国海洋法公约》,国际社会通过多次努力,对海盗犯罪行为要件归纳与概念界定日臻清晰明确。尽管如此,其中存在的问题仍然不容忽视。《联合国海洋法公约》第 101 条明确规定,联合国只授权任何一国可以在公海上进行执法行为。这其中存在一个突出的问题,即其将海盗与劫持行为仅仅局限于公海范围,这与实际执法存在明显偏差,不少海上犯罪都发生在专属经济区与领海范围之内。1988 年通过的《制止危及海上航行安全非法行为公约》中的第三条对此问题进行了补充性界定,即任何人员如非法并故意从事以武力或武力威胁或任何其他恐吓形式夺取或控制船舶;或对船上人员施用暴力,而该行为有可能危及船舶的航行安全的行为均属于此列。这在一定程度上填补了《联合国海洋法公约》的部分空白。尽管如此,这并没有解决公海执法与领海执法上的衔接,一旦海盗船只进入他国领海范围,海上执法就不得不宣告终止,即使海盗行为已危害到过往船舶的安全。况且,该公约并没有普

---

① 刘复国、吴世存主编:《2013 年度南海地区形势评估报告》,第 116 页,http://www.nanhai.org.cn/uploads/file/file/2013baogao/06.pdf.

② United Nations conference on trade and development, "Maritime piracy PART II An overview of the international legal framework and of multilateral cooperation to combat piracy," *Studies in transport law and policy*-2014 No. 2. P2. http://unctad.org/en/PublicationsLibrary/dtltlb2013d3_en.pdf.

及整个东南亚。根据笔者掌握的资料，印尼、马来西亚和泰国都没有加入 1988 年的公约，东南亚所有国家都没有签署 2005 年议定书。[①]这显然不利于东南亚海域联合打击海上犯罪行为。以跨国合作较为成功的马六甲海峡为例，尽管 2006 年确立的马六甲海峡巡逻(MSP)在很大程度上使区域内海上袭击频次大幅下降，但跨界性的追捕仍被视为对其他国家主权的干涉。[②]

此外，《联合国海洋法公约》中的一些表述也存在自相矛盾的地方。例如，《联合国海洋法公约》第 104 条明确规定："船舶或飞机虽已成为海盗船舶或飞机，仍可保有其国籍。国籍的保留或丧失由原来给予国籍的国家的法律予以决定。"但其第 105 条又规定："在公海上，或在任何国家管辖范围以外的任何其他地方，每个国家均可扣押海盗船舶或飞机或为海盗所夺取并在海盗控制下的船舶或飞机，和逮捕船上或机上人员并扣押船上或机上财物。扣押国的法院可判定应处的刑罚，并可决定对船舶、飞机或财产所应采取的行动，但受善意第三者的权利的限制。"在这一问题上存在"国籍管辖权"与"普遍管辖权"之间的矛盾，这为海上执法预埋了潜在冲突。尽管在 1998 年制定的《关于海盗和海上暴力行为的示范国内法》中对普遍管辖权问题进行了具体说明，但在具体司法实践中也存在诸多困难，诸如跨国管辖、司法取证、费用开支等诸多方面的因素，使得国际社会的护航行为大多也仅仅局限于驱逐海盗，或者将海盗抓捕后再就地释放，这无疑会在很大程度上销蚀了海上执法的效力与威慑力。

(四)国家间主权纠纷在一定程度上造成海上执法的空白地带

东南亚海域存在的主权纠纷情况较为复杂，大体可以将其界定

---

① Ahmad Amri, "Piracy in Southeast Asia: an overview of international and regional efforts," http://ro.uow.edu.au/cgi/viewcontent.cgi?article=2061&context=lhapapers.

② Ahmad Amri, "Piracy in Southeast Asia: an overview of international and regional efforts," http://ro.uow.edu.au/cgi/viewcontent.cgi?article=2061&context=lhapapers.

为两种情况：一是相关国际公约的签署造成的主权与管辖权重叠；二是由于中国在特定阶段缺乏对主权水域的有效管理所造成的他国抢占行为。第一种情况在东南亚海域特别突出。根据1958年《大陆架公约》和1982年《联合国海洋法公约》的相关条款，沿海国对领海、毗连区、专属经济区主张的范围可以根据对本国最优的结果进行解读，这造成各国之间在各自主张的领海、毗连区、专属经济区界限划分上出现严重重叠的状况。在东南亚海域这种重叠特别引人注目：中国、越南、文莱、菲律宾、马来西亚在南海东南部水域；泰国、马亚西亚及越南三国在泰国湾水域；印度尼西亚和马来西亚以及印度尼西亚和菲律宾在苏拉威西水域等等，都存在主张主权区域的相互重叠，这也成为各国彼此矛盾的潜在动因。第二种情况是基于部分沿海国家抢占中国既有主权所造成的所谓"主权纠纷"。这主要存在于中国南海东南部水域，20世纪六七十年代，一些东南亚海域沿海国家趁中国无暇对该水域岛礁与海洋资源有效管理之机，非法抢占了中国南海部分岛礁而引发了中国与这些国家间的主权纠纷。无论是国际公约签署造成的主权与管辖权重叠，还是部分国家对中国主权的霸占所引发的纠纷，都影响到该海域的海上安全执法，造成了海上执法盲区。

三、东南亚海域海运通道跨国安全合作构想

通过上述分析，可以比较清晰地把握东南亚海域海上安全问题的严峻形势及其内在动因，尤其是在推进"21世纪海上丝绸之路"建设的大背景下，能否有效遏制这一影响地区海运通道安全的棘手问题，直接关系到相关国家与地区经济的发展与繁荣，也直接关系到"21世纪海上丝绸之路"建设的成败。"21世纪海上丝绸之路"建设的初衷就在于通过推动沿线国家和地区在经济、文化等多层次的合作，探索区域合作的新模式。历史上的海上丝绸之路就是一条连接各国交流与合作的纽带，时至今日，仍然是全球化时代国家间交流与合作的黄金通道。因此，能否实现"21世纪海上丝绸之路"海运通道

安全成为推进海上丝绸之路建设的关键一环，而东南亚海域不仅是海上丝绸之路海运通道的枢纽，也是推进沿线国家合作的核心领域所在。因此，能否实现东南亚海域海运通道安全成为海上丝绸之路沿线国家推进安全合作的重中之重。

（一）借助中国—东盟基金、丝路基金与亚洲基础设施投资银行等助力沿线地区提振经济

东南亚海域发生的登船盗窃与武装劫持犯罪行为大多发生在一些经济发展相对滞后的边远地区。经济落后所引发的就业缺乏与收入低下等促使一些沿岸居民铤而走险，从而诱发了登船盗窃与武装劫持犯罪行为。因此，笔者认为，有效提振当地经济，为当地村民提供更多的就业机会，提高其居民收入水平，将在一定程度上缓解与消除海上袭击犯罪滋生的经济基础与社会环境。毫无疑问，达到这一目标的最主要的途径是增加对相关国家与地区的投资，特别是重点关注与投资沿海地带的贫穷落后地区，可以通过资金与技术的注入，为当地村民提供就业与提高收入的机会，从而达到渐进地遏制海上盗窃与武装劫持事件不断攀升的效果。这一客观需求与中国推进建立的中国—东盟基金、丝路基金与亚洲基础设施投资银行的初衷不谋而合。习近平 2014 年 11 月主持召开中央财经领导小组第八次会议，对推进“一带一路”建设提出了明确要求：“要帮助有关沿线国家开展本国和区域间交通、电力、通信等基础设施规划，共同推进前期预研，提出一批能够照顾双边、多边利益的项目清单……要高度重视和建设一批有利于沿线国家民生改善的项目。”[①]笔者认为，针对海上丝绸之路建设，有利于沿线国家民生改善项目的重中之重就在于能否实现海上丝绸之路沿线国家沿海贫困地区的投资与开发，通过基础设施投资与产业开发，助推当地经济发展，实现共同发展与繁荣，从而达到逐步消除海盗与武装劫持犯罪行为滋生的经济基础与

---

① 习近平：《加快推进丝绸之路经济带和21世纪海上丝绸之路建设》，http://news.xinhuanet.com/politics/2014-11/06/c_1113146840.htm.

社会环境的目的。

（二）突破国际机制瓶颈，组建东盟主导下的海上安全执法巡逻队伍

当前打击海上犯罪的国际机制仍然存在一些制度设计的瓶颈，一定程度上制约了打击海上犯罪行为的跨国合作效果。尽管东南亚部分水域跨国海上安全合作取得了一定成效，如马六甲海峡巡逻（MSP）等制度安排，但其中一个关键问题至今无法实现突破性进展，即执法巡逻能否越界进入他国海域。这涉及相关国家较为敏感的主权问题，尤其是在东南亚相关国家之间水域管辖权问题尚未得以妥善解决的情况下，无疑合作的难度很大。因此，要在涉及主权问题的制度设计上寻求突破是非常困难的，尤其是涉及全球层面，其遭遇的阻碍更大。尽管如此，笔者认为，在地区层面实现局部性突破仍然存在较大的可能。实现突破的关键环节就在于如何实现在公海、专属经济区与领海衔接部分水域的有效执法。归根结底，就是如何在海上执法过程中能够促使相关国家在主权问题上实现灵活协作。笔者认为，破解这一难题的突破口在于组建一支跨国性联合执法巡逻队伍。当然，这支执法巡逻队伍不能受制于某一特定国家，而应是各国共同参与、权利均等的制度性安排。针对东南亚海域的具体情况，东南亚国家联盟作为地区内普遍认可的跨国性组织完全能够担负这一使命，既比较容易被相关国家认可，也可以规避由于主权争议导致的执法窘境。具体而言，可以由东南亚国家联盟牵头，根据各相关国家利益的关联度，组建多国人员构成的执法巡逻队伍，执法巡逻船只悬挂东盟旗帜，而且在具体执法巡逻过程中需要介入某一国领海水域时，须将船只具体方位提前告知该国海事部门，以实现追剿海盗犯罪行为的有效合作，避免由于主权问题而丧失追击海上犯罪团伙的最佳时机。

（三）推进建立沿线国家执法巡逻信息共享与技术支持平台建设

根据国际海事局公布的数据，从 2014 年 1 月至 2014 年 10 月，东南亚海域共发生 127 起海盗袭击事件，其中发生在领海和港区的

袭击次数高达43起，占到总数的34%。[①] 这足以证明领海与港区海盗袭击事件的高发态势。仅仅凭借在国际水域的联合护航与执法根本无法解决这一难题。尤其是具体到东南亚海域，地形与地貌特征复杂，岛礁与港湾众多，为海上实施犯罪提供了理想的庇护场所。加之一些海事管理部门技术与管理上的漏洞，一定程度上助长了这种领海与港区海盗袭击行为。笔者认为，提升相关国家在领海与港区巡逻执法能力可以有效遏制海盗袭击事件频发。主要可从两方面着手推进：一是采取灵活形式向相关国家提供先进的装备与技术支持，增强对海盗袭击的预防、反应与打击能力；二是由相关国家牵头，充分利用国际社会先进经验，实现国际协作，构建领海与港区海盗袭击信息共享系统，为过往船舶提供及时与准确的海上安全信息，以达到提前防控、规避风险的目的。

（四）搁置主权争议，以灵活方式实现海运通道协防协控

鉴于东南亚海域主权纠纷的复杂状况，很难预见在较短的时期内各相关国家会在主权纠纷问题上实现实质性和解。这种因主权纠纷状况而造成的海上执法空白地带又为该水域海盗与武装劫持创造了机会，犯罪分子可以利用这一执法漏洞，通过在各相关国管控水域间循环穿梭以逃避海上巡逻执法，严重危及东南亚海域的海运通道安全。如何破解这一主权纠纷难题成为规避海上执法盲区的关键。因此，采取灵活举措推进海运通道安全合作，是各国政府的务实与理性的选择。针对东南亚海域的主权纠纷问题，邓小平早在20世纪80年代就提出过“搁置争议”的主张、既然各声索方在主权问题上互不让步，索性就暂时搁置下来，以合作取代冲突，以共同发展和繁荣取代彼此兵戎相见。时至今日，“搁置争议”的主张仍然不过时，仍是当前与今后一个相当长时期内缓解东南亚海域主权纠纷的一剂良药。而且多年来地区安全形势的发展历程也充分印证了“搁置争议”

---

① PiracyReports, http://www.imo.org/OurWork/Security/SecDocs/Pages/Maritime-Security.aspx.

的重要价值与现实意义。具体到东南亚海域的海运通道安全合作，笔者认为,“搁置争议”是寻求在该水域海上进行安全合作的前提与基础,只有各主权声索方能够暂时将主权问题搁置下来,进而选择从灵活多样的纯粹功能性技术合作着眼,务实地推进海运通道安全合作,才能真正实现打造和平之海、合作之海而非矛盾与冲突之海的目标。